한국 역사의 이해

한국 역사의 이해

노중국, 김무진, 이윤갑, 한충희

계명대학교 출판부

책머리에

오늘날 우리 사회는 국제화, 세계화, 개방화라고 하는 거센 물결의 도전을 받고 있다. 이러한 상황에서 우리 사회가 나아가야 할 방향과 해결해야 할 과제가 무엇이며, 지구촌의 무한 경쟁 속에서 우리나라가 생존할 수 있는 길이 무엇인가를 모색해 내는 것이 우리에게 주어진 현재적 과제이다. 이러한 과제를 해결하는 방안을 모색하는 데 무엇보다도 우리 역사에 대한 올바른 이해가 필요하다. 역사 속에는 인류와 우리 조상들이 겪은 모든 경험이 축적되어 있어 과거와의 대화를 통해 현재를 정확히 이해하고 이를 토대로 미래를 조망할 수 있기 때문이다.

현재 우리 사회는 물질만능의 풍조 속에서 실용위주의 학문이 강조되는 분위기가 팽배한 상황에 있다. 이로 말미암아 사람이 어떻게 살아야 할 것인가를 고민하는 인문학은 외면당하고 있는 실정이다. 그러나 사람은 빵만으로 살 수 없다. 때문에 인문학이 필요하며, 이러한 필요성에서 역사학이 존재하는 것이다.

오늘날 한국역사는 안팎으로 큰 도전에 직면하고 있다. 밖으로는 일본과 중국과 역사 분쟁의 와중에 있다. 일찍이 일본은 우리나라를 식민지로 하면서 고대에는 왜가 한반도의 남부지역을 지배하였다는 이른바 "임나일본부설"을 내세워 우리 역사를 왜곡하였다. 근래에 중국은 소위 “동북공정”을 추진하여 고구려와 발해는 중국의 지방정권이라 하면서 우리 역사에서 제외시키고 있다. 안으로 우리는 우리나라의 과거를 지나치게 미화하고 과장하는 사극의 열풍 속에 있다. 이러한 열풍은 우리 국민들로 하여금 사실이 아닌 것을 사실인 것처럼 인식하게 하고 있다. 우리의 역사를 지나치게 과장하고 미화하는 것도 역사의 왜곡이다.

이웃 나라의 이러한 움직임은 우리 역사의 중요성을 다시 일깨워주었고 그 결과 중·고등학교에서 역사과목이 이제 사회과에서 독립하게 되었고 대학에서도 역사 과목의 중요성에 대한 인식이 높아지고 있는 실정이다. 한편 역사를 미화시키는 풍조는 자국민 우월주의적 역사인식이 갖는 위험성과 역사적 사실을 객관적으로 정확히 인식하는 것이 매우 필요하다는 것을 일깨워 주고 있다.

대학에서의 한국역사 교육은 학생들이 역사적 사실을 올바르게 파악하고 우리의 역사 현실을 정확하게 인식하며, 우리 역사의 전개과정을 체계적으로 이해하고, 역사의 주체로서 우리의 미래를 깊이 통찰할 수 있는 자질을 갖추게 하는 데 있다. 우리학교는 역사 교육의 중요성을 인식하고 2003년 1학기부터 한국사를 인성함양 과목의 하나로서 필수선택 교양과목으로 설치하였다.

역사 교육의 목적을 달성하기 위해서는 여기에 맞는 교재도 필요하다. 그러나 기왕의 교재는 여러 내용들을 포괄하다 보니 분량도 많아 2시간이라는 제한된 강의 시간에 모두를 소화하기 어렵다. 이에 사학과에서는 지금까지의 연구 성과도 새로이 반영하면서 강의 시간에 적합한 분량의 교재를 새로 만들기로 하였다.

교재집필의 기본방향은 학생들이 우리 역사의 흐름과 우리 조상들이 시대적 과제를 해결하기 위해 어떻게 살아왔는가를 정확히 파악할 수 있도록 하는 데 두었다. 이러한 방향에서 집필자들은 교재 안에 들어가야 할 내용과 분야에 대해 여러 차례 논의한 후 목차를 확정하였다. 총론은 김무진 교수가, 제1장은 노중국 교수가, 제2장 1~4절은 한충희 교수가, 제2장 5~8절은 김무진 교수가, 제3장과 제4장은 이윤갑 교수가 각각 맡았다.

초고가 완료된 후 집필자들은 각각 집필한 원고를 서로 돌려 읽으면서 미진한 부분들을 보완하였다. 이러한 과정을 거쳐 이 책이 빛을 보게 된 것이다. 우리 집필자들은 본 교재가 학생들이 우리 역사를 올바르게 이해하고 그 중요성을 체득하는 데 나침판 역할을 할 수 있기를 기대하는 바이다.

2008년 2월

집필자 대표

노 중 국

차 례

제2장 중세사회

제3장 근대사회

총 론

제1절 역사란 무엇인가

1. 역사와 역사학

역사와 역사인식 우리는 '역사가 심판할 것이다'라든가, 또는 '그것은 역사적인 일이다'와 같은 말들을 주변에서 곧잘 듣곤 하는데, 그 때마다 생각하는 것은 과연 역사라는 말의 뜻은 무엇이며, 역사의 쓰임새는 무엇인가 하는 것이다.

역사라는 말에는 다음과 같은 뜻이 들어있다. 그 하나는 인류가 만든 모든 물질적·정신적 활동의 총체를 가리킨다. 인류는 자연의 일부이면서, 또한 자연 가운데의 다른 존재와 구별되어 사회를 이루며 살아왔다. 살아오는 동안 인간은 그 자신의 재생산은 물론이며 자신이 포함된 사회를 유지·변화시켜 왔다. 그 과정에서 생긴 모든 것을 우리는 역사(歷史)라 한다. 그것은 객관적인 사실로 존재하는 과거이다. 역사학에서는 이 낱낱의 것들을 사건 혹은 사실이라 부른다. 이렇게 말하는 역사를 우리가 만날 수는 없다.

역사라는 말의 다른 의미는 위와 같은 인간의 흔적 가운데 기록으로 남은 것을 말한다. 기록은 엄밀히 말하자면 문자로 표현된 것만을 의미한다. 과거의 모든 사실이 역사에 기록되는 것은 아니다. 인간의 흔적 가운데 극히 일부가 기록으로 남게 된다. 그런데 인간이 남긴 흔적은 문자로 표현된 것만 있는 것은 아니다. 예를 들면 건축물이나 그림・노래와 같은 각종의 예술품, 혹은 생활에 쓰인 생활용품 등 이루 헤아릴 수 없는 것이 남아있다. 역사학에서는 인간이 남긴 흔적인 역사적 자료를 사료(史料)라 부른다. 이 사료는 '사료 자체가 실질적으로 역사적 대상을 표현하는 것'과 '사료가 역사적 대상을 직접 말하고 있는 것'으로 분류하기도 한다. 전자는 유물과 같은 물적 자료나 종교의식이나 법률제도와 같은 것이고, 후자는 전승(傳承)이나 보고 또는 진술과 같은 것으로 전설・연대기・전기・회상록과 같은 것들을 가리킨다.

역사라는 말은 역사서술 혹은 역사학을 뜻한다. 우리는 흔히 '기억될만한' 혹은 '중요한'이라는 의미로 '역사적'이라는 말을 사용한다. 이것은 모든 사실을 동일한 가치로 판단하는 것이 아니라 일정한 기준에 따라 사실을 구별하고 있다는 것을 뜻한다. 모든 사실이 기록되지 않듯이 남겨진 기록이 모두 역사적인 지위를 얻는 것은 아니다. 카아(E. H. Carr)가 말했듯이, 역사적 사실로서의 지위를 획득하는 것은 역사가에 의한 것이다. 역사가는 기록되어 있는 사실 가운데 자신의 역사관에 맞는 사실을 골라 역사적 사실로 지위를 인정한다. 실증주의(實證主義) 역사학은 단지 사료로써 역사를 말하게 하라고 하였지만 사료는 스스로 말하지 않는다. 사료로 하여금 말할 수 있게 하는 것은 역사학자이다.

역사(History)라는 말의 어원인 그리이스어의 Historia는 '찾아서 얻은 지식'이라는 의미를 담고 있다. 여기에서 알 수 있듯이 역사는 역사가 혹은 역사학자가 남겨진 기록을 근거로 사실을 밝히고, 그 사실을 근거로 있었음직한 사실까지 포함하여 본래 있었던 모습을 재구성한 것을 가리킨다. 일반인이 접하는 역사는 사실 역사학자가 재구성한 역사학 혹은 역사서술인 것이다. 역사학은 법칙이나 원리가 전개된 사실의 체계화에 그치는 것이 아니라 일정한 방법에 의해서 구명되는 대상의 구체적인 구조나 과정을 역사서술로서 재현하는 것을 목표로 한다.

역사를 이와 같이 역사가나 역사학자에 의하여 재구성된 것이라 할 때에 그것은 곧 사건을 다루는 역사가의 일정한 방법과 논리를 거쳐 만들어지는 것을 뜻한다. 우리가 보는 역사서술은 역사가의 역사인식이 반영된 역사상(歷史像)인 것이다. 숱하게 많은 사실 가운데 어느 것을 역사적인 사실로 규정하고, 그 사실의 상호관련성에 대해 일정한 체계를 세우는가는 전적으로 역사가의 판단에 달려있다. 과거의 사실은 이와 같이 역사가의 역사인식을 거친 재창조물로 우리 앞에 서는 것이다.

'역사란 무엇인가'라는 물음에는 위와는 다른 차원의 의미도 들어 있다. 이른바 역사는 '과연 우리에게 무슨 의미를 지니는가'라는 물음이다. 역사의 사회적 효용성 또는 사회적 가치라고 부르는 문제이다. 역사가의 역사인식을 거친 재창조물로써의 지나간 과거 사실의 규명이 오늘날 어떠한 의미를 갖고 있으며, 그것이 앞으로의 우리의 삶과 무슨 관계가 있는 것인가 하는 것이다. 예를 들면 동·서양에서 공통으로 지적되는 '역사는 실용적인 것이다'라든가, 혹은 '교훈적인 것이다'라든가, 혹은 '역사는 미래를 밝혀주는 등불이다'라는 명제와 같은 것이다. 역사학이 답하여야 할 문제이다.

역사학방법론 역사학의 연구대상은 과거의 사실이다. 그 역사는 지나간 사실로 그치는 것이 아니라 오늘의 현실로 이어지는 것이다. 곧 현재는 단절된 시간에 존재하는 것이 아니라 과거로부터 이어오는 시간과 공간의 연속선상에 놓여 있다. 따라서 역사학 연구는 과거의 사실에 대한 규명에 그치는 것이 아니라 현실의 기본적인 구조나 발전의 논리를 구명하고 전체를 하나의 유기체적인 통일체로 인식하여 그 운동과정을 파악하는 것이다. 역사학을 학문으로 성립시킬 수 있는 과학성은 구체적 사실에 대한 실증과 학문적 체계성에 있다.

흔히 역사학을 실증적인 경험과학이라고 한다. 역사학자가 객관적인 대상을 실증하여 그 대상의 요소, 구조, 기능 등의 여러 면을 탐구하고 객관적인 진리를 의식적으로 반영해 가는 과학적 활동이라는 의미이다. 역사학의 학문으로서의 자율적 권위의 근거는 실증(實證)에 있는 것이다. 그렇기 때문에 역사학을 '증거의 학'이라 부른다. 실증은 이 증거를 조사하는 것이며, 이 검증에 의해 사실을 발견하고, 증거와 사실에 기초하여 일체의 판단과 추리를 행하여야 하는 것이다.

그렇다고 해서 역사학이 증거의 단계에 그친다는 것은 아니다. 직접 증명하는 것을 포함하여 그 증거를 기초로 올바른 판단과 추리에 의한 추상화(抽象化)가 필요하다. 이 추상화의 전개는 역사인식의 심화와 그의 단계적 발전 정도에 따른다. 예를 들어 역사인식의 발전과정은 단순한 사건에 대한 이해로부터 그 사건과 다른 사건과의 관련성에 대한 이해로 확대되게 된다. 그리고 그것은 단순히 역사적 사실에 대한 현상적 이해에 그치는 것이 아니라 그 사건들에 들어있는 공통점을 인식하는 데까지 나아가게 된다. 조선 전기 각종의 사화(士禍)를 예로 들어보면, 우선 사화를 구성하는 개개의 사실들을 이해하게 된다. 기존의 정치세력과 새로운 세력의 등장에 대하여 이해를 하고, 그 전개과정과 결과를 알게 된다. 더 나아가서는 그러한 종류의 사건이 여러 차례 유사한 과정을 거쳐 일어난 것을 확인하고 그것을 사화라 부른다. 이 단계가 있고 나아가서는 그러한 사건들의 성격을 지배 계급 간의 상호 갈등으로 파악하게 되는 것이다.

역사학의 학문적 체계화는 역사 안에 흐르는 일정한 법칙성(法則性)을 규명해내는 것이다. 앞서의 과학성이 사건의 사실성에 기초한다면 이것은 그러한 사실에 입각한 사건의 상호 관련성에 관한 것이며, 나아가서는 그 관련성의 일정한 법칙성을 찾아내는 것이다. 역사에서의 법칙성을 찾고자 하는 노력은 여러 형태로 전개되었는데 특히 자연과학의 발달과 더불어 가속화되었다. 이 법칙성이 인정된다면 자연히 일반화의 문제가 제기된다. 모든 역사에 관철되는 법칙이 있는 것인가 하는 것인데, 일반화와 특수성의 문제는 양자를 대립물로서 파악할 것이 아니라 통일된 개념으로 이해하여야 할 것이다.

법칙성의 문제는 또한 원인과 결과, 즉 인과의 문제이다. 어떠한 이론도 객관적인 전체의 역사를 본래의 모습으로 보여 주지는 못한다. 그러나 그 전체의 역사 진행을 설명하는 이론 혹은 가설은 존재하고 있다. 그때의 이론과 가설은 항상 구체적인 사실을 통하여 검증되고 수정되는 것이다.

역사학이 그 내적 개개 사실 및 서로의 연관성을 밝힐 뿐만 아니라 전 역사과정에 대한 통일적인 법칙성을 구명하는 것이라고 할 때에 그것은 단지 과거의 사실이기 때문에 구명하는 것이 아니다. 그 과거는 현재의 사회로 이어져 오고 있기 때문이다. 지나간 사실이 아니라 오늘에 이르기까지의 질적인 변화가 어떠한 계기를 갖고 어떠한 과정을 거쳐 발전되어 왔는가를 밝히는 것이다. 그것은 또한 현재의 사회에 대한 과학적이고 구조적인 규명 자체에 그치는 것이 아니라, 이 사회의 전체적 발전에 대한 객관적 인식을 위한 것이기도 하다. 즉 역사학의 인식목표는 사회의 전체적 발전에 대한 객관적 인식하에 인간의 최고 목적을 실현키 위한 방법을 밝히는 것이다. 여기에 역사의 주체와 그 주체가 가져야 하는 실천적 인식의 필요가 제기된다. 인간의 최고 목표를 실현키 위하여 주체적이고 실천적 자세를 세우는 것, 그것이 바로 역사학이 하여야 할 바이며 우리가 역사를 배워야 할 이유이다.

2. 시대구분론

자연과 사회 자연의 일부인 인간은 끊임없이 자연과 관계를 맺으면서 살아왔다. 인류는 자연에 작용하여 인간에 유용한 생활자료를 얻어가면서 생활하였다. 인간은 처음에는 커다란 노력을 하지 않아도 먹을 것, 입을 것, 쉴 곳을 마련할 수가 있었다. 그러나 인간은 점차 생활자료를 취득하는 데 힘을 더욱 들여야만 하였다. 인간은 자연 안에 숨어 있는 법칙을 알아내고 법칙에 순응하며 혹은 그 법칙을 이용하여 생활 자료를 취득하게 되었다.

그리고 자연으로부터 살아가는 데 필요한 자료를 얻는 과정에서 인간은 자연에 직접 작용하는 것이 아니라 일정한 도구를 매개로 하였다. 즉 도구를 이용하여 자연으로부터 필요한 것을 만들어 내었다. 이렇게 생활자료를 만들어 가는 것을 생산활동이라고 하며, 그 힘을 생산력이라고 한다. 사람은 시간이 가면서 이 생산력을 더욱 더 높이고 자연에 대한 이용을 넓혀 갔다. 생산력의 발전수준이 높아질수록 인간과 자연과의 결합은 전면적으로 그리고 다양하게 이루어졌다.

인간의 생산활동의 과정은 자연과의 관계에 그치는 것이 아니라 인간과 인간과의 관계를 맺으면서 이루어지고 있다. 그러한 관계는 생산력 수준에 따라서 변화하여 가는 것인데 생산활동을 위하여 맺고 있는 사회적 관계를 생산관계라 한다. 앞서 말한 자연의 이용은 인간의 기술수준에 의존할 뿐만 아니라 인간이 속해 있는 사회체제에 의존한다. 인간간의 관계는 그러한 것뿐 아니라 여러 면에서도 이루어졌다. 정치체제를 갖고 계급관계가 있으며 여러 형태의 사유체계를 갖게 되었다. 인간은 이 사회 가운데에 살아가면서 끊임없이 인간에게 주어진 비인간적인 굴레를 없애고 바람직한 인간의 모습과 사회관계를 만들고자 노력하였다.

시대구분론 인간의 역사를 체계화하고 과학적으로 인식하기 위한 노력 가운데 하나가 역사를 일정한 기준으로 시대를 구분하여 이해하는 것이다. 시대구분론은 각 시대의 총체적 사회구조를 밝히고 그 사회 내부에 있는 모순이 어떻게 해결되어 다음 시대로 옮겨가는가 하는 운동법칙을 밝히는 것이다. 이 과정에서 역사발전의 원동력과 그것을 담당하는 변혁주체도 드러난다. 이것은 앞서 말한 대로 역사발전의 결과인 현실사회의 구조와 단계적 성격을 해명하고 나아가 현실사회의 모순을 해결할 변혁논리를 창출하는 길이기도 하다.

우리의 역사학에서는 이전에는 왕조별로 시대를 구분하는 방법이 널리 쓰였고, 시간의 원근에 따라 고대·중세·근대로 구분하기도 하였다. 근대역사학이 발전되면서 사회구성체(社會構成體)를 기준으로 하여 구분하는 것이 확립되었다. 원시사회·노예제사회·봉건제사회·자본주의사회·공산주의사회로 단계를 구분하는 것이 널리 사용되고 있다. 이 구분법은 시간의 원근을 기준으로 하는 구분법과 결합되어 사용되기도 하였다.

본 책에서는 우리 역사의 발전과정을 원시・고대사회, 중세사회, 근대사회, 현대사회로 구분하기로 한다. 원시・고대사회는 구석기시대로부터 최초의 계급사회가 이루어지는 청동기시대를 거쳐 강력한 왕권국가에 이르는 시기를 포함하며 하한은 신라말까지로 설정한다. 중세사회는 고려의 건국으로부터 시작해 개항 직전인 19세기 중엽까지의 조선사회를 대상으로 한다. 근대사회는 세계자본주의 체제에 강제로 편입되어 들어가는 계기가 된 개항으로부터 일제 강점 시기까지이다. 현대사회는 자주민족통일국가의 수립이라는 역사적 과제가 제기되는 8・15 해방으로부터 지금까지의 시기이다.

제2절 한국 근・현대 역사학의 발전

1. 근대 역사학의 성립

개항 이후 전개된 한국의 근대사회는 반봉건 근대화(反封建 近代化)와 반제국주의 자주화(反帝國主義 自主化)의 과제를 안고 있었다. 한국의 근대 역사학은 바로 이러한 민족적 과제를 해결하기 위한 민족주의 운동의 일환으로 대두되었다. 역사연구의 측면에서는 오랜 봉건적, 유교적 역사인식을 청산하고, 제국주의 지배이데올로기였던 식민사관(植民史觀)을 극복하는 문제들로 제기되었다. 역사연구에서 유교적 관념을 비판하고, 연구방법에서 실증(實證)을 강조했던 것은 봉건사회 해체기의 학문이었던 실학(實學)에서 비롯되었다. 이러한 역사의식이 일제의 식민사학에 직면하면서 이를 극복하는 차원에서 근대 역사학으로 발전할 수 있었다.

일본인의 한국사 연구와 식민사학 일제가 날조한 식민사학은 제국주의의 식민지배 이데올로기였다. 이러한 역사학은 일본에서 근대적인 학문이 성립되던 시기부터 형성되기 시작했다. 이것은 일본의 근대학문이 일본자본주의의 군국주의적, 식민주의적 성격 속에서 형성되었던 점에서 필연적이었다. 이른바 황국사관(皇國史觀)이었다.

일본의 동양학 연구, 특히 한국 역사에 대한 연구는 모든 제국주의 국가들이 그러하였던 것처럼, 일본을 제외한 동양사회는 정체후진(停滯後進)적이었다는 관념에서 출발했다. 그러면서도 일본의 한국사연구는 특별한 면이 있었다. 사회경제적 발전의 정도나 문화적 수준이 일본과 거의 동일한 수준에 있었던 한국을 식민지로 지배해야 했기 때문이었다.

일본의 연구자들은 이미 막부(幕府) 말기부터 일선동조론(日鮮同祖論), 당파성론(黨派性論), 민족성론(民族性論) 등을 거론하였으며, 러일전쟁 당시에 이르러서는 여기에 한국사회의 정체후진성을 덧붙여 강조하였다. 이 경향은 일제의 식민지배기에 들어서 더욱 강화되었는데, 곧 타율성론(他律性論)과 정체성론(停滯性論)으로 짜여졌다.

타율성론은 한국사의 전개과정이 한민족의 주체적이고 자주적인 역량에 의해 이루어진 것이 아니라 외세의 간섭과 지배에 의하여 이루어졌다고 보는 논리였다. 한국사의 출발과 관련하여 단군에 대해서는 '그 설이 황당하여 믿지 못할 것'이라고 하여 부정하였고, 고대시기부터 북부는 중국의 식민지로, 남부는 일본의 식민지로 출발하였다고 하였다(남선경영설, 임나일본부설). 특히 일본인 학자들이 이 문제를 증명하기 위해 제기하였던 것이 만선사관(滿鮮史觀)과 반도적 성격론이었다. 그들은 한국사의 독자성 자주성을 부인하고, 민족 영토 경제의 세 방면에서 처음부터 만주와 분리할 수 없고, 한국에서 일어난 큰 역사적 사건도 모두 중국대륙과 만주의 세력이 파급된 결과라고 하였다(만선사관). 또한 조선은 반도라는 지리적 조건에서 아시아 대륙의 중심부에 가까이 붙어 있고, 또한 주변적인 위치 때문에 본류로부터 벗어나 있으면서도 항상 여러 이웃의 간섭을 받게 된다는 이른바 조선사의 부수성(附隨性), 주변성(周邊性), 다린성(多隣性)을 강조하였다(반도적 성격론). 이것은 조선인의 일상적인 행동과 사고에도 영향을 끼쳐 사대주의와 같은 것이 민족성으로 굳어지게 되었다고 하였다(사대주의론, 민족성론). 뿐만 아니라 조선과 일본의 조상은 같으며, 일본의 식민지배는 바로 갈라졌던 두 민족을 원상태로 복구하는 것이라고 주장하면서 내선일체론(내선일체론)을 강화하기도 하였다(일선동조론).

정체성론은 한국사에서의 발전을 부정하였던 논리였다. 주로 경제사를 전공하였던 학자들에 의해서 주장되던 것이었다. 1902년 조선을 둘러본 경제학자(福田德三)가 당시의 조선 사회를 일본의 10세기 말과 같다고 규정한 이후, 조선에서는 봉건제가 결여되어 있었다는 주장과, 또는 노예제도가 없었다는 주장 등이 개진되었다. 전체적으로는 조선의 역사적 발전을 부정하고 이 발전을 가져다 준 것이 일본이며, 식민지배의 덕으로 조선은 문명화, 근대화될 수 있었다고 주장하였다.

한말의 역사학 우리나라 근대역사학은 대한제국 말기에 전개된 계몽운동 과정에서 그 싹이 텄다. 이 때의 역사연구는 크게 두 분야에서 이루어졌다. 하나는 정부가 주관하여 학교 교육에 필요한 역사교과서를 편찬한 일이었고, 또 다른 하나는 계몽운동에 참여하였던 사람들이 행한 역사연구였다.

대한제국기에는 서구문물의 수용을 위해 각급의 학교가 설립되었는데, 정부에서는 이를 위해 역사교과서를 편찬하였다. 이 편찬을 주도하던 사람은 김택영(金澤榮)과 현채(玄采)였다. 그들이 편찬하였던 역사교과서는 중세적인 역사의식이 여전한 가운데, 구체적인 서술에서는 과도기적인 모습을 보였다. 점차 왕실 중심을 벗어나 사회문화적 서술이 확대되었으며, 곳곳에 저자 자신의 견해를 여러 사료에 의거하여 고증하고 종합적인 해석이나 의의를 첨부하는 등 사료의 객관적 취급이라는 면에서는 진전이 있었다. 그러나 근대 학문 방법론으로 위장한 일본의 침략 논리였던 임나일본부를 긍정하는 한계를 지니기도 하였다. 특히 당시 역사서를 대표하던 현채의 『동국사략(東國史略)』은 일본인 하야시(林泰輔)의 책을 역술(譯述)한 것에 불과하였다.

계몽운동의 과정에서도 많은 역사연구가 이루어졌다. 계몽운동은 '을사조약'으로 인한 국권침탈을 극복하고 회복하기 위한 것으로, 교육과 산업의 발달을 통해 실력을 양성하여 자강을 이루려고 했던 것이었다. 이 일환으로 교육운동이 활발하게 전개되고, 그 이념으로 애국심, 애국정신이 강조되었다. 역사연구는 바로 애국심을 고취시키기 위한 수단이었다. 이런 경향의 역사연구는 크게 두 측면에서 이루어졌다.

첫째, 그들은 실학파의 저술과 역사연구에 관심을 가지면서, 이익·박지원·안정복·정약용 등 실학파의 저술을 간행하였다. 그들은 실학자의 학술이 당시의 사회문제를 해결할 수 있는 길잡이가 된다고 파악하였던 것이다. 그러나 장지연은 정약용의 『아방강역고(我邦疆域考)』를 『대한강역고(大韓疆域考)』로 간행하면서 일본인들이 주장하던 임나일본부를 증보하는 오류를 범하기도 하였다.

둘째, 그들은 나라의 위기를 구하였던 영웅을 강조하고 영웅의 활동을 역사 저술의 중요한 대상으로 설정하였다. 당시 주목되던 영웅으로는 워싱톤, 비스마르크, 그리고 을지문덕, 이순신, 최영 등 새로운 나라를 건국하였거나 외침으로부터 나라를 구한 사람들이었다. 물론 그들의 연구 가운데는 영웅보다는 시세(時勢), 즉 사회현실을 더 강조하여 상대적으로 영웅의 역할을 낮게 평가하는 경우도 있었지만, 대체로 영웅이 역사의 주역으로 역사를 움직인다는 영웅사관에 머물러 있었다.

근대역사학의 성립과 민족사학 한말의 역사학이 가진 한계를 극복하고 우리나라의 근대역사학이 성립될 수 있었던 것은 1910년대의 박은식의 역사학을 거쳐 1920년대 신채호의 역사학에서 그러하였다. 이 두 사람은 같이 계몽운동에 참여하여 애국심을 고양하는 방법의 하나로 역사학을 강조하였고, 또한 영웅을 갈망하는 역사론을 전개하였는데, 점차 이로부터 탈피하여 갔다.

박은식은 망명지 중국에서 일본의 침략과정을 고발한 『한국통사(韓國痛史)』와 일제의 침략에 대한 우리 민족의 저항을 그린 『한국독립운동지혈사(韓國獨立運動之血史)』를 저술하였다. 박은식은 이러한 역사서를 통하여 '국혼(國魂)'을 강조하였다. 그는 당시의 망국이 결국 마약한 국혼에서 비롯된다고 파악하고, 국혼을 지키고 이를 키우기 위해서 국사를 비롯하여 국교(國教), 국문, 국학의 중요성을 지적하였다. 그는 '정신이 존속 불멸하면 형체는 때맞춰 부활'할 것이라고 확신하였다. 그리하여 그는 『한국독립운동지혈사』속에서 국혼을 강하게 지닌 조선민족은 반드시 독립할 것이라는 확신을 나타냈으며, 이를 위해 우리 민족이 투쟁한 '피의 역사'를 서술하였던 것이다. 그는 이런 역사론에 의거하여 민족운동에 주도적으로 참여하여, 1925년에는 상해임시정부의 대통령으로 활동하였다. 이때 그의 역사론에서는 앞서 보이던 영웅주의적 측면을 극복하고, 독립운동에 관한 민중층의 투쟁을 기술하면서 국혼론적이고 관념적인 역사인식을 점차 극복해가고 있었지만, 개혁된 유교를 국교로 해야 한다는 그의 소신에서 여전히 한계를 가지고 있었다.

신채호는 박은식의 역사학을 계승하였다. 한말에 그는 「독사신론(讀史新論)」을 저술하여 '국가의 역사는 민족의 소장성쇠의 상태를 서술한 것'이라고 하여 역사 속에서의 영웅을 중시한 영웅주의적 입장도 지니고 있었다. 그의 역사학이 근대역사학으로 확고하게 자리잡았던 시기는 1920년대였는데, 일제에 의한 강점 이후 만주지역에서 직접 독립운동에도 참여하였던 경험과 부여 고구려의 옛터를 답사하면서 구상된 고대사연구가 결실을 맺었던 것이다. 신채호의 역사론은 『조선상고사(朝鮮上古史)』와 「조선혁명선언(朝鮮革命宣言)」에 집약적으로 표현되었다. 그는 역사를 '아(我)와 비아(非我)의 투쟁과정을 기술한 것'으로 규정하였다. 우리 민족(我)과 다른 민족(非我)의 투쟁, 민족 내부에서 무산대중(我)과 자본가 지주계급(非我)의 투쟁과정이 바로 역사의 발전이라고 하였다. 그리고 그는 역사발전의 주체를 분명하게 민중으로 설정하였다. 그는 '민중의 조선'을 건설하기 위하여 독립운동에 뛰어들었고, 또한 역사를 연구하였던 것이다. 물론 신채호는 역사의 발전을 민족정신의 변화에서 구하였던 점에서 매우 정신주의적이었지만 역사의 담당 주체를 민중과 민족에서 구하였던 점은 일제에 의해 이루어진 '타율성론'을 정면에서 부정하고, 역사연구에서 민족주의(民族主義)적 관점을 확립한 민족주의사학을 주창하였던 것이다. 우리나라의 근대역사학은 바로 여기에서 성립할 수 있었다.

2. 근대 역사학의 발전

일제는 3 · 1운동을 무력으로 억압하고 1910년대보다도 더 가혹한 식민수탈을 자행하였다. 아울러 민족의식과 민족운동을 억압하기 위해 식민사관에 입각하여 우리 민족사를 왜곡하였다. 1920년대 중반 조선사편수회(朝鮮史編修會)를 만들어 자료를 편찬하고 『조선사』 37권을 간행하였다. 이 간행작업에는 최남선을 비롯한 많은 친일적 개량적인 한국인 학자들도 동원되었다. 이때 한국인 역사학자에 의한 연구는 크게 세 경향이 있었다. 후기 민족주의사학, 사회경제사학(마르크스주의 사학), 그리고 실증사학(문헌고증 사학)이 그것이었다. 이 가운데 민족사학과 사회경제사학은 일제의 식민사학에 정면으로 저항하였다는 점에서 흔히 '반제민족사학'이라고 부른다.

후기 민족주의 사학 정인보 · 안재홍 · 문일평 등은 박은식과 신채호의 역사학을 계승하여 민족주의 사학을 발전시켰다. 이 후기 민족사학자들은 1920년대 이래의 비타협적 민족주의 계열에 속한 사람들이었다. 1920년대 후반에 들면서 일제의 탄압과 민족개량주의의 확산으로 이 계열의 민족운동은 상당히 많은 제약을 받고 있었는데 1930년대에 들면서 그들은 민족운동의 일환으로 '조선학(朝鮮學) 운동'을 전개하여 그 활로를 모색하였다. 그들은 실학파의 사상에 주목하면서 실학파의 저서를 간행하였고, 또한 신채호의 글들을 국내에 소개하고 간행하였다.

후기 민족사학에서는 초기 민족사학에서 주장되던 역사인식과 역사론을 그대로 계승하였다. 특히 그들은 역사에서의 정신활동을 중시하여, 우리 역사를 민족정신의 발현과정이라고 파악하였다. 정인보는 이를 '5천년간 조선의 얼'이라고 하였고, 안재홍은 이를 '민족정신', 문일평은 '조선심'이라고 하였다. 또한 그들은 역사발전의 주체로서 민중을 강조하였는데 문일평은 민중의 투쟁이 역사발전의 중요한 계기라고 인식하고, 역사상의 반역자를 집중적으로 연구하였다. 그리고 정인보는 신채호의 고대사연구 결과를 그대로 수용하여 한사군(漢四郡)의 '압록 이북설(以北說)'을 주장하였다.

사회경제사학 사회주의 사상은 1920년 초반에 국내에 수용되기 시작하여 민족해방운동에 기여하였다. 사회주의 사상의 역사론이었던 사적유물론에 입각한 역사연구 경향을 사회경제사학이라고 하며, 이를 대표하던 학자는 백남운이었다.

백남운은 식민사학이 가지는 비과학성과 반동성을 비판하고, 한국사도 세계사의 보편적 법칙에 입각하여 발전해 왔음을 강조하였다. 또한 그는 민족사학이 갖고 있던 관념적인 측면도 비판하였다. 그는 한국사연구의 임무를 '과거의 역사적 사회적 발전의 변동과정을 구체적 현실적으로 구명하는 동시에 그 실천적 동향을 이론화하는 것'이라고 하였다. 이에 따라 그는 조선경제의 발전법칙을 역사적으로 규명하기 위한 경제사 연구에 주력하였고, 또한 앞으로 나아갈 '갱생의 길'도 이 운동과정에 따라야 한다고 하였다.

그의 경제사연구는 『조선사회경제사』(1933년)와 『조선봉건사회경제사』(1937)로 간행되었다. 그는 우리나라 역사의 발전과정을 ① 원시씨족공동체 → ② 노예경제(삼국시대) → ③ 아시아적 봉건사회(삼국시대말기에서 최근세) → ④ 아시아적 봉건국가의 붕괴과정과 자본주의 맹아형태 → ⑤ 외래자본주의 발전과 국제관계 → ⑥ 이데올로기 발전의 총과정 등의 6단계로 나누어 파악하였다. 그 일환으로 원시사회와 고대노예제 사회, 그리고 고려시대의 사회경제사를 정리하였던 것이다.

물론 당시에도 백남운의 역사연구에 대해서 비판이 일어났다. 아직 사적 유물론에 대한 이해가 깊지 못하여 공식주의적인 입장을 벗어나지 못했다는 것이었다. 그러나 역사에서의 주체적인 발전론을 거론함으로써 식민사학에서 주장하던 정체성론을 여지없이 부수어 버렸다.

실증사학 실증사학은 문헌고증주의에 입각하여 역사연구에서 사료에 대한 주관적 해석을 배격한다는 명분 아래 사관(史觀)과 이론을 배제하고 자료비판과 해석만을 강조하는 경향의 역사학이었다. 역사연구를 자료의 철저한 비판과 분석에 의해 행했다는 점에서는 역사연구 방법론에서 한 단계 발전을 가져올 수 있었지만, 자료비판에만 머물렀다는 점에서 현실인식이나 역사인식이 결여된 형태를 띠었다.

실증사학을 대표하였던 학자는 이병도·이홍직·이상백 등이었다. 그들은 식민지하에서 일본의 정규교육을 받았고, 전문적인 역사교육 훈련을 받았고, 또한 식민사학을 주도하던 그들 스승의 학풍을 충실하게 추종하였다. 그들은 식민통치 하에서 한국사를 연구한다는 것 자체가 민족적인 것이라고 자위하였고, 간혹 일본인 연구자들과 경쟁하면서 새로운 견해를 제시하는 것에 만족하였다. 이런 실증사학자들이 중심이 되어 만들었던 기구가 진단학회(震檀學會)였다(1934). 그들은 '우리의 문화를 우리의 글로 스스로 연구해야 한다'는 점을 강하게 표방하였던 것이다.

그러나 실증사학에서 일본인이 행한 방법론을 그대로 따르고 있는 한 새로운 역사론으로 발전할 수는 없었다. 개인에 따라 약간의 차이는 있었지만, 결국 우리 민족이 처해 있던 당시의 민족현실과 그 극복의 문제를 그들의 역사연구 속으로 내재화할 수 없었다. 그들은 현실을 외면하고 학문연구라는 영역에 안주하게 되었으며, 결국 식민체제를 동조 내지는 묵인하게 되었고 일제의 관변기구(조선사편수회)의 직원이나 연구원으로 종사하면서 식민사학에 피동적으로 협조하였다.

3. 분단시대의 역사학

역사학계에서는 해방이후 오늘날까지의 한국사회를 흔히 분단시대(分斷時代)라고 일컫는다. 이때의 역사학도 바로 이런 분단의 구조와 연관되면서 발전하였다. 남북 분단 이후 남한과 북한에서 각각 발전하였던 한국사연구도 결국 분단의 모습을 그대로 보이고 있다.

해방직후의 역사학 해방 직후 한국사회는 일제시대에 해결하지 못하였던 반제 반봉건 민주주의변혁의 과제를 그대로 안고 있었다. 일제의 잔재를 청산하여 민족문제를 해결하고, 토지개혁을 통하여 봉건체제를 청산하여 자주적인 통일민족국가를 건설해야 하였다. 역사학도 기본적으로 이런 과제를 해결하는 선 위에서 제기되었고, 역사학자는 직접적인 역사학 연구는 물론 현실의 정치운동에도 관여하면서 이 과제를 해결하고자 하였다.

이 시기의 역사학계는 1930년대 이후 발달하였던 3계열의 역사학풍이 각각 재편되면서 존재하였다. 그 가운데 해방 정국에서 재빠르게 체제를 정비하고 대응하였던 것은 사회경제사학, 즉 마르크스주의 역사학이었다. 일제시대 이래 사회경제사학의 중심인물이었던 백남운은 해방 이튿날 조선학술원을 설립하였고, 1946년 5월에는 민족문화연구소를 창립하였으며, 이를 기반으로 연구활동은 물론 현실운동에도 참여하였다. 그는 민주변혁론으로 '연합성 민주주의론'을 주장하였고, 신민당(新民黨)의 위원장으로 활동하였다.

1945년 10월에 만들어진 조선과학자동맹에서도 사적유물론에 입각하여 역사학을 연구하였다. 그들은 역사연구를 '과학적'으로 행할 것을 주장하면서 '과학적 한국사 연구방법론'을 제기하였다. 그들은 이에 의거한 구체적인 작업으로 주로 조선시대와 일제시대의 사회경제적 구조를 해명하는 데 힘을 기울였다.

민족사학자들도 해방과 더불어 활동을 재개하였다. 안재홍・정인보 등이 그들의 연구성과를 출간하는 가운데, 특히 안재홍・손진태・이인영 등은 일제말기부터 구상해오던 신민족주의론(新民族主義論)을 주창하였다. 이들은 자주민족국가의 수립과 민족적 자유와 평등의 실현이라는 관점에서 이를 주장하였으며, 이에 따라 안재홍은 건국준비위원회(부위원장), 국민당의 정치운동에 참여하기도 하였다. 서울대학에서 후진을 양성하였던 손진태와 이인영도 신민족주의론에 입각하여 역사연구를 행하였다. 민족의식의 성장, 발전, 쇠퇴의 과정을 민족사의 전개과정으로 파악하면서 주로 민족설화와 민속학 분야, 만주와의 관계 등의 문제들을 연구하였다. 그러나 그들의 신민족주의론은 첨예한 이데올로기 대립의 공간에서 독자적 기반을 마련할 수 없었다.

실증사학자들도 1942년에 자진 해산했던 진단학회를 재건하면서 활동을 재개하였다. 이들은 대체로 미군정청의 비호 하에 일제시대 이래의 기득권을 유지할 수 있었는데, 그 가운데 이병도・김상기・이상백 등은 서울대학에 자리를 잡으면서 자신들의 입지를 확보하였다. 이병도는 자신의 견해를 정리하여 『조선사대관(朝鮮史大觀)』을 간행하였으며, 김상기와 더불어 미군정청의 국사 교과서(『國史敎本』)를 집필하였다. 이들의 역사학은 여전히 식민사학의 주장을 크게 벗어나지 못했다.

이와 같은 해방 직후의 역사학은 민족분단의 현실 속에서 또한 '분단의 역사학'으로 나타났고, 한국전쟁을 거치면서 완전히 고착화되었다. 마르크스주의 역사학은 북한으로 옮겨갔고, 실증사학은 남한에서 그 입지를 강화하였다. 그러나 신민족주의를 주창했던 민족사학은 한국전쟁 과정 중에 '납북'됨으로 말미암아 남・북 어디에서도 뿌리를 내리지 못했다.

남한의 한국사연구 남한에서의 역사연구는 남한사회의 정치・경제적 변화와 더불어 몇 단계로 발전하였다.

1950년대는 한국전쟁으로 분단이 고착화되고, 이승만 정권의 독재정치와 반공 이데올로기에 의한 극우적 분위기가 형성되었던 시기였다. 또한 사회경제적으로 미국의 원조정책으로 미국에의 예속이 심화되어 갔던 시기였다. 이때는 해방 이래의 실증사학이 학계와 강단을 압도하였다. 이를 이끌어가던 학회가 진단학회였다. 진단학회에서는 『한국사(韓國史)』(전7권)의 간행작업을 시작하였고, 『진단학보』를 복간하면서 학계를 주도하였다. 이러한 연구 작업은 많은 부분이 미국의 자금지원(록펠러 재단, 하버드 대학)에 의해 이루어졌다.

물론 해방 직후 손진태・이인영의 지도를 받은 바 있었던 일부 신진 역사학자들이 학계의 지나친 경색을 비판하고 1952년에 역사학회(歷史學會)를 창립하였다. 그들은 실증사학의 문제점을 인식하고 '역사학의 재건'을 내세웠으나, 실증사학과 대립할 수 있는 역사인식이나 방법론을 제시하지는 못하였다.

1960년 4월 혁명으로 다시 민주주의와 통일운동에 대한 열망이 일어났다. 그러나 곧 이어 5・16 군사쿠데타로 군사정권이 수립되면서 좌절되었다. 제3공화국의 박정희 정권은 경제개발정책을 제일의 과제로 삼고 대내적으로 반공 이데올로기에 입각한 독재체제를 강화하면서 분단체제를 심화시켰다. 이런 정책은 1970년대의 유신체제를 거치면서 더욱 강화되었다. 이 시기 역사학계를 주도하던 학풍은 국수주의적 민족주체사관과 근대주의적 근대화론이었다. 이 학풍은 정권유지를 위한 지배 이데올로기로 기능하면서, 역사연구에서의 관주도가 굳어졌다. 국사편찬위원회, 정신문화연구원 등의 관변기관들이 관주도 역사연구의 중심을 이루어가면서 중등학교 과정의 국사교육을 국정교과서를 통하여 일원화하였으며, 대학에서 국사교육을 강화하였다. 이 역사학풍에서는 역사발전의 합법칙성을 과학적으로 인식하지 못하고 지배체제적 입장에서 역사를 인식하였고, 결국 군부독재를 직간접적으로 옹호하고 대변하였다.

한편 4월 혁명 이후 학계의 일각에서는 민족주의 역사학을 재건하고 사회경제사학을 비판적으로 계승해야 한다는 입장이 개진되기 시작하였다. 해방 이후 일제 식민사학의 청산이 극히 불철저했다는 점에서 식민사학의 구조를 분석하는 작업을 비롯하여, 사회구성체론에 의거하여 사회경제구조를 해명하는 구체적인 연구들을 진행하였다. 그들은 '내적 발전론'에 의거하여 주로 조선후기의 사회경제적 발전을 자본주의 발전의 과정으로 규명하여 한국사의 주체적 발전적 성격을 강조하였다. 이런 차원에서 1967년에 '한국사를 과학적으로 연구하고 체계화함으로써 민족문화 발전에 기여할 것을 목적'으로 한 한국사연구회가 창립되었다. 물론 이 학회의 구성이나 운영이 전적으로 새로운 역사학을 지향한 것은 아니었다. 일종의 과도기적이고 타협적인 면이 있기도 하였으나, 1980년대 이후 새로운 역사연구 경향이 배태될 수 있는 밑거름이 되었다.

1980년대는 해방이후 심화되어온 외세에의 예속화와 반민주주의적 정치형태, 분단체제의 고착 등의 사회문제에서 배태된 모순들이 폭발적으로 나타났던 시기였다. 특히 광주 민주화운동을 거치면서 민족민주운동의 주역으로 자리 잡은 민중세력이 사회변혁의 주체로 전면에 등장하게 되었다. 미국에 대한 객관적 인식의 전환이 나타나게 되고, 민족민주운동의 질적인 비약을 가져오면서 사회현실에 대한 과학적 인식의 일반화와 민중세력을 기반으로 한 운동의 대중화가 추진되었다. 이와 관련하여 학계에서는 사회구성체 논쟁과 변혁주체로 등장한 민중에 대한 개념 논쟁이 전개되었고, 역사학에서도 과학적 실천적 역사인식이 모색되었다.

민족적인 문제를 해결하기 위해 분단을 극복할 수 있는 역사학이 요구되면서 분단시대의 역사학이 가졌던 현실유리를 비판하는 '분단사학론'이 제기되었고, 또한 근대민족주의 발전의 주체로서 민중이 형성되어 가는 '민중적 민족주의론'이 나오기도 하였다.

1987년 6월의 민주항쟁은 민중적 민족주의 역사학이 발전하는 결정적 전기가 되었다. 국민적 저항으로 군사독재정권은 물러나면서 민족주의 역사학에 대한 국가권력의 견제는 현저히 약화되었고, 동시에 국가권력 주도로 역사학을 육성하고 보호하는 정책 또한 후퇴하였다. 이러한 가운데 민중적 민족주의 정립에 노력해 온 진보적 소장 연구자들은 과학적 세계관에 기초해 '민주주의의 실현과 조국 통일'에 실천적으로 동참하는 '과학적 · 실천적 역사학'의 수립한다는 목표 아래 한국역사연구회를 비롯해 역사문제연구소, 역사학연구소 등을 창립하였다.

이러한 변화로 민중적 민족주의를 지향하는 역사연구는 전례 없는 활황기를 맞았다. 극우반공체제하에서 금기시되었던 일제강점기와 해방공간의 사회주의계열의 민족해방운동이나 사회운동에 관한 연구들이 진행되었다. 또한 이승만 정권에 의해 구축되고 박정희 정권에 의해 더 없이 공고해졌던 극우반공체제와 분단체제, 근대화지상주의와 경제개발에 대한 비판적 연구도 이루어졌다.

민중적 민족주의 역사학은 일제 강점기를 거쳐 남북분단에 이르는 시기의 한국민족주의운동의 큰 흐름들을 구체적 실상에 근거해 체계적으로 밝히고, 극우반공체제와 분단체제, 근대화지상주의를 비판하고 민주주의와 평화통일, 자유·평등의 가치를 확립하고자 노력하였다. 나아가 그 성과를 바탕으로 민주화와 평화통일운동의 방향, 나아가 통일민족국가를 수립하는 원칙과 방안을 모색하였다.

북한의 역사학 북한의 역사연구는 북한의 사회주의 건설 과정과 깊은 관련을 맺고 있다. 특히 당내 사상사업의 변화과정, 주체사상의 확립, 체계화 과정과 밀접한 관련이 있다. 그 역사연구는 대체로 3단계를 거치면서 발전하였다.

해방 직후부터 1956년을 전후한 시기까지가 그 첫 단계였다. 대체로 북한에서 반제반봉건 혁명을 이루어 가고 사회주의 기초건설을 하던 시기로, 이에 상응한 역사연구가 진행되었다. 1947년 조선역사편찬위원회(북조선 임시인민위원회 내에 25명으로 구성)를 설치하여 연구를 시작하여, 과학원 산하의 역사연구소(1952)를 거쳐 사회과학원이 독립하여 그 아래에 역사연구소가 만들어졌다(1964). 이때의 연구자 대부분은 일제말, 해방 직후에 활동하던 사람들이었다. 역사논문집으로 『역사제문제』(후일 『역사과학』), 『역사논문집』, 『근로자』 등이 있었고, 통사와 최근세사에 대한 절실한 요구로 『조선통사(상)』(1956)이 간행되었다.

1957년에서 1967년에 이르는 10년간이 두 번째 단계였다. 이때는 6·25전쟁으로 인한 폐허를 복구하는 건설이 종료되고, 사회주의 기초건설 5개년 계획이 추진되면서 자력갱생을 바탕으로 한 사회주의 건설의 자주성이 강조되던 시기였다. 소련과 중국의 간섭을 배제하고 사회의 전 분야에서 "사상에서의 주체, 정신적 지주, 경제적 자립, 국방에서의 자위"가 강조되었다. 이에 따라 민족문화유산과 전통에 대한 올바른 태도와 학습을 강화하고, 사상전선의 모든 분야에서 자기 것을 위주로 하고 선진문화에 대한 비판적 섭취, 민족허무주의 극복, 사대주의 비판, 형식주의, 교조주의 비판 등이 강조되었다. 역사연구소에서는 ① 평화적 통일과 사회주의 건설에 관한 연구, ② 혁명 전통 및 애국 전통에 관한 연구, ③ 우리나라 사회발전의 합법칙성에 관한 연구 등을 집중적으로 행하였다. 이때 시대구분론에 대한 논쟁이 일어났고, 그 토론의 결과 합의된 견해는 지금까지도 유지되고 있다.

1968년 이후가 그 세 번째 단계이다. 이때는 사회주의 공업화가 완수되고, 3대혁명(사상, 기술, 문화)과 온 사회의 주체사상화가 추진되던 시기이다. 이른바 주체사관이 형성되던 시기이다. 역사연구에서는 주체사관에 입각하여 『조선전사』를 집단적으로 완성하였고, 또한 부분적으로는 ① 조선역사 발전의 합법칙성에 관한 연구(원시사회 발전의 합법칙성과 조선사람 기원 문제, 노예제사회의 존재여부, 고대국가의 성격 규명, 자본주의적 관계의 발생, 발전 및 부르주아 개혁운동의 연구 해명 등), ② 현대사의 전면적 체계화(1926년 타도제국주의동맹의 결성, 항일 혁명투쟁, 혁명전통에 대한 연구, 6·25전쟁에 대한 연구,

사회주의 전면적 건설시기, 사회주의의 완전한 승리문제, 조국 통일 투쟁사, 해외동포의 투쟁 등) 등이 집중적으로 이루어졌다. 현대사에 대한 연구가 큰 비중을 차지하였던 것은 바로 김일성의 혁명전통과 주체사상을 강조하던 점과 연관된 것이었다.

제1장 고대사회

제1절 초기국가의 성립과 삼국의 발전

1. 한국사의 주인공과 한・예・맥

1) 한반도의 화석인류

인류의 진화 구석기시대는 현생인류의 조상인 화석인류가 활동해온 시대로서 그 발전 단계에 따라 전기, 중기, 후기로 구분한다. 지질시대로는 신생대 제3기말의 플라이오세(Pliocene: 신선세)와 제4기 플라이스토세(Pleistocene: 홍적세)의 전 기간이 이에 해당된다. 화석인류의 출현을 보면 최근 동아프리카에서는 오스트랄로피테쿠스(Australopithecus: 猿人) 이전의 고인류인 사헬란트로푸스, 오로린 등의 화석이 발견되었는데 700~450만년 전의 고인류(古人類)로 알려졌다. 오스트랄로피테쿠스는 지금부터 500만년 전인 신생대 제3기 말의 플라이오세의 시작과 더불어 등장하였다. 이들은 지금부터 200만년 전에는 외날찍개, 양날찍개와 같은 매우 간단한 도구를 만들어 사용하였다. 신생대 제4기의 홍적세가 시작되는 시기에 호모 에렉투스(Homo erectus: 原人)가 등장하였는데 지금부터 160만년 전으로 추정된다. 이들은 아프리카에서 유럽, 아시아 등 세계 여러 지역으로 퍼져 나갔다. 오스트랄로피테쿠스에 비해 두뇌 용량이 크게 증가하였고 발달된 주먹도끼 등을 사용하였으며 불도 사용하였다.

지금부터 40만년 전쯤인 홍적세 중기 말엽에 호모 에렉투스와 유사한 면을 많이 가지고 있으면서 현대인에 보다 가까운 호모 사피엔스(Homo sapiens: 古人)가 나타났다. 일반적으로 네안데르탈인(Neanderthal Man)으로 대표되는 이 인류는 자연가공기술의 석기를 사용하였으며 예술행위, 사체의 매장, 주술 행위 등 정신세계에서도 커다란 발전을 이루었다.

인류진화의 최종단계인 호모 사피엔스 사피엔스(Homo sapiens sapiens: 新人, 現生人類)는 지금부터 20~15만년 전에 출현하였다. 이들이 네안데르탈인을 교체한 시기는 지금부터 4만년~3만년 전 사이였다. 이들은 보다 정교한 타제석기를 만들어 사용하였고 뛰어난 지능과 상징 및 예술 행위와 같은 질적으로 새로운 종류의 문화를 갖고 전 세계로 퍼져나갔다.

한반도의 화석 인류 우리나라의 화석인류는 현재까지 구석기시대 중기에 속하는 호모 사피엔스부터 발견되고 있다. 평남 덕천군 승리산 유적의 하층 문화층에서 호모 사피엔스의 이빨 두개와 어깨뼈 일부가 발견되었다. 네안데르탈인으로 추정되는 이 인골은 우리나라 최초의 화석인류로서 '덕천인'으로 명명되었다. 평양시 역포구 대현동 유적에서는 호모 에렉투스와 네안데르탈인의 중간 형태로 보이는 소녀의 머리뼈가 발견되어 '역포인'으로 명명되었다. 구석기시대 후기의 화석인류로는 평남 덕천군 승리산 유적 상층에서 신인의 아래 턱 뼈가 나왔는데 남아있는 이빨로 보아 35세의 남자로 추정되었으며 '승리산인'으로 명명되었다. 평양시 만달리 유적에서는 25~30세의 남자로 보이는 인골이 출토되었는데 '만달인'으로 이름이 붙여졌다.

전 세계적으로 빙하는 13,000년 전 무렵부터 본격적으로 물러나 현재와 같은 간빙기 환경이 도래하였다. 약 10,500년 전부터 온난화가 급격히 진행되면서 플라이스토세가 막을 내리고 구석시대도 끝을 맺게 된다. 후빙기의 급격한 환경변화는 인류로 하여금 새로운 적응양식을 채택하도록 하였다. 그 중에서 구석기시대의 생활양식이 그대로 유지된 경우를 중석기시대라고 한다. 우리나라의 경우 현재의 고고학 자료에 의할 때 중석기시대를 설정할 근거는 희박하다. 따라서 한반도에서 구석기 시대에 살았던 화석인류는 오늘날의 한민족과는 직접적으로 연결되지 않는다.

2) 한국사의 주인공

즐문토기인 구석기시대가 끝나고 신석기시대가 되면서 한반도와 만주에는 새로운 주민이 등장하였다. 이 신석기인들은 원시무문토기와(민무늬토기)와 융기문토기(덧무늬토기)를 사용하였으며 주로 동해안 일대에 정착하여 살았다. 그 뒤를 이어 즐문토기(빗살무늬토기)를 사용하는 새로운 주민이 여러 차례에 걸쳐 해안과 하천을 따라 전국적으로 퍼져갔다. 이때 들어온 원시무문토기인이나 즐문토기인들의 종족계통은 당시 시베리아와 만주 일대에 퍼져있던 고(古)아시아족(Plaeo-asiatic 또는 Pale0-siberians) 계통으로 보는 것이 일반적이다.

신석기문화는 농경·목축·토기·마제석기 등을 문화지표로 하는 새로운 문화로서 새로운 기술에 의해 식량생산을 이룩하여 인류의 생활에 혁명적인 변화를 일으켰다. 농경이 됨으로써 사람들은 정착생활을 시작하여 취락을 이루었고, 토기라는 새로운 음식조리기와 저장기를 발명하여 활용하기 시작하였다. 또 날을 갈아 만든 마제석기를 만듦으로써 도구의 기능이 크게 향상되었다. 우리나라 신석기문화는 서기전 1만년 전에 시작되었다.

신석기시대 조기는 원시무문토기, 융기문토기, 구연문토기 등을 사용하던 시기로서 주로 동해안 일대에 분포하였다. 전기는 빗살무늬토기를 주로 사용하던 시기로서 유적은 두만강, 대동강, 한강, 낙동강 등 큰 하천 유역에 분포하고 있다. 중기는 즐문토기의 문양에 파상문, 동심원문 등의 곡선 무늬가 사용되고 그릇 바닥도 납작해져 무늬와 형태가 크게 변화를 보인 시기로서 농경이 시작되었다. 후기는 거친 무늬가 많이 사용되고 구연부가 이중으로 되는 형태도 나타나는 시기로서 점차 새로운 무문토기 문화로 대체되어 갔다.

한 · 예 · 맥의 융합 기원전 1천년 경을 전후한 시기에 한반도에는 즐문토기 문화와는 다른 새로운 문화를 가진 주민집단이 대거 이주해 오기 시작하였다. 무문토기인으로 불리는 이들은 본격적인 농경 · 목축의 식량생산 단계에 진입해 있었으며 일부에서는 청동기를 사용하고 있었다. 이들 청동기는 시베리아의 미누신스크(Minusinsk) 지역이나 오르도스(Ordos) 지방의 청동기와 연결되는 이른바 '북방청동기문화' 계통이었다.

기원전 8~9세기 경에는 비파형동검을 표지로 하는 새로운 청동기문화가 크게 확산되어 본격적인 청동기시대로 들어갔다. 비파형동검은 칼몸의 모양이 비파와 비슷하기 때문에 붙여진 이름이며 주로 요령성 이동 지역에 분포한다. 비파형동검은 칼몸과 칼자루를 따로 만들어

칼몸과 칼자루를 함께 주조한 중국식 동검과는 뚜렷이 구별된다.

이러한 문화를 형성한 종족은 중국 동북지방과 한반도를 향해 새로이 동진해온 퉁구스(Tungus)족이었다. 특히 한반도로 들어온 계통을 예맥퉁구스족이라고 한다. 이들은 만주와 한반도로 들어온 시기의 선후에 의해 한, 예, 맥으로 불렸으며 선주민인 즐문토기인을 물리치거나 흡수·동화하여 나갔다. 한은 한강 이남 태백산맥 이서에, 예는 만주의 농안, 장춘 지역을 비롯하여 한반도의 함경도 및 동해안 일대에, 맥은 압록강 유역에 주로 분포하였다. 그리고 경기도 북부와 황해도 일대에는 한, 예, 맥이 섞여 살았다. 이 한, 예, 맥은 점차 융합의 과정을 거쳐 6세기에 이후에는 더 이상 구분의식이 없어졌다. 신라가 삼국을 통일한 후 일통삼한(一統三韓)을 내세운 것은 정치적 통합과 더불어 주민의 통합도 완료되었음을 의미하는 것이다. 이리하여 한국사를 만들어 나가는 주인공이 확립된 것이다.

2. 초기국가의 성립과 건국신화

1) 초기국가의 성립

계급의 발생 신석기시대의 경제는 주로 수렵이나 어로, 채집을 위주로 하는 식량채집경제였다. 비록 중기에 와서 원시농경과 목축이 시작되었지만 이 시기의 농경은 나무나 돌로 만든 농기구에 의해 이루어진 유치한 단계였다. 이러한 저급한 생산력으로 말미암아 이 시기에는 원시공동체가 생산과 소비의 주체였다. 원시공동체는 무리나 씨족이 단위가 되고 경제적으로는 자급자족적인 공동체였다.

청동기시대에 들어오면 석제 농기구 외에 청동제 공구를 사용하여 다양한 목제 농기구를 만들었다. 그리고 보리·콩·조 등을 경작하는 밭농사와 더불어 벼농사도 행해졌다. 촌락은 농업을 영위하는 기본적인 단위가 되었고 농경활동에서 남성의 역할이 증대되면서 가부장을 중심으로 하는 대가족이 생산과 소비의 주체로 성장하였다. 이 과정에서 잉여생산물은 점차 가부장적 대가족 단위로 사유화되었다. 한편 구리를 주된 원료로 하고 주석과 아연을 합금하여 만든 청동기의 발명으로 금속제품을 만드는 기술의 발전이 발전되면서 이를 전문적으로 제작하는 장인 집단이 출현하였다. 전문 장인들의 출현은 사회적 분업을 가져왔고, 농경의 발달과 교역, 분업으로 생산력이 발전하면서 잉여생산물을 낳았다.

생산물에 대한 사적 소유의 진전은 가부장적 대가족들 사이에도 빈부의 차이를 발생하게 하였고 그 격차는 점차 커져갔다. 그 결과 공동체내의 성원은 가진 자와 못 가진 자, 즉 지배계급과 피지배계급으로 분열되고 또 정복을 통해 다른 집단을 피지배집단으로 복속시킴으로써 평등한 사회관계는 불평등한 계급사회로 들어갔다. 청동기시대의 무덤인 거대한 지석묘와 많은 청동기를 부장한 석관묘는 부와 권력을 지닌 지배자의 등장을 보여주는 것이다.

초기국가의 성립 사적 소유와 계급의 발생은 지배자를 출현시키고 이들에 의해 초기국가가 만들어졌다. 국가란 생산력의 증대에 따라 원시공동체사회가 붕괴되고 계급이 형성되면서 지배계급이 자신들의 지배력을 지속적으로 유지하기 위해 만든 것이다. 공적인 권력기구로 등장한 국가는 지배의 중심지로서의 도읍, 조세수취를 담당하는 관료제, 군대나 경찰 감옥 등의 무장력과 강제장치를 갖는다. 건국의 주체집단은 자신들의 우월성을 과시하고 피지배층이나 주변집단에 대한 지배를 이념적으로 정당화하기 위해 건국설화를 만든다. 단군신화나 주몽의 탄생신화, 혁거세의 탄생신화가 그것이다.

만주와 한반도에서는 청동기문화 및 초기철기문화를 기반으로 하여 여러 곳에서 초기국가들이 출현하였다. 우리나라의 초기국가로서 가장 먼저 성립한 것이 단군조선이다. 이후 만주지역에서는 부여, 고구려가 출현하였고, 한반도에서는 마한, 진한, 변한을 구성한 70여 소국들이 나타났다. 백제는 마한연맹체의 한 소국이었고, 신라는 진한연맹체의, 가라는 변한연맹체의 한 소국이었다.

국가가 만들어진 초기에는 공동체 관계의 잔존과 생산력 발전의 한계로 지배자의 권력이 확고하지 못하였고 지배자의 권위도 종교적 권위에 크게 의존하였다. 이 시기 초기국가의 수장의 칭호는 단군 또는 간(干)으로 칭해졌다. 그렇지만 농사가 제대로 되지 못하면 우두머리는 죽임을 당하거나 교체되기도 하였다. 따라서 초기국가의 정치체제는 제정일치적인 성격이 강하였다.

2) 건국신화

고조선의 건국과 단군신화 초기국가의 성립과 건국과정을 보여주는 것이 건국신화이다. 현재까지 전해오는 건국신화로는 고조선의 시조인 단군신화, 부여의 시조인 동명신화, 고구려의 시조인 주몽신화, 신라의 시조인 혁거세신화, 가라국의 시조인 수로신화 등이다.

단군신화는 우리나라 최초의 건국신화이다. 이 신화에서 환웅이 바람·비·구름의 3신을 관장하였다는 것은 고조선이 농경사회를 기반으로 하였음을 보여주며, 생명·질병·형벌·선악 등을 주관하였다는 것은 국가질서 유지를 위한 강제장치가 마련된 것을 보여주며, 천부인 3개는 거울[鏡]·검(劍)·구슬[玉]로서 정치권력자의 권위를 상징하는 것이며, 단군이 환웅의 아들로 나오는 것은 건국집단의 혈통의 신성성을 강조하기 위한 것이다. 또 환웅이 하늘로부터 내려왔다는 것은 이 집단이 이주민 집단임을 보여주며, 호랑이와 곰은 선주집단의 토템이며, 환웅이 여자로 변한 곰과 결혼하였다는 것은 이주민 집단이 곰토템 집단과 결합한 것을 말하는 것이다. 그리고 단군왕검의 '단군'은 종교적 제사장인 무(巫)를 의미하며 '왕검'은 정치적 지배자인 임금을 의미하므로 이 칭호는 고조선이 제정일치적 성격의 사회였음을 보여주는 것이다.

단군조선이 건국된 이후 어느 시기에 기자를 시조로 하는 집단이 새로이 두각을 나타내어 단군조선을 대신하여 기자조선을 칭하였다. 기자조선은 서기전 3세기 경에는 왕을 칭하면서 중국 전국시대의 연(燕)나라와 대결할 정도로 성장하였다. 그러나 준왕(準王) 대에 와서 한(漢)의 연에서 망명해온 위만(衛滿)에게 나라를 빼앗겼다.

위만조선은 한과 흉노 사이에서의 중계무역의 이익을 독점하면서 주변의 세력들을 정복하고 이들이 한과 직접 통교하는 것을 막았다. 이에 자극을 받은 한무제(漢武帝)는 서기전 109년에 위만조선을 공격하였다. 한의 공격을 받은 위만조선은 1년여 동안 저항을 하다가 서기전 108년에 멸망하였다. 한은 4군을 설치하였는데 이 가운데 낙랑군은 서기 313년까지 존속하면서 주변 토착세력들에게 정치적 문화적 영향을 주었다.

부여의 건국과 동명신화 부여(扶餘)는 시조 동명(東明)이 만주의 농안·장춘 지역으로 이주해 와서 선주민인 예족(濊族)을 복속시켜 세운 나라이다. 동명의 건국신화에서 동명이 햇빛에 감응하여 알로 태어났다고 하는 것은 태양의 자식임을 상징하는 것이고, 돼지우리와 마구간에 버려졌다는 것은 건국주는 시련을 극복해야 한다는 것을 의미하는 것이다. 활을 잘 쏘았다는 것은 건국주의 능력을 보여주는 것이며, 북방에서 이동해 와서 부여에 정착하였다는 것은 동명집단이 이주민 집단임을 보여주는 것이다. 이 부여에서 고구려가 파생해 나왔고 또 고구려에서 백제가 파생되었다. 따라서 부여는 고구려와 백제가 뿌리를 같이 한다는 동원(同源)의식의 근원이 되었다.

건국 초기 부여의 왕권은 미약하여 흉년이 들면 왕은 그 책임을 져야 하였다. 후기에 와서 군왕을 칭할 정도로 왕권이 강화되면서 서기전 4세기 경에는 연(燕)과 우호관계를 맺었고, 서기 1세경에는 왕망(王莽)이 세운 신국(新國)에 위협적인 존재가 될 정도로 성장하였다. 부여의 관료기구로는 마가(馬加)・우가(牛加)・저가(豬加) 등의 귀족집단과 대사(大使)・대사자(大使者)・사자(使者) 등이 있었고, 사회의 기본단위인 읍락은 유력자로서의 호민(豪民) 층과 일반민으로서의 하호(下戶) 층과 비자유민으로서의 노복(奴僕) 층으로 이루어졌다.

부여는 285년 유목민족의 하나로서 요하 상류에서 일어난 선비족 모용씨(慕容氏)의 침략을 받아 국왕이 자살하는 등 위기에 처하였다. 그후 일시 국력을 회복하였지만 494년에 고구려에 항복함으로써 멸망하였다.

가락국의 건국과 수로신화 가야는 기원 전후 무렵부터 562년까지 경상남・북도 서부 지역에 존재했던 국들의 총칭이다. 기원전 1세기에 이르러 철기문화가 보급되면서 서부 경남지역과 해안지대에서는 사회통합이 진전되어 변한 소국들이 나타나기 시작하였다. 김해의 구야국, 고령의 반로국, 함안의 안야국, 고성의 고자국 등이 그것이다. 이들 가운데 큰 것은 4-5천가, 작은 것은 6-7백가였다. 각 소국은 정치적 중심지인 국읍과 일반 읍락으로 이루어졌다. 국읍 수장의 칭호는 세력의 크기에 따라 신지, 험측, 살해, 읍차 등으로 불리었다. 그러나 국읍 수장은 지배력이 미약하였기 때문에 읍락을 잘 통제하지 못하였으며 별읍(別邑)이라고 하는 일종의 신성구역이 설정되어 있었다.

이 소국들은 2~3세기에 김해의 가야국을 중심으로 변한소국연맹을 이루었다. 김해중심의 연맹체는 광개토대왕의 남정에 의해 해체되고 그 대신 고령의 대가야국을 중심으로 한 연맹체가 형성되었다. 이들은 백제·신라와 때로는 우호관계를 가지기도 하고 때로는 대립하면서 자기의 세력권을 확립하여 나갔다. 479년 대가야 하지왕(荷知王)은 중국 남제에 사신을 보내 '보국장군본국왕(輔國將軍本國王)'의 작호를 받았으며, 481년에는 고구려군의 공격을 받은 신라에 백제와 더불어 원병을 보내기도 하였다. 그러나 가야를 구성한 여러 나라들은 끝내 한 나라로 통합되지 못한 채 마침내 신라에게 멸망하고 말았다.

가야의 건국신화는 두 종류가 있다. 하나는 『삼국유사』 가락국기조에 수록되어 있는 수로왕 탄생신화이다. 이에 의하면 김해 지방에서 아도간, 여도간, 피도간 등 9간(干)이 서기 42년에 '구지봉'에서 구지가(龜旨歌)를 부르자 하늘에서 붉은 보자기에 싸인 상자가 내려왔고 그 안에 있던 여섯 알 가운데 가장 먼저 나온 것이 가락국을 세운 수로였고 나머지 알에서 태어난 동자들도 각각 나라를 세웠다고 한다. 이 시조난생신화는 김해의 가락국이 가야연맹체의 맹주가 된 것을 합리화하는 성격을 보여준다.

다른 하나는 『신증동국여지승람』 고령현조에 나오는 것으로서 가야산신 정견모주가 천신 이비가에 감응하여 뇌질주일과 뇌질청예를 낳았는데 뇌질주일은 대가야의 왕이 되고 뇌질청예는 가라국의 수로왕이 되었다는 것이다. 이 신화는 대가야 세력이 새로운 맹주국으로 등장하여 가야연맹체를 주도한 존재임을 반영한 설화라 할 수 있다.

3. 삼국의 발전과 사회경제구조

1) 삼국의 성립과 발전

고구려의 성립과 발전 고구려는 서기전 37년에 주몽집단이 졸본지역에 정착하여 건국하였다. 고구려 건국신화에 의하면 건국주인 주몽은 북부여에서 천제의 아들을 자칭한 해모수가 물의 신 하백(河伯)의 딸 유화와 야합하여 출생하였다. 신이하게 출생한 주몽은 활을 잘 쏘았다. 주몽은 '활을 잘 쏘는 사람'이라는 의미로 사용되었다. 주몽은 부여왕 금와(金蛙)의 아들들이 시기하여 죽이려 하자 오이(烏伊)·마리(摩離)·협보(陜父) 등과 더불어 남으로 내려와 우발수를 건너 홀본(忽本: 길림성 환인)에 정착하여 나라를 세웠다고 한다.

건국초기 고구려는 비류국이 주도하는 연맹체의 일원으로 존재하였으나 태조왕(53-146) 대에 와서 비류국을 비롯한 주변 세력들을 병합하여 5부체제를 성립시켰다. 5부는 왕족인 계루부, 전왕족인 소노부, 왕실과 대대로 혼인을 하게 된 절노부, 그리고 순노부와 관노부를 말한다. 신대왕(165-197)은 귀족회의의 의장인 국상을 설치하였고, 고국천왕(179-197)은 부의 장을 왕이 임명하고 또 왕의 근시기구를 갖추었으며, 미천왕(300-331)은 5부의 세력을 약화시켰다. 소수림왕(371-384)은 불교를 공인하고, 태학을 설치하여 유학을 교육하고, 율령을 반포하여 일원적인 법질서를 확립하였다.

중앙집권적 국가체제를 갖춘 고구려는 광개토대왕(391-413)대에 영토를 크게 확장하였다. 대왕의 업적을 잘 보여주는 것이 현재 중국 길림성 집안에 있는 6.07m의 광개토대왕비다. 비문의 내용은 세 부분으로 되어 있다. 첫째는 왕의 세계(世系)를 말한 것으로서 시조 주몽=추모왕은 천제와 하백의 딸 사이에 태어난 신성족임을 표방하고 있다. 둘째 부분은 396년에 백제를 공격하여 58성 770촌을 함락시킨 것을 비롯하여 숙신, 동부여 등을 복속시켜 영토를 크게 넓힌 것을 기록하였다. 셋째 부분은 대왕이 직접 군대를 거느리고 가서 포로로 잡아온 한인과 예인을 수묘인으로 차출할 것을 유언으로 명령한 것을 기록하였다.

백제의 성립과 발전 백제는 서기전 18년에 고구려에서 남하해 온 온조(溫祚)집단이 한강 유역에 정착하여 세웠다. 온조의 아버지는 주몽이고 어머니는 졸본부여왕의 둘째 딸(다른 자료에는 연타발의 딸 소서노로 나온다)이었다. 온조집단이 정착한 곳은 하북위례성(오늘날 서울 종로구 일대)이었고 국호는 처음에 십제국(十濟國)이라 하였다. 시조 온조와 비류가 형제로 나오는 것은 위례지역에 정착한 온조 세력과 미추홀(인천 지역)에 정착한 비류세력이 연맹을 맺은 것을 반영해 주는 것이다.

초고왕(166-214) 대에 와서 십제는 미추홀의 비류세력을 아우르고 도읍지를 하남위례성(오늘날 서울 송파구 풍납토성과 몽촌토성)으로 옮기면서 국호도 백제로 고쳤다. 고이왕(234-286)은 군사권을 관장하는 좌장과 귀족회의체의 의장인 좌평을 설치하여 집권력을 강화한 후 246년에 낙랑군·대방군과의 싸움에서 맹주국인 목지국이 패배하여 그 위상이 약화된 틈을 이용하여 마한의 새로운 맹주가 되었다. 그 여세를 몰아 왕족과 진씨 및 해씨를 중심으로 하는 5부체제를 성립시켰다. 근초고왕(346-375) 대에 와서 백제는 좌평을 1품으로, 달솔에서 나솔에 이르는 '솔(率)'계 관등과 장덕에서 대덕에 이른 '덕(德)'계 관등을 중심으로 일원적인 관등체계를 마련하고, 담로제라고 하는 지방통치조직을 편제하여 지방에 대한 직접적인 지배를 강화하였으며, 율령을 반포하여 일원적인 법체계를 마련하였다.

중앙집권적 국가체제를 갖춘 근초고왕은 369년 3월에는 안라, 가라 등 가야 7국을 평정하여 공납을 바치도록 하였고, 태자와 함께 친히 군대를 거느리고 영산강 유역으로 가서 심미다례[新彌國]를 정복하여 이 지역을 영역으로 편입하였으며, 371년에는 평양성으로 진격하여 고구려 고국원왕(331-371)을 전사시키는 전과를 올렸다. 이로써 백제는 북으로 황해도의 신계에서 남으로는 전남 해안에 이르는 최대의 영토를 확보하였다.

이렇게 국력이 융성하자 근초고왕은 자신을 천하의 중심에 두고 대왕을 자처하였다. 일본의 이소노가미징구[石上神宮]에 있는 칠지도에 새겨진 금상감명문에 의하면 이 칼은 왕세자 기(奇 : 근구수)가 왜왕 지(旨)를 위해 만들었고 백제는 왜왕을 후왕으로 부르고 있다. 이는 백제왕이 이 칼을 왜왕에게 하사한 것을 보여줄 뿐만 아니라 백제왕이 왜왕을 제후왕으로 인식하는 천하관을 보여주는 것이다.

신라의 성립과 발전 신라는 혁거세가 서기전 57년에 경주 지역에서 6촌장의 추대를 받아 세웠다. 이때의 국호는 서라벌[斯盧國]이고, 왕호는 거서간이었다. 2대 남해왕(서기 4-24)은 거서간차차웅(居西干次次雄)을 칭하였는데 거서간은 정치적 수장이라는 의미이고 차차웅은 제사장을 의미하는 말이므로 이 칭호는 제정일치적 성격을 보여주는 것이다.

이후 사로국은 주변의 소국들과 연맹체를 형성하였는데 연맹체를 대표하는 연맹장의 칭호가 이사금이다. 이사금은 연장자라는 의미를 갖는다. 이 연맹장의 지위는 박씨·석씨·김씨 집단이 교대로 차지하였다. 그 후 나물왕(356-402) 대에 와서 김씨 왕실이 왕위를 세습하게 되면서 대족장이라는 의미의 마립간을 칭하였고, 소국의 수장들을 중앙귀족으로 만들면서 양부와 사량부를 중심으로 하는 6부체제를 성립시켰다.

지증왕(500-514)은 국호를 '덕업은 날로 새롭고 영역은 사방을 망라한다[德業日新 網羅四方]'는 의미를 갖는 '신라'로, 최고 지배자의 칭호는 '왕'으로 확정하고, 주군제를 실시하여 지방관을 파견하였다. 법흥왕은 병부를 설치하여 군사권을 장악하고, 율령을 반포하여 일원적인 법체계를 만들었으며, 불교를 공인하여 왕권을 뒷받침하는 이념적 토대로 하였고, 상대등을 설치하여 국사를 총괄하게 하고, 건원이란 연호의 사용을 통해 왕의 위상을 높였다.

중앙집권적 국가체제의 정비를 토대로 진흥왕은 불교의 진종사상을 도입하여 왕족의식을 강화하고, 아들의 이름을 동륜과 사륜으로 지어 자신을 전륜성왕으로 표방하였고, 황룡사를 창건하였으며, 청소년집단인 화랑도를 만들어 인재를 양성하였고, 대가야의 우륵(于勒)이 만든 가야금을 신라의 대악(大樂)으로 삼아 오늘날까지 전해지도록 하였다. 한편 진평왕은 성골-진골-6두품에서 1두품에 이르는 골품제를 정비하였다.

한편 진흥왕은 551년에 백제, 가야군과 연합하여 고구려를 공격하여 한강 상류의 10군을 차지한 후 다시 군사 작전을 전개하여 백제가 차지한 한강하류 지역까지도 점령하여 중국과 직접 통교할 수 있는 교통로를 확보하였다. 562년에 대가야를 공격하여 가야세력을 완전히 병합하였고, 동해안 방면으로는 고구려의 배후가 되는 함경도 지역으로 진격하여 함흥 일대를 영역으로 하였다. 단양적성비, 창녕척경비, 북한산비, 마운령비, 황초령비 등은 진흥왕대에 이루어진 영역확대를 잘 보여 주는 증거물인 것이다.

2) 사회경제구조

촌락사회의 구조 삼국의 사회편제의 기본단위는 초기에는 읍락이었다. 산천으로 둘러싸인 읍락은 내부적으로 몇 개의 촌으로 나누어졌다. 이 읍락에는 타 읍락민이 함부로 침범하지 못하는 배타적 경제공간이 었고, 동성끼리는 혼인하지 않는 풍습도 있었다. 4세기 이후 생산력이 발전하고 중앙집권력이 강화되자 중앙의 지배세력들이 영역 내에 들어온 소국들을 주나 군으로 편제하면서 소국의 국읍과 읍락을 성 또는 촌으로 개편하여 사회편제단위로 하였다. 이후 생산력의 증대로 가호의 자립도가 높아지고 자연촌이 성장함에 따라 자연촌을 사회편제단위로 하면서 종래의 성 또는 촌은 현과 같은 지방통치조직으로 재편하였다.

촌락에 거주하는 민들은 호민으로 불리는 촌락의 유력층, 하호로 불리는 일반촌락민, 노비층으로 구성되었다. 경제적으로 부유한 유력층들은 재지세력으로서 외위를 받았고 촌주나 군사의 직을 가지고 주사(州司), 군사(郡司)에서 지방관을 보좌하면서 조세수취, 역역 징발, 군사 동원 등의 실무를 관장하였다. 촌락민들은 자치적 공동체인 두레를 조직하여 공동경작을 하였고 파종이나 추수를 마친 후에는 하늘에 감사하는 제의를 드리고 음주가무의 놀이를 하였다. 이러한 부락제는 촌락을 내부적으로 결속시키고 공동체 조직을 공고히 하는 기능을 하였다. 그러나 불교가 들어와 지방에까지 확산되면서 불교와 관련한 일을 공동으로 하기 위해 향도가 만들어지기도 하였다.

토지제도와 수취제도 삼국의 경제구조는 기본적으로 농업을 중심으로 하였다. 토지에 대해서는 왕토사상의 토대 위에서 지배층의 사적 소유가 인정되고 있었다. 관직이나 군직을 독점한 귀족들은 군공 등에 의해 많은 토지와 포로를 받았기 때문에 그들이 사적으로 소유하는 토지와 노비의 수도 증가하였다. 촌락에는 삼림이나 마전과 같이 촌락 공동소유의 토지도 있었다. 촌락민들은 각자의 경지를 경작하였으나 그 규모는 작았다.

삼국은 집권체제를 갖추면서 영역내의 모든 주민을 공민으로 편제한 후 촌락을 단위로 촌적을 만들고 촌락의 유력자들을 매개로 조세를 수취하고 노동력을 징발하였다. 조세와 역역의 수취를 관장하는 관청으로 백제에는 점구부와 주부가 있었고, 신라에는 품주와 여기에서 분화된 창부와 조부 등이 있었다.

삼국시기에는 호세(戶稅)보다 인두세의 비중이 컸다. 고구려의 호세는 상호는 1석, 차호는 7두, 하호는 5두였으나 인두세는 1인당 포 5필이나 곡 5석이어서 매우 가혹하였다. 인구는 정, 소자 등과 같이 연령별로 등급을 지어 파악하였는데 15세 이상의 남자는 일정기간 동안 궁궐을 수리하거나 성을 쌓는 것과 같은 역역에 동원되었고, 20세 이상의 남자는 군역에 동원되었다. 군역에 종사하는 기간은 원칙적으로 3년이었지만 삼국간의 전쟁이 장기화되면서 복무기간도 늘어나고 동원 횟수도 잦았다. 귀족들에게는 민으로부터 조세와 노동력까지도 수취할 수 녹읍을 수여하였고 특별한 공로가 있는 자에게는 식읍을 지급하였다.

제2절 삼국시대에서 남북국시대로

1. 백제・고구려의 멸망과 신라의 대당투쟁

1) 나당동맹의 형성과 백제・고구려의 멸망

나당동맹의 형성 중앙집권적 국가체제를 갖춘 삼국은 때로는 화친을 맺기도 하였지만 치열한 공방전을 되풀이하였다. 여기에는 보다 많은 토지와 인구를 확보하려는 목적 외에 권력을 장악하려는 중앙 귀족들 사이의 주도권 다툼 등이 내재되어 있었다. 이 시기 한반도의 역학관계는 고구려와 백제가 중심축을 이룬 가운데 신라가 백제와 공수(共守)동맹을 맺어 고구려에 대결하는 형태였다.

삼국 사이에 전개된 전쟁은 중국에서 수・당제국이 성립되면서 동아시아 차원의 전쟁으로 확대되었다. 중국을 통일하여 거대한 제국을 이룩한 수와 그 뒤를 이은 당은 동방으로의 팽창정책을 추진하여 여러 차례 고구려를 공격하였다. 그러나 을지문덕은 수나라의 공격을 성공적으로 물리쳤고, 연개소문과 양만춘은 당나라의 공격을 잘 막아내었다.

한편 551년에 백제와의 동맹관계를 깨면서까지 한강하류 지역을 점령한 신라는 백제와 고구려의 공격을 막기 위해 김춘추를 당나라에 보내 친당정책을 추진하였다. 마침 당나라도 고구려의 배후를 위협할 수 있는 세력이 필요하였기 때문에 신라의 제안을 받아들였다. 이리하여 나당동맹이 결성되었다. 이때 당 태종과 김춘추 사이에는 평양 이남의 땅은 신라가 차지해도 좋다는 약조가 맺어졌다.

백제의 멸망 백제 최후의 왕은 의자왕이다. 의자왕은 초기에는 친위정변을 일으켜 왕권을 강화하였다. 그러나 15년(655) 이후 사치와 탐락에 빠져들었고 정치는 왕의 총애를 받는 왕비와 그 측근세력이 좌지우지하자 이를 비판하던 성충이 옥에 갇혀 죽는 등 지배세력이 분열되었다. 이에 더하여 신라와의 빈번한 전투는 백제의 경제를 궁핍하게 하고 농민들의 생활은 크게 피폐하였다.

이러한 상황에서 660년 나당연합군이 공격해 왔다. 백제 조정이 공수 계책을 놓고 논의만 되풀이하는 사이에 김유신이 거느린 5만의 신라군은 아무런 저항을 받지 않은 채 탄현(오늘날의 진산 숯고개)을 넘었고, 등주(산동반도)에서 바다를 건너온 소정방이 거느린 13만의 당나라 군대는 기벌포(오늘날 금강 하구)로 들어와 버렸다. 이에 당황한 의자왕은 장군 계백으로 하여금 황산에서 신라군을 막도록 하였다. 계백은 3개의 영채를 세우고 신라 장군 김유신이 거느린 5만의 대군을 맞아 완강히 맞섰지만 마침내 패배하고 말았다.

계백의 결사대를 물리친 신라군은 기벌포를 통과한 당군과 합세하여 사비도성을 포위한 후 의자왕의 항복을 받았다. 이로써 백제는 멸망하였다. 그러나 곧 이어 사방에서 부흥군이 일어났다. 이 가운데 복신과 도침은 주류성을 근거로 한 후 왜에 가 있던 의자왕의 아들 부여풍을 왕으로 옹립하여 나당점령군과 치열한 전투를 벌였다. 그렇지만 663년 8월 백강구 전투에서 부흥군과 왜의 연합군이 나당연합군에게 패배하면서 부흥운동도 종말을 고하였다.

고구려의 멸망 고구려는 수나라의 공격을 물리친 후 무장 세력들이 실권을 장악하였다. 이 시기 중국에서는 수나라를 이어 당나라가 통일 왕조를 이룩하였다. 영류왕은 수나라와의 전쟁이 가져온 피해를 되풀이하지 않기 위해 당과의 우호관계를 추진하였다. 이에 무장세력들이 반발하였는데 그 중심에 선 인물이 연개소문이었다. 천리장성 축조의 책임을 맡았던 연개소문은 642년에 정변을 일으켜 영류왕(618-642)을 폐하고 보장왕(642-668)을 세워 권력을 장악하였다. 연개소문은 한편으로는 왕에게 당으로부터 도교를 수용할 것을 건의하기도 하였지만 대당 강경 노선과 대신라 강경 노선은 그대로 견지하였다.

당 태종은 서쪽의 고창국(高昌國)과 북쪽의 돌궐(突厥)을 멸망시킨 후 644년에 연개소문의 시역(弑逆)을 성토한다는 명분을 내걸고 군사를 이끌고 직접 고구려 침략에 나섰다. 고구려의 장군 고연수(高延壽)와 고혜진(高惠眞)은 고구려군과 말갈군으로 구성된 15만의 구원군을 이끌고 출전했으나 안시성 동남쪽에서 대패하고 말았다. 당은 요동지방에 있는 고구려의 일부 성을 함락시키고 안시성을 포위한 후 맹공을 가하였지만 고구려군의 완강한 저항에 부딛쳐 퇴각할 수밖에 없었다.

연개소문이 665년에 죽자 후계자로서 막리지에 오른 장남 남생(男生)과 남건(男建)·남산(男産) 사이의 권력 다툼이 일어났다. 권력 투쟁에서 밀려난 남생은 당에 투항한 후 668년에 당이 고구려를 공격할 때 앞장을 섰고, 연개소문의 동생 연정토(淵淨土)는 12성(城)을 이끌고 신라에 투항했다. 이리하여 고구려는 멸망하였다. 당은 28만 명이나 되는 유민들을 강제로 끌고갔다.

2) 신라의 대당전쟁과 일통의식

신라의 대당전쟁 642년에 당나라와 군사 동맹을 맺은 신라는 660년에 당과 합세하여 백제를 멸망시키고, 668년에는 고구려를 공격하여 멸망시켰다. 그러나 당은 백제와 고구려를 멸망시킨 후 그 땅을 자국의 영토로 편입하고 백제 고지에는 5도독부를, 고구려 고지에는 안동도호부를 총사령부로 하는 9도독부를 설치하여 직접적인 지배를 하려고 하였다. 뿐만 아니라 신라마저도 자국의 영토로 편입하려고 하였다.

이는 신라의 통일정책과 정면으로 배치하는 것이었다.

이에 신라는 백제·고구려 고지에서 당군을 몰아내기 위한 대당전쟁을 전개하였다. 신라는 고구려 유민을 포섭하여 망명정권인 보덕국을 세워 당에 대항하게 하였다. 외교적으로는 당이 백제의 영토를 차지한 것은 대동강 이남은 신라가 차지하도록 한 약속을 위반한 것이라는 점을 강조하고, 군사적으로는 공격해 오는 당나라 군사와 치열하게 싸웠다. 675년 신라는 천성(泉城)에서 설인귀가 거느린 병선(兵船) 40척을 빼앗았고, 매초성(買肖城 : 경기도 양주) 전투에서는 이근행(李謹行)이 거느린 20만의 당나라 군대를 크게 격파하고 전마 3만3백 필을 빼앗는 승리를 거두었다. 그리고 676년에는 사찬 시덕(施得)이 금강 하구인 기벌포에서 설인귀가 거느린 당나라 수군과 대소 22회전을 벌려 마침내 대승을 거두었다. 이렇게 육전과 해전에서 신라가 승리를 거두자 당은 하는 수 없이 평양에 둔 안동도호부를 요동성(遼東城 : 요령성 瀋陽)으로 옮겼다.

신라의 일통의식 당의 안동도호부를 심양으로 옮기게 함으로써 신라는 대동강에서 원산만으로 이어지는 영토를 차지하였다. 대동강 이남 지역을 신라가 차지한 것은 김춘추와 당태종이 나당동맹을 맺을 때 전후처리의 일환으로 이미 약속된 것이었다. 그렇지만 당이 이 약속을 지키려 하지 않았기 때문에 결국 신라는 군사적 대결과 외교적 노력으로 대동강이남 지역을 차지할 수 있었던 것이다. 이 때 강수는 외교문서 작성을 도맡아 당군을 철수시키는 데 공을 세웠다. 이리하여 신라는 삼국통일을 이룩하였다.

그런데 만주지역에서는 고구려가 망한 후 30년 뒤인 698년에 발해가 성립되었다. 따라서 통일신라기는 엄격히 말하면 30년 정도의 기간이고 그 이후는 남북국시대로 부를 수 있다. 통일 이후 신라는 '삼한을 일통하였다(一統三韓).'든가 또는 '삼한을 일가로 만들었다(三韓爲一家).'는 표현으로 삼국통일에 대한 자부심을 표방하였다. 삼국통일은 삼국을 하나의 정부 하에 통합되게 하여 한국민족 형성의 토대를 놓았다. 나아가 백제와 고구려의 문화까지를 융합하여 한 차원 높은 문화를 꽃피우게 하였다.

후대에 와서 신라의 삼국통일은 외세를 끌어들였다는 점과 고구려 영토를 다 차지하지 못하였다는 점 등 때문에 비판을 받기도 하였다. 그렇지만 이 시기에는 민족보다는 왕조가 우선하였다. 따라서 신라가 마지막에는 당나라 군대를 군사 대결을 통해 몰아내었다고 하는 것은 과소평가할 수는 없을 것이다.

2. 전성기의 신라

1) 체제정비

체제정비 삼국통일 이후 무열왕 후손이 왕위를 계승해 간 혜공왕대까지 130여 년간을 신라사에서는 중대기(中代期)라고 한다. 무열왕계와 김유신계를 중심축으로 한 중대기 왕실은 통일 이후 변화된 신라사회를 안정적으로 운영하기 위해 체제정비를 추진하였다. 먼저 왕권의 전제화와 지배세력의 재편을 추진하여 주와 군에 감찰관인 외사정(外司正)을 파견하고, 중앙관청과 주·군에 동으로 만든 관인(官印)을 나누어 주어 국왕 중심의 지배체제를 강화하였다. 이 과정에서 신문왕(681- 692)은 장인 김흠돌의 난을 평정한 후 왕권에 저항하는 세력들을 대대적으로 숙청하였다.

중대 왕실은 통일 전쟁 과정에서 이루어진 군사중심체제를 민정중심체제로 전환시켰고, 병장기를 녹여 농기구를 만들어 농민들에게 공급하고, 부채 탕감령을 내려 전쟁으로 피폐해진 농민경제의 안정을 도모하였다. 정치운영에 있어서는 유교정치이념을 표방하면서 관료제의 시행을 추진하고, 관료의 양성을 위해 국학을 정비하고, 율령에 의해 국가운영이 이루어지도록 하였다. 또 설총의 화왕계에서 보듯이 비진골 출신의 지식인들을 등용하여 지배기반의 폭을 넓혔고, 녹읍(祿邑)을 폐지하는 대신 문무관료전을 지급하여 귀족들의 경제기반을 약화시켰다.

대외적으로 신라는 당과의 우호관계를 회복하여 발해가 당의 등주(登州)를 공격할 때 군사지원을 하였다. 그 대가로 성덕왕(702-737)대에는 대동강이남 지역의 확보를 당으로부터 공식 인정받았다. 신라는 이 지역에 패강진(浿江鎭)을 두고 북방지역 개척을 적극적으로 추진하였다. 이러한 일련의 체제정비로 신라는 전성기를 누리게 되었다. 『삼국유사』에 나오는 만파식적(萬波息笛)설화와 만만파파식적(萬萬波波息笛)설화는 전성기를 구가하는 중대기 사회의 모습을 반영해 주는 것이다.

중앙 및 지방 통치조직 통일 이후 신라의 중앙정치기구는 집사부를 중심으로 관료기구의 기능을 강화・확대하는 방향으로 개편되었다. 이에 따라 왕의 동생에게 주어졌던 갈문왕(葛文王)제도 폐지되고, 귀족적 전통을 유지하며 국가운영에 깊이 관여하였던 상대등의 정치적 위상은 약화되었다. 반면에 왕권의 안전판 구실을 하는 집사부 중시의 위상이 높아졌다.

집사부 이외에 중요 관청으로는 인사를 담당한 위화부, 재정을 담당한 창부, 군사업무를 담당한 병부, 법률관련 업무를 담당한 좌・우리방부, 중앙 관청의 관리를 감찰하는 사정부, 왕실의 업무를 관장하는 내성(內省) 등이 있었고 그 하위에 서·전(署·典) 등을 두어 행정 업무를 분담하게 하였다. 집사부의 장관은 중시(中侍. 후에 시중으로 바뀜)라 하였고 여타 중요 관청의 장군은 영(令)이라 하였으며, 그 아래에 차관인 경을 비롯하여 실무를 담당하는 대사-사지-사가 있었다.

통일 이후 신라는 넓어진 영토를 효율적으로 다스리기 위해 전국을 9주로 나누고 그 아래에 군-현을 설치하였다. 이 시기 주군현의 설치기준은 토지와 호구의 많고 적은 것이었으며, 그 기준에 미달한 곳은 향(鄕)이나 부곡(部曲)으로 삼아 이웃 군현의 통할을 받도록 하였다. 신라가 전국을 9주로 나눈 것은 천하를 통일하였음을 표방한 것이다. 한편 소백산맥 외곽과 김해에 5소경을 설치하여 수도가 국토의 동남쪽에 치우친 것을 보완하면서 지방 세력을 견제하고 동시에 지방문화의 중심지 역할을 하도록 하였다. 주의 장관은 도독(뒤에 총관으로 고침)이라 하였고, 소경에는 사대등을, 군에는 태수를, 현에는 소수(少守)나 현령을 파견하였다. 주의 장관인 도독은 진골출신자만이 임명되었고 태수나 현령은 국학 출신자로서 학식이 있는 자들이 임명되는 것이 일반적이었다.

2) 사회구조

골품제 신라의 신분제인 골품제는 성골, 진골의 골과 6두품, 5두품, 4두품, 3두품, 2두품, 1두품의 두품과 그 아래에 평민과 천민으로 이루어졌다. 이 골품제는 진평왕대에 동륜태자의 직계 존비속을 성골이라 칭하여 진골과 구분함으로써 완비되었다. 이 가운데 성골은 진덕여왕이 죽은 후 진골인 김춘추가 즉위함으로써 소멸되었다. 한편 신라는 통일전쟁을 치루는 과정에서 군공을 세운 자들에게 높은 관등을 포상으로 수여하였다. 이 과정에서 3~1두품도 소멸되었다. 그래서 통일기의 골품제는 진골-6두품-5두품-4두품으로 구성되었고 그 아래에 백성[평민]과 천민이 있었다.

이처럼 통일기에 골품제에 변화가 생겼더라도 진골과 두품과의 구분은 엄격하게 지켜졌다. 그 결과 신분에 따라 관등 승진에 상한선이 두어졌고, 중앙과 지방의 중요 관직은 진골만이 차지할 수 있었다. 또 관등 승진에 상한선을 설정함으로써 생겨나는 모순을 해결하기 위해 6두품에게 주어지는 아찬(阿湌)을 중아찬(重阿湌)에서 4중아찬까지로 확대 분화시켰고, 5두품에게 주어지는 대나마(大奈麻)를 중대나마(重大奈麻)에서 7중대나마까지로 분화시켰다. 이를 중위제(重位制)라고 한다.

지방민은 여전히 왕경인과 구별되는 신분체계에 편제되었다. 지방민의 최고 신분은 진촌주(眞村主)라 하였고 그 다음은 차촌주(次村主)라 하였다. 진촌주는 중앙의 골품과 대비할 때 5두품의 대우를 받았고, 차촌주는 4두품의 대우를 받았다. 한편 통일기 신라는 지방민만을 대상으로 한 외위제를 폐지하고 경위제를 중앙과 지방에 일원적으로 실시하였다. 이는 통일 이후 왕경인과 지방민의 구분이 점차 소멸되어 갔음을 보여주는 것이다.

촌락사회의 구조 통일 이후 신라는 자연촌락을 사회편제 단위로 하여 수취와 노동력을 징발하였다. 통일신라의 촌락구조는 신라촌락장적에 의해 대략적인 모습을 살펴볼 수 있다. 이 장적은 일본 나라[奈良]현 동대사(東大寺) 정창원(正倉院)에서 발견되었다. 이 장적은 서원경(충북 청주)과 그 부근의 현과 관련된 문서이다. 작성 연대는 695년으로 추정되고 있다.

이 장적에 나오는 촌은 자연촌이다. 각 촌은 일정한 촌역(村域)이 있었으며 여기에는 산과 내, 목초지, 전답이 포함되었다. 촌 내의 호(戶)는 정(丁)의 많고 적음에 따라 상상호(上上戶)에서 하하호(下下戶)까지 9등급으로 나누어졌다. 인구는 남녀별, 연령별로 6등급으로 나누어 파악하였다. 이 가운데 정(丁)과 정녀(丁女)가 각종 역을 부담하였는데 연령은 20세에서 59세로 추정되고 있다. 촌락민들 속에는 소수의 노비도 있었다.

토지는 크게 논과 밭으로 나누어지고, 면적은 결부속(結負束)으로 파악되었다. 토지의 종목으로는 관리의 직전(職田)인 내시령답, 관청의 경비조달을 위한 관모전답, 촌주에게 주어진 촌주위답, 일반촌락민들이 소유한 연수유답, 촌락민들이 공동으로 재배한 마전 등이 있었다. 이외에 촌락에는 소와 말이 사육되었고, 뽕나무·잣나무·추자나무도 재배되었다.

신라는 자연촌을 몇 개로 묶어 지역촌을 만들고 여기에는 촌주를 두어 지방관의 통치행위를 돕도록 하였다. 그리고 3년에 1번씩 촌락장적을 만들어 그 동안에 일어난 인구, 호구, 우마, 유실수의 변화를 파악하여 기록하였다. 이는 중앙의 통치력이 촌락 사회 내부에까지 미치고 있었음을 보여주는 것이다.

3. 해동성국 발해

1) 대조영의 발해 건국

대조영의 출자 고구려가 멸망한 후 고구려 영토의 대다수는 당의 지배 하에 들어갔다. 당은 고구려 유민을 대거 당의 내륙지방으로 이주시켜 그 세력을 약화시키고, 요동지방에 이주된 유민들은 보장왕을 요동도독조선왕으로 삼아 위무하도록 하였다. 그러나 보장왕은 고구려 부흥을 도모하다가 발각되어 타 지역으로 옮겨지고 말았다.

대조영(大祚榮)은 고구려의 유장으로서 고구려가 망한 후 당에 의해 요동지역으로 옮겨와 있었다. 그의 출신에 대해 『구당서』 발해말갈전에는 '고려별종(高麗別種)'이라 하여 고구려의 지파로 기록하고 있지만 『신당서』 발해전에는 '속말말갈인(粟末靺鞨人)으로서 고구려에 붙은 자'라 하여 속말말갈 출신으로 기록하였다.

그러나 발해와 일본 국왕 사이에 오고 간 국서에 의하면 발해왕은 스스로 고려왕(高麗王)으로 칭하였고 또 일본왕도 발해왕을 고려왕이라 불렀다. 또 발해는 고구려의 옛 땅을 회복하고 부여의 옛 습속을 가지고 있었다고 하였다. 이는 발해가 고구려를 계승하였다는 역사계승 의식과 부여의 문화를 가지고 있다는 문화계승 의식을 보여준다. 따라서 발해의 건국주인 대조영은 고구려 유민으로 보는 것이 마땅하다.

발해를 구성한 주민은 고구려민과 말갈인이 중심을 이루었다. 고구려인들이 대소의 도시를 중심으로 거주한 것과는 달리 말갈족은 부족 단위로 모여 살면서 수렵에 종사하였다. 그래서 발해의 지배층은 왕족인 대씨(大氏)와 고구려의 왕족인 고씨(高氏) 등 고구려 출신이 주류를 차지하였고 말갈족은 위씨(韋氏) 등 일부만이 참여하였다.

발해의 건국 발해가 건국될 당시 당나라는 고종이 죽고 측천무후(則天武后)가 아들 중종을 폐하고 예종을 세운 후 다시 예종도 폐하고 스스로 황제가 되어 국호를 주(周)라고 하였다. 이로 말미암아 당의 귀족들 사이에 권력 투쟁이 거듭되어 지방에 대한 통제력이 약화되었다. 이러한 상황에서 696년에 영주도독 조홰(趙翽)가 지나치게 학정을 하고 주민들을 탄압하자 거란 출신인 이진충(李盡忠)은 처남 손만영(孫萬榮)과 반란을 일으켰다.

이진충의 반란을 기회로 대조영은 당의 지배에서 벗어나기 위해 영주 지역에 분산되어 있던 고구려유민들을 이끌고 동으로 이동하였다. 이때 말갈추장 걸사비우(乞四比羽)도 말갈의 무리들을 거느리고 대조영과 함께 행동하였다. 당은 걸사비우에게는 허국공(許國公)을, 걸걸중상에게는 진국공(震國公)을 준다는 약속을 하면서 돌아오도록 회유하였으나 대조영은 듣지 않았다. 이에 당은 옥금위대장군(玉鈴衛大將軍) 이해고(李楷固)로 하여금 추격하게 하였지만 대조영은 당나라 군대를 천문령(天門嶺)에서 격파하여 대승을 거두었다.

대조영이 당군과 싸워 대승을 거두고 또 말갈족까지 포섭하여 위세를 떨치자 고구려 멸망 이후 각 지역에 분산되어 있던 유민들이 속속 대조영에게로 결집하였다. 이를 바탕으로 하여 대조영은 698년 동모산에 도읍을 정하고 나라를 세웠다.

2) 해동성국 발해

발해의 발전 대조영은 나라를 세운 후 국호를 진국이라 하였지만 그후 발해로 고쳤다. 발해는 고왕(698-719)대부터 독자적인 연호를 사용하여 당과 동등한 국가임을 표방하였고, 동궁제도를 확립하고 장자상속을 원칙으로 하였다. 무왕(719-737)대에는 안으로 지배체제를 확립하고 밖으로 영토확장에 힘을 기울려 북만주일대를 차지하였다. 발해의 팽창에 두려움을 느낀 동북방의 흑수말갈(黑水靺鞨)족이 당과의 연결을 도모하자 발해는 당의 등주[산동반도]를 공격하였다. 이 사건을 계기로 발해는 북으로 돌궐과 통하고 남으로 일본과 연결하여 나·당에 대응함으로서 동북아시아에서 세력균형을 이루었다.

문왕(793)대에는 당이 안록산의 난으로 혼란한 틈을 타서 요동반도까지 진출하였다. 그 후 곧 당과 친선관계를 도모하여 당의 문물을 받아들여 국왕을 중심으로 하는 집권적 국가체제를 강화하였다. 또 영토가 사방으로 뻗어가자 국도를 동모산에서 상경용천부(上京龍泉府 : 지금의 흑룡강성 동경성)로 옮겼다. 이 상경은 당의 장안성을 모방하여 만든 것으로서 방리제에 따라 도시구조를 만들었는데 주작대로의 넓이는 80m나 되었다. 선왕(818-830)대에는 대부분의 말갈족을 복속시켜 동으로는 연해주, 서로는 개원(開原), 남으로는 함경남도, 북으로는 흑룡강에 이르는 방대한 영토를 차지하였다. 그래서 당은 발해를 해동성국이라 불렀다.

통치조직 발해의 핵심적인 중앙정치기구는 정당성, 선조성, 중대성의 3성이었다. 정당성의 장관은 대내상(大內相), 선조성의 장관은 좌상, 중대성의 장관은 우상이라 하였다. 정당성 아래에는 실무를 나누어 맡는 6부가 있었다. 6부의 명칭은 충부, 인부, 의부, 지부, 예부, 신부였다. 6부 아래에는 하급 관청으로서 시・사(寺・司)가 있었다. 이 밖의 관부로는 관리의 비위를 감찰하는 중정대, 국왕의 의복과 수레에 관한 일을 관장한 전중시(殿中寺), 유학교육을 담당한 주자감(冑子監) 등이 있었다.

발해의 3성6부제는 당의 제도를 모방한 것이지만 당의 상서성에 해당하는 정당성의 장관인 대내상(大內相)이 좌상(左相)과 우상(右相)을 통할하도록 하여 정당성의 지위를 상위에 두었다. 이는 발해의 정치기구가 왕권을 중심으로 짜여진 것을 의미하는 것이다. 한편 6부의 명칭이 충과 유교의 오상(五常 : 仁義禮智信)으로 표현하고 있는 것은 당나라의 제도와 구별되는 특징으로서 유교사상에 입각하여 나라를 다스리겠다는 의지를 보여주는 것이다.

지방통치조직은 5경, 15부, 62주제였다. 5경은 국도인 상경을 중심으로 지방의 거점에 설치하였다. 15부는 발해를 구성한 일정한 종족의 주거지를 단위로 하여 설치한 것으로서 지방행정의 중심이었다. 15부 아래에 62주를 설치하였는데 원칙적으로 15부를 통하여 중앙정부의 명령을 받도록 하였다. 62주 아래에는 여러 개의 현을 두었다. 지방관으로 부에는 도독을, 주에는 자사를, 현에는 현승(縣丞)을 두었다. 이들 지방관은 토착유력자인 수령을 매개로 하여 촌락을 지배하였다.

3) 발해의 역사적 위치

중국의 고구려·발해사 왜곡 중국은 사회과학원 주도 하에 2002년 5월부터 동북변강역사여현상계열연구공정(東北邊疆歷史與現狀系列硏究工程)이라고 하는 이른바 '동북공정'을 추진하였다. 이 사업은 소수민족의 분리·독립을 차단하고, 만주의 조선족이 동요하지 않도록 하고, 언제인가 통일한국이 출현할 때 최소한 북한지역만이라도 그 영향권 하에 두기 위해 중국 정부가 추진한 대규모의 학술사업으로서 그 핵심은 고구려사·발해사 연구였다.

중국학자들은 현재의 중국 영토 내의 한족과 55개 소수민족은 '중화민족(中華民族)'으로, 이들에 의해 이루어진 역사는 중화민국의 역사라고 규정하고 이러한 논리 위에서 고구려, 발해의 역사를 중국사에 포함시켜 중국의 지방정권으로 서술하고 있다. 설혹 고구려를 독립국으로 인정한다고 하더라도 한반도 내에 국한된 것으로 서술하고 있다.

이들이 주장하는 논리는 "고구려는 한나라 현토군에서 세워졌다. 주몽의 고씨는 중국의 고이족(高夷族)이며 왕씨 고려와 관계가 없다. 한반도 북부는 진(晋)과 한·위(漢魏)대에는 낙랑군에 속했고, 그 이전에는 한(漢)의 위씨조선(衛氏朝鮮)에 속했고, 그 이전에는 진(秦)의 요동외요(外邀)였고, 그 이전에는 주(周)와 연(燕)의 속국인 기씨조선(箕氏朝鮮)이었으므로 5세기 후의 고구려도 조선으로 봐서는 안 된다. 고구려가 중국 역대 중앙정권에서 독립한 기간은 길지 않다. 고구려 왕국은 시종 중국에 조공을 하였다." 등이다. 이러한 논리 위에서 수와 당이 고구려를 공격한 것은 침략전쟁이 아닌 국내전쟁이라 하였다.

독립국 발해 중국학계의 주장은 현재 중국이 고구려의 수도가 있었던 만주지역이 자국의 영토라는 것을 전제로 한 것이다. 그러나 영토란 가변적인 것이므로 현재의 영토를 근거로 역사의 귀속을 판단할 수 없다. 왜냐하면 중국의 역대 사서는 고구려, 발해는 물론 백제, 신라와 왜를 모두 동이(東夷)열전, 사이(四夷) 동이전, 이만(夷蠻) 동이전, 동남이(東南夷) 동이전, 제이(諸夷) 동이전, 이역전(異域傳), 이맥(夷貊) 동이전에 수록하고 있기 때문이다. 이(夷)나 이역(異域)이라는 표현은 이들 국가가 중국의 영역이 아님을 보여준다.

반면에 우리나라 사서에는 고구려와 발해를 우리의 역사로 파악하고 있다. 『일본서기』에도 고구려·백제·신라·발해는 중국과는 별도의 나라로 나온다. 특히 발해는 왜에 국서를 보내면서 고구려 계승국임을 천명하였다. 또 고구려는 광개토대왕비문에서 시조 주몽이 천제의 아들임을 당당히 표방하였고, 발해도 정효 및 정혜공주묘비에서 발해의 왕실은 천손족(天孫族)임을 표방하였다. 중국의 경우 황제만이 하늘의 아들이라는 의미에서 천자를 칭할 수 있었으므로 천손족 표방은 중국의 지방정권이라면 감히 할 수 없는 일이다.

한편 고구려는 영락, 연수, 연가 등의 독자적인 연호를 사용하였고 발해도 건국 초부터 고왕은 천통(天統), 무왕은 인안(仁安), 문왕은 대흥(大興)이라는 독자적인 연호를 사용하였다. 연호의 사용은 중국의 지방정권이라면 할 수 없는 일임은 물론이다. 또 고구려와 발해는 신라와 왜 등 주변국들과 독자적인 외교교섭을 하였다. 이것도 고구려와 발해가 당당한 독립국으로서 우리 역사의 한 페이지를 장식하고 있음을 보여주는 것이다.

제3절 사상과 문화

1. 사상

1) 무교(巫敎)신앙과 계세(繼世)사상

무교신앙 한국고대사회에서 정치사상의 형성과 그 성격은 국가의 형성 및 발전과정과 궤도를 같이 한다. 청동기 문화를 기반으로 하여 성립된 소국 단계에서는 무교신앙이 중심을 이루었다. 무는 귀신을 섬기고 제사를 받드는 자였기 때문에 사람들이 경외하였으며, 무를 의미하는 자충(慈充)은 후일 존장자 즉 지배자를 일컫는 말이 되었다. 따라서 이 시기의 정치는 제정일치적 성격을 지녔다. 단군왕검이 제사장과 정치적 지배자를 뜻하는 의미를 함께 가지고 있다든가, 신라 남해왕이 정치적 지배자를 뜻하는 거서간과 무를 의미하는 차차웅으로 불리기도 하였다는 것이 이를 보여준다.

초기철기시대에 와서 왕권이 점차 강해지자 제정분리가 이루어졌다. 정치적 지배자인 주수는 행정과 전쟁 등을 담당하면서 휘하에 보좌하는 관료조직을 만들었다. 고구려의 경우 주수인 가(加)는 자기 밑에 사자-조의-선인을 두었고, 신라의 경우 주수인 간(干)은 휘하에 일벌-일척-피일-아척을 두었다. 반면에 천군은 종교적 사제로서 의례를 관장하면서 길흉을 점치고 재앙을 막고 질병을 물리치는 기능을 수행하였다.

그러나 아직 집권력이 확립되지 않았기 때문에 책화(責禍)의 풍습과 죄를 지은 자가 신성지역인 소도(蘇塗)에 도망해 들어가면 공권력이 미치는 못하는 풍습이 남아 있었다. 소국연맹 단계를 거쳐 권력의 집중화가 진행되면서 제의도 국중대회(國中大會)의 형식으로 국읍에 집중되어 갔다. 고구려에서 10월에 동맹(東盟)이라고 하는 제천행사를, 동예에서는 10월에 무천(舞天)이라고 하는 제천행사를 하였다. 또 파종 때와 추수 때에 귀신에게 제사를 드리는 농경의례가 각 읍락별로 행해졌다. 이처럼 이 시기에는 조상 숭배, 천신 숭배, 귀신 숭배, 산천 숭배 등 무교 신앙이 정치와 생활에 큰 영향을 미치고 있었기 때문에 무나 천군의 정치 사회적 위상도 높았던 것이다.

계세사상과 그 변화 고대 사회에서는 사람이 죽은 뒤에 가는 세상이 현재의 세상과 모든 점에서 같다고 보았다. 이를 계세사상이라 한다. 때문에 고대에는 지배자들이 현세에서의 신분과 지위를 내세에도 누리기 위해 처첩과 시종, 관리와 무사, 노비를 무덤에 함께 묻었다. 이것이 바로 순장이다. 순장 때에는 주인공과 신분적 격차가 있는 피순장자가 강제로 죽임을 당해 주인공과 동시에 매장되었다.

이러한 순장은 부여, 고구려는 물론 신라와 가야에서도 행해졌다. 부여의 경우 사람을 죽여 순장을 할 때 많으면 그 수가 100명이나 되었다. 신라의 경우 지증왕 이전에는 국왕이 죽으면 남여 각 5명으로 순장을 하였다. 가야의 경우 고령 지산동 44호분에서는 28인분의 순장 유골이 출토되기도 하였다.

그러나 죽은 이의 세계에서는 현세의 사람과 물건이 별 쓰임새가 없다는 인식이 확산되면서 순장을 대신하는 새로운 방법이 채용되었다. 중국의 경우 진시황의 배총에서 보듯이 사람 대신 도용을 묻었고, 일본에서는 사람, 집, 그릇 등 다양한 형태의 하니와[埴輪]를 묻었다. 고구려의 경우 주인공의 생전의 영광을 기리고, 누리고 싶은 내세의 삶을 형상화한 그림을 고분벽화로 나타내었다. 초기 벽화의 소재가 생활풍속도라는 것이 이를 보여주는 것이다. 한편 신라 지증왕은 3년(502)에 순장을 금하는 명령을 내였다. 이리하여 6세기 이후에는 사람을 묻는 순장제는 폐지되었다.

2) 유교와 불교의 수용과 확산

유교의 수용과 교육 유학사상을 담은 경전은 모두 한자로 기록되어 있다. 때문에 경전을 읽고 이해하기 위해서는 한문자를 알아야 한다. 우리나라에 한문자가 전해진 시기는 기원전 5-4세기 무렵으로 볼 수 있지만 본격적으로 사용된 것은 4세기 이후부터이다. 한문자의 보급은 지식인 집단을 형성하게 하였으며 중국으로부터 들어온 유가의 경전을 읽고 그 사상을 이해할 수 있게 하였다. 유교의 정치적 덕목은 신과 충이다. 신은 횡적으로 사회적 결합을 이루고 충은 종적으로 신민과 왕권을 연결시켜 준다. 따라서 유학은 국민을 결합시키는 사회도덕적 기능을 가지고 있었다.

우리나라에 유학이 전래된 시기는 3세기 이전이지만 국가통치의 지배이념으로 자리를 잡은 것은 4세기에 와서이다. 삼국의 지배층들은 이러한 유교정치이념을 받아들여 왕의 권위를 높이고 국가 운영에 필요한 인재를 양성하고자 하였다. 그래서 고구려는 태학을, 신라는 국학을 세웠다. 교수진으로는 국자박사, 태학박사, 오경박사 등이 있었고, 교과목은 『논어』 등 오경과 『사기』, 『한서』 등의 역사서와 『문선』 등의 문학서였다. 신라의 경우 『논어』와 『효경』이 필수과목으로 설정되었다.

유학은 청소년 조직을 통해서도 교육되었다. 청소년들은 신라의 화랑도나 고구려의 경당 등에서 교양으로 유교경전을 공부하면서 동시에 활 쏘고 말 타는 무예도 익혔다. 임신서기석은 젊은이들이 유교경전을 공부하는 모습을 보여준다. 따라서 이 시기에 국가가 요구한 인재상은 문무겸전이라고 할 수 있다.

불교의 공인과 성격 불교는 고대 인도의 지배종교였던 브라만교에서 나왔는데 중앙아시아를 거쳐 중국으로 전래되는 과정에 여러 토착신앙을 흡수하여 변용력이 큰 종교로 발전하였다. 중국에 전해진 불교는 국가 종교로 채택되어 지배이념으로서의 역할을 하였다. 고구려는 소수림왕 2년(372)에 북조 전진으로부터, 백제는 침류왕 원년(384)에 남조 동진으로부터, 신라는 법흥왕 15년(537)에 고구려로부터 각각 불교를 받아들여 공인하였다.

삼국에 수용된 불교는 지배층과 피지배층 또 지배층 내의 여러 세력집단들 사이의 사회적 신분적 차이를 필연적인 것으로 합리화함으로써 지배질서의 재편에 새로운 이념적 근거를 제공하였다. 그리고 종래의 무격신앙이나 신화적 의례체계를 불교신앙이나 불교적 제의체계의 한 부분으로 흡수하여 토착신앙의 반발이나 신화적 관념의 한계성을 극복하고자 하였다. 따라서 이 시기의 불교는 민들로 하여금 국가에 충성하도록 하는 국가불교, 호국불교로서의 성격을 강하게 지녔다. 그래서 황룡사와 같은 호국사철이 건립되고 호국경으로 유명한 인왕경이 강론되었다.

7세기에 들어와 불교의 교리에 대한 연구도 활발하게 되면서 철학적인 이해도 깊어지게 되었다. 불교를 연구하기 위해 자장, 의상, 원측, 혜초 등 많은 승려들이 중국이나 인도로 유학을 갔으며 당의 여러 불교 종파가 신라에 전해지게 되었다. 이 가운데 원효는 여러 종파의 대립 의식을 배격하고 융화・통일되어야 한다는 입장에서 화정(和靜) 사상을 주장하였다. 한편 이 시기에는 염불만으로 아미타불이 사는 서방정토에 왕생할 수 있다는 정토신앙이 민중들에게 환영을 받아 성행하였다. 이로써 현세이익을 추구하던 불교는 내세신앙으로 발전하게 되었다.

3) 유・불・선 삼교융합

백제금동대향로에 보이는 삼교융합 부여 능산리 폐사지에서 출토된 백제금동대향로는 받침, 몸체, 덮개로 이루어져 있다. 향로의 뚜껑 꼭지는 한 마리의 봉황이 보주를 발로 딛고 있고 그 아래에 산, 인물상, 기금이수, 나무, 괴암 등등이 새겨져 있다. 몸통에는 연꽃잎이 모두 5단으로 새겨져 있고 그 사이에는 인물, 기금이수, 물고기 등이 새겨져 있다. 받침은 1마리의 용이 몸을 틀어 힘차게 승천하려는 모습을 하면서 연꽃의 줄기를 물어 떠받드는 모양으로 새겨져 있다.

이 향로는 정상에 태평성대의 도래를 염원하는 봉황을 배치하여 양을 상징하고 맨 아래에 용을 배치하여 수중세계이자 음을 상징하여 음양관을 표현하였다. 용은 부처를 보호하는 임무를 맡은 호법적 성격의 상상적 동물이고, 연화문 또한 불교를 상징하는 것이다. 따라서 용으로 형상화시킨 받침대와 몸통의 연화문 장식은 불교적 세계를 보여준다. 덮개에 새겨진 악기를 든 5명의 인물들을 비롯하여 도포를 입고 바위에 앉아 호수에서 낚싯대를 드리우거나, 바위 위에 앉아 명상하거나, 봇짐을 지고 코끼리를 타고 가는 사람들은 모두 선계의 선인을 묘사한 것이다.

한편 덮개에 새겨진 산은 봉황이 딛고 서 있는 보주(寶珠) 아래의 3개의 산, 그 아래에 새가 앉아 있는 5개의 산, 그 아래의 여러 산으로 구분된다. 따라서 향로 뚜껑의 산은 삼산, 오악, 제산이라고 하는 유가적 산천신앙을 표현한 것이다. 유가에서 삼산과 오악은 국도 주변에 위치하여 국가를 진호하고 왕실을 돌보아 주는 것으로 관념하였다. 이렇게 볼 때 이 향로의 조각은 불교와 도가적 성격과 유가적 성격이 융합되어 표현된 것이다.

풍월도의 삼교융합 신라가 삼교융합의 사상을 가지고 있었음을 잘 보여주는 것이 화랑도이다. 화랑도는 신라 진흥왕이 젊은이들을 모아 교육을 통해 인재를 양성하려는 목적에서 만든 조직이다. 화랑도의 중심사상이 바로 풍월도=풍류도이다. 풍월도의 내용은 최치원이 난랑비서(鸞郎碑序)에서 나라에 현묘한 도가 있는데 풍류도라고 하면서 이 사상은 삼교를 모두 포함하고 있다고 한 것에서 잘 나타난다. 삼교란 바로 충효를 강조하는 유교, 무위자연(無爲自然)을 강조하는 노장사상, 악을 짓지 않고 선을 행하는 것을 강조한 불교를 말한다.

이러한 풍월도 사상은 화랑도가 만들어진 당시의 사상을 반영한 것이다. 어떤 조직이 만들어질 때 그 조직이 추구하는 목적이나 이념은 그 당시의 사상이나 분위기를 반영하기 때문이다. 이러한 사상 가운데 가장 주목되는 것이 진흥왕의 사상이다. 진흥왕은 후일 왕 스스로 승려가 되기도 한 것에서 보듯이 독실한 불교신자였다. 그러면서 진흥왕은 마음으로 신선을 숭상하였다. 신선 숭상은 노장사상과 연결된다. 또 진흥왕은 현실적으로 나라를 다스리는 핵심 사상을 효제충신(孝悌忠信)에 두었다. 효제충신은 바로 유학의 기본이념이임은 물론이다.

이처럼 진흥왕은 유·불·선 삼교를 모두 받아들였다. 이러한 삼교의 포용은 진흥왕뿐만 아니라 당시 지식인들에게 일반적으로 받아들여졌다. 승려 원광이 유교와 현교에도 깊은 이해를 가진 것이 그 사례가 된다. 이것이 후대에도 이어져 하대의 지식인인 최치원은 풍류도는 실제로 유·불·선 삼교를 포함하고 있다고 갈파하였던 것이다.

2. 문화

1) 고구려의 고분벽화

생활풍속도 삼국시대의 벽화고분 가운데 가장 많은 것이 고구려이다. 고구려의 경우 평양·안악 지역 68기, 집안·환인 지역 23기가 확인되었다. 이 벽화 고분은 대략 3세기 말이래 7세기까지 지속적으로 만들어졌는데 그 내용에 따라 3기로 구분한다. 제1기는 3세기 말에서 5세기 전반까지, 제2기는 5세기 중엽에서 6세기 초까지, 제3기는 6세기 중엽에서 7세기 전반까지이다.

제1기에 속하는 벽화 고분으로는 안악3호분, 씨름무덤, 춤무덤 등을 들 수 있다. 이 시기의 벽화의 중심 주제는 생활 풍속도이다. 생활 풍속은 죽은 자의 생전의 공적 생활 가운데 기념할 만한 것과 사적 생활의 풍요로움을 무덤 안에 그림으로써 내세에도 이와 같은 삶이 재현되기를 바라는 마음에서 택해진 주제이다.

생활 풍속도에서는 묘 주인이 홀로 혹은 부인과 함께 앞방의 곁방

안벽이나 널방 안벽에 정좌한 채 남녀 시종들의 시중을 받는 장면, 대행렬에 둘러싸여 출행하는 장면, 산야를 질주하며 사냥하는 장면, 연회를 베풀고 노래와 춤, 곡예를 즐기는 장면 등이 자주 나온다. 따라서 이 벽화 주제들은 고구려인들의 삶의 모습을 살펴볼 수 있는 생생한 자료들이다.

장식 무늬와 사신도 제2기는 생활 풍속과 장식 무늬가 공존하다가 점차 장식무늬가 서서히 벽면에 가득 차게 그려지면서 생활 풍속도의 비중은 점차 낮아지다가 소멸한다. 장식 무늬로는 동심원문・왕(王)자문, 연꽃무늬 등이 있는데 이 가운데 연꽃무늬가 대다수를 차지한다. 연꽃무늬가 많이 사용된 것은 고구려에서 불교가 크게 유행한 것과 관련이 깊다.

3기에는 널방만 있는 외방무덤에 사신도가 주로 그려졌다. 대표적인 것으로는 진파리4호분, 강서대묘, 강서중묘 등을 들 수 있다. 이 시기 고분 벽화의 사신은 벽면 전체를 차지하고 있다. 사신의 표현 방법으로 평양 지역 고분 벽화에서는 배경 표현을 가능한 한 배제한 상태에서 사신을 묘사하는 경향을 보지만 집안 지역 고분 벽화에서는 복잡하고 화려한 배경 위에 사신을 표현하는 경향을 보인다. 이는 평양과 집안 사이의 문화 풍토와 기질의 차이를 반영해 주는 것이다.

제3기에 와서 사신도가 주로 그려지게 된 것은 도교사상의 성행과 관련된다. 고구려는 영류왕대에서 보장왕대에 걸쳐 도교를 적극 장려하였다. 그래서 절을 도관(道館)으로 하는 등 도교를 불교의 위에 두었다. 이러한 시대적 분위기 속에서 벽화의 소재도 사신도가 중심을 이루었던 것이다.

2) 백제의 미륵사

미륵사 창건 불교가 들어온 후 불타의 사리를 모시는 탑이 많이 만들어졌다. 탑은 처음에는 토탑이나 목탑이었지만 점차 석탑이 주류를 이루었다. 초기의 석탑은 목탑의 모습을 석제로 만드는 형태로 이루어졌다. 그래서 초기 석탑은 목조 가옥의 양식을 충실히 반영하고 있다. 그 대표적인 사례가 미륵사석탑이다.

『삼국유사』 무왕조에는 미륵사 창건 연기 설화가 있다. 이에 의하면 서동은 익산에서 마를 캐며 살던 몰락왕족이었지만 당시 권세를 잡고 있던 귀족들에 의해 옹립되었다. 이가 바로 백제 제30대 무왕(600~641)이다. 무왕은 왕비와 함께 익산의 용화산 사자사로 가는데 큰 못에서 미륵삼존이 솟아 나왔다. 왕비가 이곳에 절을 세우기를 원하자 왕은 지명법사의 도움을 받아 못을 메워 탑, 미륵삼회전, 낭무(廊廡)의 건물을 세우고 미륵사라 이름을 지었다. 이 절의 완공 시기는 무왕 30년(629)으로 추정되고 있다.

미륵사지에 대한 발굴 결과 사찰 터는 못을 메워 만들어진 것이 확인되었다. 또 동탑과 서탑 사이에 목탑을 세우고 각 탑의 북쪽 편에 금당을 1개씩 둔 가람배치였으며, 한 쌍의 금당과 석탑에는 각기 회랑이 둘러져 있어 마치 3개의 절이 모여 있는 듯한 3원식(三院式)의 구성을 보여주고 있다. 이러한 모습은 문헌기록의 내용과 일치한다.

삼탑-삼금당의 세계관 삼국시기의 가람구조는 일탑-일금당이 중심이며 부분적으로 일탑-삼금당의 양식도 있다. 그러나 미륵사의 가람구조는 삼탑-삼금당 구조이다. 이런 삼탑-삼금당식의 가람구조는 세계에서 미륵사가 유일하다. 이는 불교사상적인 측면과 정치사상적인 측면과 연관된다.

불교사상적 측면에서 삼탑-삼금당은 미륵하생신앙의 실천이라는 의미를 가지고 있다. 미륵하생신앙은 도솔천에서 하생한 미륵이 용화수 아래에서 세 번의 설법을 통해 중생을 구제한다는 신앙이다. 하생신앙에서 미륵을 제일 먼저 만나는 사람이 전륜성왕이다. 미륵삼존불의 출현은 세 번의 설법을 하는 미륵을 상징하는 것이고 이 삼존불을 제일 먼저 만난 무왕은 전륜성왕에 비교된다. 따라서 무왕의 미륵사 창건은 백제를 미륵의 용화세계로 만들겠다는 종교적 의지의 산물이라 할 수 있다.

정치사상적 측면에서 주목되는 것이 목탑과 두개의 석탑은 모두 9층이라는 점이다. 9라는 숫자는 천하를 의미한다. 따라서 세 개의 9층탑과 세 개의 금당은 각각 독자적인 천하를 표현한 것으로서 삼국의 정립상황을 반영해 주는 것이다. 즉 별도의 회랑으로 둘러싸이고 규모가 큰 중원은 바로 백제를 상징하고 동원과 서원은 각각 고구려와 신라를 상징하는 것이다. 따라서 삼탑-삼금당은 백제를 우위에 두고 삼국의 세력균형 속에서 안정을 도모하려는 무왕의 세계관을 보여주는 것이다.

3) 신라의 석굴암

석굴암의 창건과 중수 석굴암은 경주시 토함산에 있는 절이다. 『삼국유사』 권5에 의하면 김대성은 처음에는 가난한 경조라는 여자의 아들이었는데 다리가 부러진 솥마저 스님에게 시주한 후 죽어서 당시 재상 김문량(金文亮)의 아들로 다시 태어났다. 김대성은 후일 현세의 부모를 위해 불국사를, 전세의 부모를 위해 석굴사(=석굴암)를 세웠다.

이 불국사와 석불사는 김대성이 751년(경덕왕 10)에 창건하여 마치지 못하고 죽자 혜공왕이 국가적인 사업으로 완공하였다. 석굴암이 위치한 토함산은 신라오악(新羅五岳)의 하나로서 신령스러운 산으로 존숭되었으며 군사적으로는 왜구의 침입을 막는 제일의 관문이었다. 이곳에 불국사와 석굴사를 세워 국가와 왕실의 안녕을 도모하고자 하였던 것이다.

일제는 3차례에 걸쳐 석굴암을 중수하였다. 천장의 3분의 1이 이미 추락하여 구멍이 생겼고, 구멍을 그대로 방치할 경우 본존불상까지 파손될 위험이 있었기 때문이다. 1차 중수(1913-1915)는 거의 완전 해체하는 복원공사였다. 그러나 콘크리트로 만든 돔 때문에 굴 안의 누수가 심하여 2차 중수와 3차 중수를 하였지만 해결하지 못하였다. 해방 이후 1962~1964년까지 3년에 걸쳐 누수 방지를 위해 목조 기와건물의 전실을 설치하고, 지하수가 굴 주변에 접근하지 못하게 배수구를 설치하였다. 그리고 팔부신중(八部神衆)을 일직선으로 병렬시켜 일제 때의 잘못된 불상 배치를 바로잡았다.

석굴암의 구조와 그 세계 석굴암은 전실, 비도, 본실로 이루어져 있다. 전실의 좌우의 석벽에는 4체(體)씩의 팔부신중이 각각 마주보고 있고, 전면 좌우 석벽에는 2체의 금강역사가 비도를 지키고 있다. 비도의 양측에는 좌우 2체씩 4체의 사천왕이 조각되어 있다. 석굴의 평면은 원형이고 천장은 아치형으로 되어 있다. 본존불상 바로 위에는 하나의 큰 돌을 중심으로 하여 웅장하고 화려한 단선복판의 연화를 새겨 놓았다.

본존불은 중앙에서 약간 뒤로 처진 곳의 석련대좌 위에 안치되어 있다. 본존불은 석가모니불로서 반개(半開)의 눈, 미 그 자체를 나타내는 듯한 온화한 눈썹, 그리고 미간에 서려 있는 슬기로움, 방금이라도 설법할 듯한 자애로운 입과 코, 길게 늘어진 귀, 굽타식의 나발·백호 등 하나하나가 깨달음의 모습으로 표현된 얼굴은 인자하고 부드러우면서도 감히 침범할 수 없는 위엄을 간직하고 있다.

본존불 바로 뒤 중앙에는 십일면관음보살의 입상이 조각되어 있다. 그 좌우로 각각 5체씩 합하여 10체의 십대제자입상(十大弟子立像)이 조각되었고, 다시 그 좌우로 각각 2체씩의 천(天) 또는 보살상이 조각되어 있다. 석굴암 십일면관음보살상에는 중생의 근기(根機)에 따라 때로는 분노하고 때로는 부드럽고, 늘 자비로운 웃음을 잃지 않고, 모든 것들을 포용하는 미소 속에 중생을 안주시키려는 대자대비의 의미가 응결되어 있다.

4) 한문장과 이두

문장가 강수 삼국시기의 동아시아의 공통의 문자는 한자였다. 따라서 삼국은 중국과의 교섭과 교류를 하기 위해 한문으로 문장을 지었다. 이 과정에서 유학교육과 더불어 한문 문장 교육도 이루어졌으며 유명한 문장가도 나오게 되었다. 이 가운데 가장 두각을 나타낸 사람이 신라 태종 무열왕대의 강수이다.

이 시기 신라에서는 유학교육을 통해 국왕에게 충성하는 새로운 인재를 양성하려는 사회분위기가 형성되었다. 강수의 아버지가 어린 강수의 뜻을 살펴보기 위해 불교를 배울 것이냐 유교를 배울 것이냐고 묻자 강수는 불교는 세외교(世外敎)인데 자신은 사람 사이의 사람[人間人]이므로 유교를 배우겠다고 하였다. 이 말을 들은 아버지는 아들이 하고 싶은 대로 하도록 하였다. 이에 강수는 스승에게 나아가『효경』,

『곡례』, 『문선』 등을 배웠다.

이렇게 유학과 한문학을 배운 강수는 문장가로 이름을 떨쳤다. 특히 그는 신라가 백제와 고구려를 멸망시키고 당나라 군대를 한반도에서 몰아내기 위한 전쟁을 벌일 때 외교에 필요한 국서를 도맡아 작성하였다. 그의 문장은 사람의 심금을 울렸다고 한다. 이외에 유명한 신라의 문장가로는 제문, 수진, 양도 등이 있었다.

설총과 이두 한문은 어순이 우리말과 달라 배우기 어렵고 뜻을 파악하기가 쉽지 않다. 따라서 유교 경전을 제대로 이해하기 위해서는 이를 우리말 어순으로 읽을 수 있도록 하는 것이 필요하였다. 이러한 필요성에서 만들어진 것이 이두이다. 이두가 언제 만들어진 것인지는 분명하지 않지만 이를 체계적으로 정리한 사람이 바로 설총이다.

설총은 승려인 원효와 요석궁 공주와의 사이에서 태어났다. 비록 어머니는 왕족이었지만 아버지가 육두품 신분이었기 때문에 설총의 신분도 육두품이었다. 그는 아버지가 승려임에도 유학을 깊이 공부하였다. 그의 이상은 신문왕에게 들려준 화왕계(花王戒)에 잘 나타나 있다. 화왕이 예쁘다는 이유 하나만으로 장미를 선택하고 올곧은 말을 한 백두옹을 물리친 것을 비판한 이 우화는 진골위주의 인재등용에서 벗어나 학문과 능력 위주로 사람을 써야 한다는 방향을 제시한 것이었다.

유학에 대한 깊은 이해를 가진 설총은 한 걸음 더 나아가 후학들이 보다 쉽게 유교 경전을 읽을 수 있도록 이두를 정비하여 방언으로 9경을 읽는 방법을 만들어 내었다. 설총은 이 방법으로 후생들을 훈도하여 유학적 지식을 가진 자들의 저변을 확대하는데 크게 기여하였다. 그러한 공로를 인정하여 고려 현종은 그에게 홍유후(弘儒侯)라는 시호를 추증하였다.

제2장 중세사회

제1절 고려귀족사회의 성립과 발전

1. 고려의 후삼국통일과 태조의 정치

1) 후삼국의 성립과 고려의 통일

후삼국의 성립 신라 중대에는 국왕을 중심으로 한 정치제도가 정비되고 지방통제력이 강화되며 민생이 안정되었다. 그러나 중대말에 이르러 녹읍의 부활, 진골귀족의 반발로 왕권이 동요되었고, 내물계에 의해 혜공왕이 피살되면서 하대로 이행되었다. 하대에는 무열계와 내물계 간, 원성왕계 간의 왕위쟁탈전으로 왕권이 동요되면서 통치질서가 문란되고 지방의 통제력이 약화되었다. 이와 관련되어 하대 말에는 육두품 유학자가 반발하고 선종이 대두하였다. 국가·귀족·사원의 가혹한 수취, 거듭된 흉년·천재지변을 계기로 전국에서 농민반란이 일어났으며, 수백의 호족이 등장하기에 이르렀다.

호족은 처음에는 군, 현의 지방관을 대행하면서 그 지역을 통치하였으나, 곧 '성주'나 '장군'을 자칭하고 정치, 군사, 재정을 오로지 하면서 자립하였다. 대표적인 호족에는 강주의 왕봉규(王逢規), 죽주의 기훤(箕萱), 상주의 아자개(阿慈介), 송악의 왕륭(王隆), 명주의 김순식(金順式, 왕순식) 등이 있었다.

이 중 견훤이 892년(신라 진성여왕 6) 전주를 중심으로 주변의 호족들을 규합하여 후백제를 건국하고, 궁예가 901년(신라 효공왕 5) 철원을 중심으로 주변의 호족들을 규합하여 마진(摩震)을 건국하였다. 이에 따라 후백제, 마진, 신라가 정립하고, 전국에 수백의 호족이 난립하는 후삼국시대가 전개되었다.

후삼국의 투쟁과 고려의 통일 후삼국의 투쟁은 917년(경명왕 1)까지는 후백제와 태봉, 918년 이후는 후백제와 고려간에 전개되었다.

후백제와 태봉은 902년(효공왕 6)까지 웅주(熊州, 오늘의 공주) - 운주(運州, 홍성) - 임존(任存, 대흥) - 아주(牙州, 아산) - 상주지역을 중심으로 남북으로 대치하였다. 그 후 태봉이 903년에 해군을 출동시켜 후백제의 금성군(錦城郡, 나주)을 기습·점령하면서 이 지역이 전쟁의 중심지가 되었다. 다시 태봉은 906년에 상주로 진격한 견훤군을 격퇴하였고, 910년에 금성 인근의 진도(珍島) 등지를 점령하면서 후백제를 서해와 남북에서 위협하였다.

고려와 후백제의 투쟁은 918년(경명왕 2)으로부터 929년(경순왕 3)까지는 후백제가 주도하였고, 930년 이후에는 고려가 주도하였다. 고려는 929년까지 웅주·운주를 빼앗겼고, 조물성(曹物城, 김천시 일대)에서 대패하여 견훤을 상보(尙父)로 높여 부르고 인질을 교환하면서 사태를 수습하였다. 또 후백제가 경주를 급습하자 왕건이 구원군을 이끌고 출동하였다가 공산성(公山城, 팔공산 일대)에서 대패하였고, 의성지역을 빼앗기는 등 후백제의 공격을 막기에 급급하였다.

후삼국기(917~935) 형세도

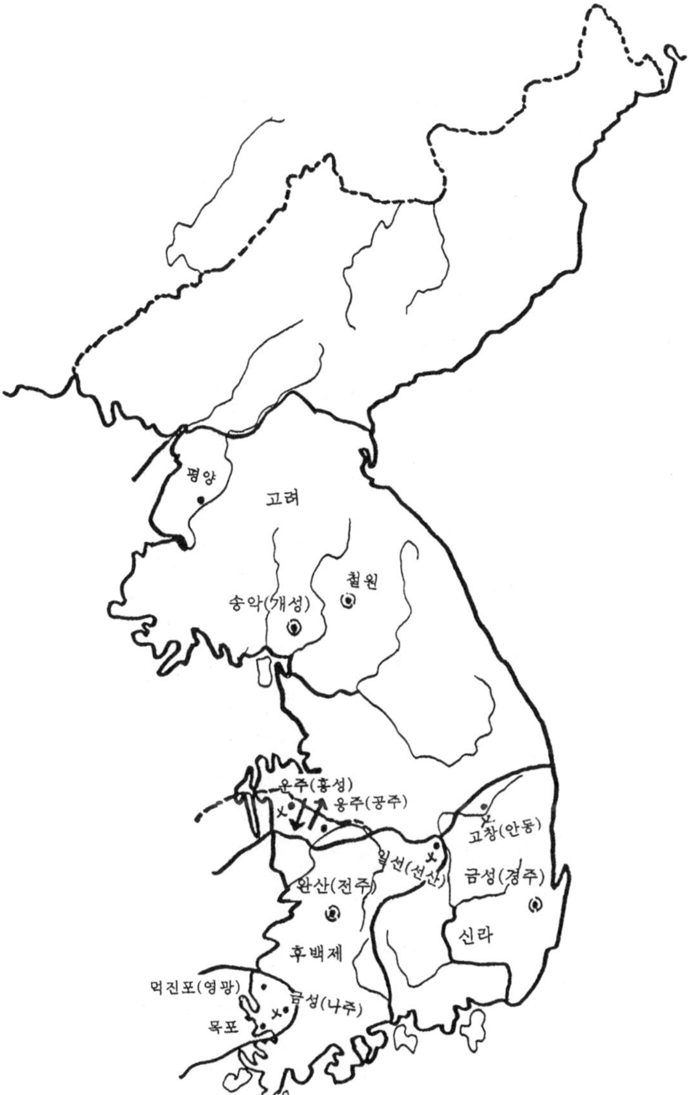

그러나 고려는 930년 고창(古昌, 안동)전투에서 후백제군을 궤멸시키고 경상도 북부를 장악하면서 주도권을 장악하였다. 왕건은 931년에 경주를 방문하여 신라의 민심을 수습하였고, 934년에는 운주에서 후백제를 격파하고 웅진 이북을 확보하였으며, 935년에는 경순왕의 투항을 받아 신라의 정통성을 계승하였다. 한편 후백제는 935년에 태자 신검(神劍)이 이찬 능환(能奐) 등의 후원을 받아 동생 금강(金剛)을 살해하고 부왕 견훤을 폐위한 후 즉위하였고, 곧이어 금산사(金山寺)에 유폐된 견훤이 고려에 투항하는 격변이 있었다. 이를 기회로 고려는 936년에 후백제정벌군을 출동시켰고, 일리천(一利川, 선산부근)에서 후백제군을 격파하고 신검의 항복을 받아 후삼국을 통일하였다.

2) 태조의 정치

태조의 정치 왕건은 심복인 홍유(洪儒) · 배현경(裵玄慶) · 신숭겸(申崇謙) · 복지겸(卜智謙) 등의 추대를 받아 궁예를 축출하고 고려를 건국하였다. 그러나 당시에는 후백제와 첨예하게 대립하였고, 궁예세력의 반발로 왕권이 동요되었다. 또 지방에는 수많은 호족이 웅거하였고, 농민들은 계속되는 전쟁과 과다한 부세 및 공역으로 생활이 곤궁하였다. 이에 태조는 궁예세력을 무마하고, 호족들의 지지를 확보하고, 민심을 수습하며, 왕실세력을 강화하기 위한 정책을 추진하였다.

태조는 궁예의 측근으로 거병한 마군장군 환선길(桓宣吉)과 반란을 모의하던 웅주태수 이흔암(伊昕岩)을 처단하였고, 궁예를 추종하였던 청주의 반란을 진압하여 왕조개창으로 인한 혼란을 수습하였다. 호족을 융화하기 위해 투항해 오는 호족들에게 후한 예물과 관직 · 식읍을 하사하였으며, 그 성읍에 사신을 파견하여 위로하였다. 호족을 그 지방의 사심관에 임명하여 향직의 임명권을 주었고, 그 자제를 서울로 불러 올려 숙위시킨 후 관직에 제수하였다. 유력한 호족과 관료에게 '왕(王)' 씨 성을 하사하고 우대하였으며, 호족의 누이나 딸을 후비로 맞아 그들과의 결속을 강화하였다.

민심을 수습하고 통일을 다지기 위해 백성들에게 3년간의 조세와 부역을 면제하고, 결당 조세율을 6석에서 2석으로 경감하였으며, 유민을 거주지에 정착시켰다. 불교를 숭상하고 거국적인 사찰을 지어 국태민안을 기원하였다. 후백제 · 신라 · 발해의 관료 · 유민을 융화하기 위하여 견훤 · 경순왕과 발해의 세자 대광현(大光顯)을 극진히 우대하고, 그 부하에게도 관직과 토지를 주었다.

왕실을 안정시키고 왕권을 강화하기 위하여 철원에서 송악으로 천도하였고, 맏아들 무(武, 혜종)를 태자로 책봉하였다. 왕식렴(王式廉)을 서경에 파견하고 민호를 모으고 군사를 양성하여 왕실의 배후지로 육성하였고, 이복 남매간을 혼인시켜 왕실세력의 분열을 방지하였다. 왕의 권위를 신장시키기 위하여 관제를 정비하고, '계백료서(誡百僚書)'와 '정계(政誡)'를 반포하였으며, 중국 5대 각 왕조와 통교하였다.

2. 귀족사회의 성립

1) 광종대의 왕권강화

왕권의 강화 광종이 즉위하였을 때에는 관료 · 호족세력이 강성하고 왕권은 미약하였다. 또 지방의 통치는 호족에게 일임되어 있었다. 광종은 관료 · 호족세력을 약화시키고 왕권을 강화하기 위해 과거제를 실시하고 시위군을 강화하였으며, 이어 관료 · 호족을 대대적으로 숙청하였다.

광종은 즉위초(즉위~6년)에는 관료와 호족을 우대하였다. 동시에 충성하는 인물에게 포상을 실시하여 지지기반을 다졌고, 군현의 세공액을 정하여 호족의 과다한 수탈을 방지하면서 민생의 안정을 도모하였다. 광덕(光德)이란 연호를 사용하고 중국의 후주·오·월·송과 차례로 통교하여 왕의 권위를 신장하였다. 중기(7~10)에는 왕권을 강화하기 위한 토대를 마련하였다. 노비안검법을 반포하여 관료·호족 등의 노비 중 양인이었던 자는 해방시켜 호족 등의 인적지배를 약화시키고 국역인구를 확대하였다. 과거제를 실시하여 자신의 정책을 지지하고 추진할 인적기반을 확대하였다. 지방의 무예가 출중한 자를 시위군으로 선발하고 그 수를 크게 늘려 군사적 토대로 삼았다.

후기(11~26)에는 관료·호족을 대대적으로 숙청하고 왕권을 강화하였다. 백관의 공복을 제정하여 왕 - 신료와 신료 상하간의 위계를 확립하였고, 제도를 개편하여 병권과 재정에 대한 지배를 강화하였다. 불교를 숭신하고 왕사·국사제를 마련하여 왕권의 사상적 기반으로 삼았으며, 개경을 황도, 서경을 서도라 호칭하여 왕권의 위엄을 높였다. 평농서사(評農書史) 권신(權臣)의 역모고변을 계기로 대상(大相) 준홍(俊弘) 등을 유배하였고, 이후 대대적으로 관료·호족을 숙청하였다. 그리하여 "태조 이래의 구신숙장 대부분이 제거되었다"라고 하기에 이르렀고, 외아들인 태자(경종)도 "(광종의 의심을 받아 가까이 가지 못할 정도로) 안심하고 살지 못하다가 요행으로 왕위를 계승하게 되었다"라고 할 정도로 공포분위기가 조성되는 가운에 관료·호족세력이 약화되면서 왕권이 크게 강화되었다.

2) 성종대의 귀족사회 성립

최승로의 시무28조 성종초에는 광종대의 왕권전제와 경종대의 소수 귀족에 의한 독단에서 야기된 폐단을 시정할 것이 요청되었다. 이와 관련하여 성종은 관료들의 의견을 광범히 수렴하고자 구언교지를 내렸으며, 이에 응하여 최승로가 시무조를 상소하게 되었다.

최승로의 '시무조'는 크게 '5조(태조・혜종・정종・광종・경종)정적평'과 '시무 28조(22조만 현존)'의 두 부분으로 구성되었다. 5조정적평에서는 선대 5왕대 정치의 잘잘못을 평가하였고, 시무28조에서는 앞으로 지향해야 할 바의 정책방향과 군주상 등을 제시하였다.

시무조에서 중점적으로 제기된 문제는 숭불로 인한 폐단과 시정이었다. 공덕재(功德齋) 등 불교행사, 백성동원을 통한 사찰공역, 사치스런 사경・불상조상 등으로 인한 폐단을 조목조목 지적하면서 시정하거나 엄금 내지 금지할 것을 제안하였다. 유교이념에 토대한 중앙집권정치를 위해 백관의 공복을 제정하고, 유교예악을 정비하고, 군신과 부자윤리를 앙양하고, 유교를 숭상할 것을 강조하였다. 상주 외관을 파견하여 지방을 통치하며, 지방 호족세력을 억제해야 한다고 하였다. 귀족관료의 우대와 관련하여 삼한공신의 자손을 녹용하고, 존비에 따른 가옥제도를 제정하여 실시할 것을 주장하였다. 또 국왕은 공평한 정사를 베풀어야 하고, 신하들을 우대하고 포용하며, 국정은 신하들과 의논하여 운영, 즉 중앙귀족들을 중심으로 정치를 운영 할 것 등을 제안하였다.

귀족사회의 성립 귀족사회는 귀족이 국왕을 받들고 정치, 경제, 사회, 문화를 주도하는 국정운영체제였다. 성종대에는 광종대의 왕권강화와 경종대의 소수의 관료・호족이 중심이 된 정치에 대한 반성에서,

국왕과 귀족이 합의로서 국정을 운영하는 귀족사회가 성립되었다.

성종은 유학적인 소양이 깊었지만 최승로가 올린 시무조를 수용하여 관료들을 우대하였고, 유교적인 군왕상에 따라 관료와 상의하여 국정을 운영하였다. 성종대에는 3성(내사문하성) · 중추원 - 6부와 12목이 중심이 된 경외 정치기구가 정비되었다. 교육이 진흥되고 과거제가 확대되었으며, 유교의례가 제정되고 유교가 치국의 이념으로 정립되었다. 광종대에 피화된 관료 · 호족을 신원시켰고, 음서제 · 공음전을 제정하여 고위 관료를 우대하였으며, 국정은 내사문하성 · 중추원의 재추와 논의하고 결정하여 집행하였다. 한편 서울에 거주하는 유력 관료들은 본관을 사용하여 지방에 있는 그들의 친족과 구분하고 그들끼리만 혼인하면서 가문의 존귀함을 과시하였다. 이리하여 성종대에는 고위관료가 국왕과 함께 정치를 주도하였고, 그 자손은 음서 · 공음전에 의해 정치 · 경제적 특권을 계승하였으며, 그들이 속한 가문은 본관을 사용하고 폐쇄적으로 통혼하면서 특권을 누린 즉, 귀족사회가 성립되었다.

3. 귀족사회의 발전

1) 문종대 정치 · 경제체제의 확립

왕 - 귀족정치체제의 확립 문종대에는 평화가 정착되면서 국가가 안정되고 귀족이 중심이 된 정치제도가 정비되고 운영되었다.

왕을 정점으로 한 중서문하성 · 중추원 - 6부 - 백사, 경기 · 5도 양계 - 경 · 도호부 · 목 · 군 · 현의 경외 정치기구가 확립되었다. 국정의 중추기관은 중서문하성 · 중추원 · 6부와 어사대였는데, 그 관직에는 귀족자제가 제수되었다. 어사대 · 중서문하성 낭사는 백관을 규찰하고 간쟁·논박·서경을 관장하였는데, 그 모두는 왕권을 견제하고 귀족을 옹호하는 경향이 강하였다. 또 중서문하성의 재상은 6부·어사대 등의 판사를 겸하면서 그 관아의 정사를 지휘하였다. 귀족들은 과거나 음서를 통하여 관직을 획득하였고, 이를 통하여 그 자손에게 관직을 계승시키면서 대대로 고위관직을 독점하면서 정치를 주도하였다.

전시과체제의 확립 문종대에는 고려 경제제도의 중심이 되는 전시과제도가 확립되었다. 전시과는 협의로는 국가의 모든 직역자에게 그 관품의 고하에 따라 수조지를 차등적으로 지급하는 제도였고, 광의로는 협의의 전시과와 공음전, 한인전 등과 녹봉제 등이 포괄되었다.

전시과에는 문·무반과 군인에게 지급된 일반전시를 중심으로, 5품 이상 관료에게 지급된 공음전시, 관청에 지급한 공해전시가 있었다. 일반전시는 976년(경종 1)에 관품·인품을 기준으로 차등을 두고 전지·시지를 지급하면서 비롯되었고(시정전시과), 이후 그 지급대상이 전·현직 문·무반과 군인(998, 목종 1, 개정전시과), 전·현직 문·무반과 군인·한인(1034, 덕종 3)으로 변천되었다가, 1076년(문종 30)에 현직 문·무반과 군인에게 관직의 고하에 따라 전지·시지를 1과~18과로 지급하는 것으로 확립되었다(갱정전시과). 공음전은 5품관 이상의 관인에게 전지·시지가 1품~5품으로 지급되었는데, 자손에게 세습할 수 있었다. 녹봉은 전시과와 병행되어 곡식으로 지급되었는데, 문무반록·외관록·비주(妃主)록·종실록·권무관록이 있었다. 그 외에 한인전·구분전·공해전 등과 무산계전시·별사전이 제정되었다. 이 중 전시과·녹봉은 물론 5품 이상의 문·무반이 받은 공음전은 자손에게 세습되면서 귀족사회의 경제적 토대가 되었다.

2) 신분질서의 확립과 민생안정

신분질서의 확립 성종~문종대에는 법제적인 양천제를 토대로 상층의 귀족층, 중간층, 양인, 천민의 신분제가 확립되었다.

상층인 귀족층에는 왕족, 문반과 무반 5품 이상의 관인이 포괄되었다. 이들은 정책을 논의·결정하고 대소 아문이나 2군 6위를 지휘하였으며, 사회·경제적으로도 우월한 지위와 대우를 누렸다. 이 중에서도 왕실과의 중첩된 혼인이나 공훈으로 고위관직을 대대로 역임한 가문은 문벌귀족으로 불리면서 보다 우월한 지위를 누렸다.

중간계층에는 6품 이하 문무반·남반·서리·향리, 하급장교·군인 등이 있었다. 6품 이하 문·무반은 이속을 지휘하면서 그 관아의 실무를 담당하거나, 소부대를 거느리면서 경외를 방어하였다. 남반은 궁중의 잡일에 종사하였다. 서리는 중앙 각 관아의 말단에 소속되어 기록 등의 행정실무에 종사하였다. 향리는 지방관을 보좌하여 지방행정의 실무를 담당하였다. 하급장교는 초급 장교직을 수행한 교위(校尉)·대정(隊正) 등이었다. 군인은 경군 중 군반씨족을 토대로 선발되고 군인전을 받았다.

양인은 농민, 상인, 수공업자들로서 각자의 생업에 종사하면서 국가가 필요로 하는 조세와 군역 등을 부담하는 사회의 기층민이었다. 천민에는 집단천민, 노비, 화척·광대가 있었다. 집단천민에는 향(鄕)·소(所)·부곡(部曲)인과 역(驛)·진(津)·관(館)인이 있었다. 노비는 '종모법'과 '부모 중 하나가 천인이면 천인이 된다'는 원칙에 따라 신분이 세습되었고, 매매·증여·상속되었다.

민생의 안정 성종~문종대에는 개국 때에 실시된 민생안정책이 계승되고 사회시설이 증치되어 운영되면서 민생이 안정되고 향상되었다.

농민 등은 신라말에는 국가와 지방유력자의 가렴주구와 가혹한 수탈로 생활이 궁핍하였고, 많은 수가 근거지를 떠나 유망하였다. 농민·유망민은 고려 태조의 획기적인 조세정책과 호족들의 가혹한 수탈금지, 후삼국의 통일로 인한 통치질서의 정비 등으로 본거지에 정착하여 생업에 종사하면서 생활이 안정되기 시작하였다.

성종~문종대의 세율은 태조대의 조세정책이 계승되면서 민전은 태조대의 1/10세가 계승되면서 법제화되었다. 국·공유지를 경작하는 농민은 생산량의 1/4을 국가에 납부하였고, 사전을 경작하는 농민은 전주에게 생산량의 1/2을 납부하였다(사전주는 이 중에서 국가에 1/10을 납부). 이 때 민전과 국·공유지 및 사전의 비율은 알 수 없지만 "중기 이후에 농장이 확대되기 시작하면서 자경 농민이 몰락하기 시작하였다"라고 하는 구절에서 민전 등의 면적과 자경농민이 상당하였다고 추측된다.

국가는 백성을 보호하고 농업생산을 장려하기 위하여 각종 사회제도를 운영하고 조세 등을 감면하였다. 986년(성종 5)에는 태조대의 흑창을 계승하여 전국의 주·부에 의창을 설치하고 곡식을 비치하여 빈민을 구제하였고, 1023년(현종 14)에는 그 규모가 크게 확대되었다. 993년(성종 12)에는 개경·서경과 12목에 상평창을 설치하고 곡식을 비치하여 풍년과 흉년 때에 물가를 조절하였다. 1036년(정종 2) 이전에 개경과 서경에 각각 대비원을 두고 가난한 사람을 치료하였다. 또 제위보와 구제도감을 설치하고 빈민을 구제하고 진료하였다. 자연재해를 당할 때에는 조세와 부역을 감면하였고, 황무지나 묵은 땅을 개간하여 경작할 때에는 일정 기간 조세를 면제하였다. 고리대로 몰락하는 농민을 방지하기 위하여 원금을 초과하는 이자의 징수를 금지하였다. 또 촌락에는 향도와 계가 있어 상부상조하면서 촌민의 몰락을 방지하였다.

이리하여 문종대를 전후한 시기에는 농민의 대부분은 소유한 경지를 자경하거나 부분적으로 귀족 등의 토지를 소작하는 등으로 생활이 안정되었고, 이를 토대로 국가가 필요로 하는 조세·부역·공물을 담당하여 국가의 정상적인 운영과 귀족사회가 융성하는 사회경제적 토대가 되었다.

제2절 무신정권과 귀족사회의 동요

1. 무신정권의 전개와 대몽항쟁

1) 무신정권의 전개

무신정권의 성립과 혼란 무신정권은 1170년(의종 24)에 정중부(鄭仲夫)·의의방(李義方)·이고(李高) 등이 의종이 유흥하기 위하여 보현원(普賢院)에 행차하였을 때 시위군을 선동하여 호종하던 문신과 환관들을 도륙하고, 다시 서울로 돌아와 "무릇 문관(文冠)을 쓴 자는 서리까지도 죽여서 씨를 남기지 말라" 고 선동하면서 문신을 대량으로 살해하고 정권을 잡으면서 성립되었다. 곧이어 의종을 폐하여 거제도로 내치고 명종을 옹립한 후 문반직을 겸대하면서 국정을 전단하였다. 다시 1173년(명종 3)에 동북면병마사 김보당(金甫當)이 무신집권을 타도하고 의종의 복위를 도모한 사건을 기하여, 다시 많은 문신을 살해하고 경주에 옮겨져 있던 명종을 살해하며, 경외의 모든 관직을 무신으로 임명하는 등 정권을 공고히 하였다.

무신정권 초기에는 무신난을 주도하였던 정중부·이의방·이고가 중방을 중심으로 국정을 운영하였다. 그러나 곧 이들 간에 주도권을 둘러싼 상쟁이 야기되어 1196년(명종 26) 최충헌(崔忠獻)이 집권한 후 정권이 안정되기까지 5명의 집권자가 교체되면서 정치와 사회적인 혼란이 지속되었다. 1170년(명종 1)으로부터 1174년(명종 5)까지는 이고, 1174년까지는 이의방, 1179년(명종 10)까지는 정중부, 1183년(명종 14)까지는 경대승(慶大升), 1196년(명종 26)까지는 이의민(李義旼)이 차례로 집권하다가 살해되거나 병사하였다.

무신정권의 확립과 몰락 최충헌은 1196년에 동생 최충수(崔忠粹)·생질 박진재(朴晉材) 등과 함께 이의민을 살해하고 집권하여 4대 60여 년에 걸친 최씨정권의 토대를 구축하였다. 최충헌은 「봉사 10조」를 제시하는가 하면 권력구축을 위해 측근을 제거하였다. 최충헌은 국가의 모든 권력을 장악하였고, 교정도감(敎定都監)과 도방(都房)을 설치하고 이를 중심으로 국정을 전단하면서 명종·희종을 폐하고 신종·희종·강종·고종을 옹립하였다. 이러한 최충헌의 정권장악과 독재정치를 통하여 무신정권은 혼란이 종식되면서 안정되고 확립되었다. 또 그의 사후에는 정권이 아들(瑀) - 손자(恒) - 증손자(誼)로 세습되었다.

최씨정권은 1231년(고종 18)에 시작되어 이후 1259년(고종 46)까지 계속된 대몽항쟁과 관련된 지배층의 분열·민심이반·백성들의 평화갈구 등으로 정권의 기반과 결속이 약화되었고, 그에 따라 통치력이 약화되었다. 1258년(고종 45) 최항에 이어 집권한 최의가 김인준(金仁俊)·유경(柳璥) 등에 의하여 살해되면서 최씨정권이 종식되었고, 무신정권이 동요되기 시작하였다. 이후 1270년(원종 11)까지 김인준 등이 중심이 된 위사공신단(衛社功臣團) → 김인준 → 임연(林衍)에 의해 무신정권이 지속되었다. 그러나 이 시기에는 몽골이 조정에 영향력을 미치고 있었고, 대부분의 문신이 무인정권에 반대하고 국왕에 동조하였기에 무신정권은 그 기반이 취약해지면서 집권력이 현저히 약화되었다. 1270년(원종 11)에 임연의 뒤를 이은 임유무(林惟茂)가 왕의 측근 문신과 삼별초에 의해 살해되고, 국왕의 친정이 실현되면서 무신정권이 종식되었다.

2) 대몽항쟁

대몽항쟁 13세기초 징기스칸에 의하여 통일된 몽골은 서하와 금을 정복하고 북방·동북아시아의 지배자로 등장하였다. 이 와중에 금에 반기를 들고 독립을 도모하였던 거란이 몽골에 쫓겨 1216년(고종 3)과 1218년(고종 5)의 2차에 걸쳐 고려에 침입하였다가 강동성(江東城, 평양 근교)에 웅거하였다. 이 거란군을 1219년(고종 6) 몽골군과 고려군이 연합하여 격멸하였다. 이를 계기로 한 몽골의 수교요청으로 고려와 몽골의 국교가 수립되었다. 그 후 몽골은 고려에 큰 은혜를 베풀었다 하여 사신을 파견하고 과중한 공물을 요구하였으며, 이로 인해 양국간에 갈등이 야기되었다. 그러다가 1225년 몽골의 사신으로 고려에 와서 무례한 행동을 하던 저고여(著古與) 일행이 귀국 도중 압록강가에서 여진족에게 살해되는 사건이 발생되었다. 몽골은 이 사건을 계기로 고려를 복속시키기 위하여 전쟁을 선포한 후 대대적으로 침입하였고, 이에 고려가 대항하면서 30여년(1231~1259)에 걸친 대몽항쟁이 전개되었다.

대몽항쟁은 1231년에 살례탑(撒禮塔)이 지휘하는 몽골군의 침입으로 시작되었으나, 구주성에서 박서(朴犀)가 지휘하는 고려의 저항을 받아 1232년 1월에 강화를 맺고 철군함으로써 간단히 종결되었다. 그러나 몽골의 무리한 요구가 계속되었고, 이것이 최씨의 정권유지 및 고려의 항몽의식과 충돌되면서 본격적인 대몽항쟁으로 연결되었다.

최이정권은 1232년 6월 항몽을 결의하고 해전에 약한 몽골의 약점을 활용하기 위해 강화도로 서울을 옮기고, 방어시설을 구축하고 궁실 등을 조성하였다. 동시에 주민들을 산성과 섬으로 피난시키고 바다를 통해 남도의 조세를 수송하였으며, 항전과 강화교섭을 병행하였다. 몽골은 이를 구실로 이후 1259년(고종 46)까지 8차례에 걸쳐 대대적으로 침입하였다. 이 중 1232년에는 승병장 김윤후(金允侯)가 몽골의 사령관 살례탑을 처인성(處仁城, 용인)에서 사살하여 철군하게 하였다. 그러나 그 3년 뒤의 침입 때에는 그 기간이 5년에 걸치기도 하였지만, 살례탑의 피살과 관련되어 전국에 걸친 무자비한 공격으로 많은 백성이 화를 입고 농지가 황폐되었으며, 황룡사와 부인사 등의 많은 문화재가 소실되는 피해를 입었다.

이러한 장기간의 항몽은 백성들의 인적 물적 피해가 막대하였고, 이를 토대로 1258년 강화파와 김준(金俊) 등 무신의 주도로 최씨정권이 타도되고 이어 1259년 강화를 맺고 태자(원종)가 몽골에 들어가고 몽골군이 철군하면서 대몽항쟁은 일단락되었다. 그러나 대몽항쟁이 완전히 종결된 것은 1270년 고려정부가 항몽의 상징이었던 강화도에서 개경으로 환도하고, 천도와 삼별초의 해산령에 반대하여 군사를 일으켰던 삼별초난이 1273년(원종 14)에 진압되면서였다.

2. 귀족사회의 동요와 농민·천민항쟁

1) 귀족사회의 동요

정치운영의 변질 무신정권기에는 지배세력이 교체되고 국가의 공적 정치기구가 무력화되면서 무신집정을 중심한 사적 정치기구가 중심이 된 정치가 운영되었다.

무신정권의 성립과 함께 정치지배세력이 문신귀족에서 무신귀족으로 교체되었다. 무신들은 상장군 이하의 무반직으로서 문하시중 이하의 문반직을 겸대하면서 정치, 경제를 주도하였다. 무신들은 지공거(知貢擧)·수국사(修國事) 이하를 겸대하면서 과거와 역사편찬을 관장하였다. 병마사는 물론 안찰사와 도호부사 이하의 외관에 제수되어 지방을 통치하였다.

무신집정을 위해 교정도감을 필두로 정방·도방·삼별초 등이 설치되었고, 이 기구가 무신들의 최고 합좌기구였던 중방과 함께 개국초 이래의 3성 6부·2군 6위를 유명무실하게 하면서 정치·군사를 주도하였다. 무신정권이 성립된 초기에는 무신 실력자 상호간에 권력쟁탈전이 전개되고 자주 집권자가 교체되면서 집정자가 중심이 된 최고위 무신들이 중방을 중심으로 국가를 통치하였다. 무신정권이 확립된 최씨정권기에는 교정도감(敎定都監, 장관인 별감은 무신집정이 세습)을 중심으로 정방(政房)·도방(都房)·삼별초(三別抄)가 중심이 된 정치·군사가 운영되었다.

동시에 집권 무신들은 그 지위를 이용하여 그 이전 문신귀족의 토지를 빼앗는 등 광대한 사유지를 소유하여 부를 축적하였고, 이 경제력과 정치적인 지위를 토대로 많은 문객·노비를 소유하고 이들을 무장시켜 권력의 기반으로 삼았다.

통치질서의 문란 무신정권기에는 집권층의 권력투쟁과 전횡, 공적정치기구의 허설화와 사적정치기구가 중심이 된 정치운영, 무반의 경외관직 독점과 탐학 등으로 통치질서가 문란되고 국정운영이 동요되었다.

무신정권 초기에는 무신난으로 많은 문신이 살해되고 무신집권에 대한 반발에서 반무신난이 제기되는 등 사회가 동요되었고, 무신난을 주도하였던 정중부, 이고, 이의방 등의 권력투쟁으로 정치가 동요되고 중앙과 지방의 통치질서가 문란하였다. 무신정권이 안정되면서 확립된 최씨정권기에는 최충헌·최우 집권초에는 구폐를 광정하고 혁신을 도모하려는 정책에 따라 일시적으로나마 정치가 쇄신되고 통치질서가 안정되었다. 그러나 교정도감·도방 등 사적 정치·군사기구를 중심으로 초정부적 위치에서 반대파와 언로를 탄압하고, 정치를 전횡 및 부패와 탐학으로 일관하였기에 통치질서가 문란되고 중앙과 지방이 국정운영이 동요되었다.

무신정권기를 통하여 외관에는 무반이 제수되었는데, 이들은 자질이 부족하기도 하였지만 민생보다는 가렴주구를 일삼았다. 이에 따라 민심이 이반됨은 물론 통치질서가 문란되었다.

2) 농민·천민항쟁

농민·천민항쟁의 배경 무신정권기의 농민·천민난은 통치체제와 신분제의 동요, 하극상, 정부와 지배층의 가렴주구로 인한 생활난 등을 배경으로 야기되었다. 농민들은 귀족과 양반들이 토지를 겸병함에 따라 민전을 빼앗기고, 관리의 가렴주구로 생활이 곤궁해져 전국 각지에서 지속적으로 봉기하게 되었던 것이다.

농민의 동요는 무신난 이전부터 싹트고 있었다. 문신귀족들의 토지점탈과 농민에 대한 과중한 수취는 농민들을 유민으로 떠돌게 하였으며, 이들은 때로는 도적이 되기도 하였다. 그런데 무신난 후의 집권무신들이 보다 과중한 수탈을 감행하여 농민들의 생활은 더욱 곤궁하여

졌으므로, 농민들은 무신 상호간의 정권다툼으로 지방에 대한 통제력이 약화된 틈을 타서 봉기하게 되었다.

고려 전기에 엄격하였던 신분제는 무신난 이후 무신이 정치를 주도하는가 하면, 다수의 미천한 신분이 1품 이하의 고위직에 진출하여 권세를 누리게 되면서 크게 동요하였다. 그리하여 무반의 지위가 향상되면서 무신이 문신보다 우대되고 문반직을 겸대하였으며, 재추직의 증가와 상의·첨설직의 설치로 향리 등 중간층이 대거 양반층으로 상승되었다. 또 양반이 평민, 평민이 천민 등으로 몰락하기도 하였지만, 용력과 재력이 있는 양인·천인은 군공과 납속 등으로 관직(관계)을 획득하면서 양반이나 양인으로 상승하였다.

농민·천민항쟁 무신정권기의 민란은 명종대와 신종대의 30년간에 집중적으로 발생하였다. 1172~1189년에는 서북지방이 중심이 된 특정 지역에서 주로 군사·농민이 수령 등 지배층의 탐학·가렴주구에 부당한 압박제거를 내세우면서 전개되었다. 그 난에는 서북인의 난, 선주인의 난, 공주 명학소의 난, 가야산 손청(孫淸)의 난, 의주·정주인의 난, 조위총(趙位寵) 여중의 난, 전주의 기두 죽동(竹同)의 난, 관성·부성의 난, 평량(平亮)의 난 등이 있다. 이 중 명학소의 난은 신분해방을 도모하였고, 공주를 점령하고 서울로 진출하는 등 기세를 떨치다가 정부의 회유·강경책에 따라 진압되었다.

1190년(명종 20) 이후에는 전국에 걸쳐 여러 지역의 반란군이 연합하여 장기간에 걸쳐 진행되었고, 신분해방이나 정권탈취를 도모하였다. 이 난에는 김사미(金沙彌)와 효심(孝心)의 난, 사동 만적(萬積)의 난, 명주·동경민의 난, 진주노비·협주부곡민의 난, 동경·운문·울진·초전민의 난 등이 있다. 이 중 1198년에 최충헌의 사동이었던 만적이

운문·초전민의 봉기

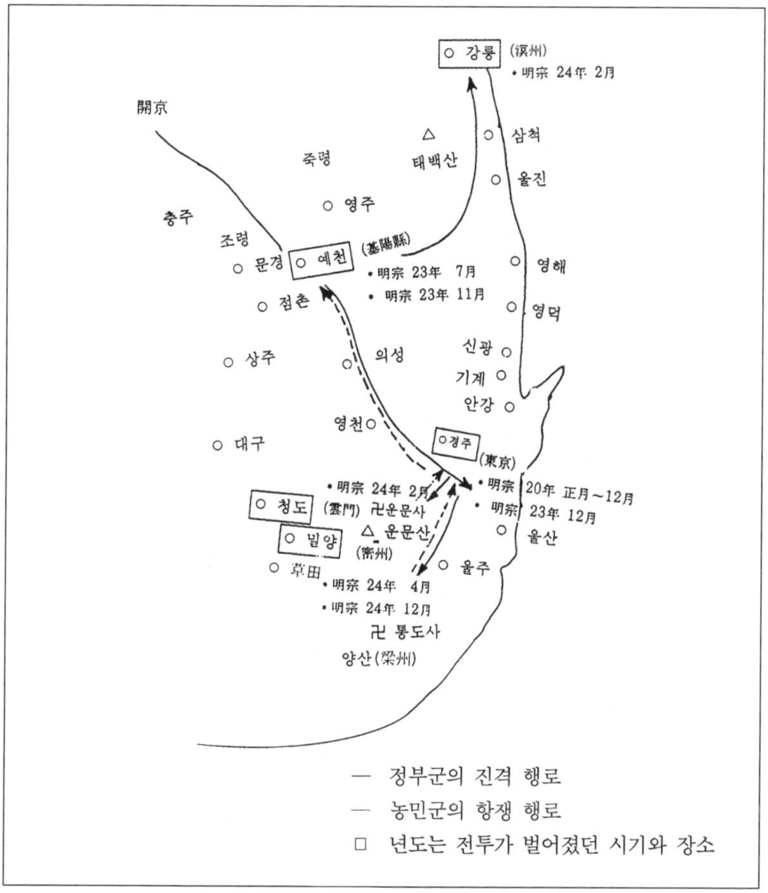

이정신, 1993, 『고려무신정권기의 농민·천민항쟁연구』, 고대민족문화연구소출판부

북산에서 나무하다가 공사 노비를 불러 모아 "국가에서 경인난과 계사난 이래로 천한 노예가 고관이 많이 되었으니, 재상과 장군이 어찌 씨가 따로 있겠는가? 때가 오면 누구나 고관을 할 수 있는 것이다. 우리

무리는 어찌 신체의 괴로움을 당하면서 채찍 밑에 곤욕만 당할 수 있겠느냐?"라고 선동하면서 반란을 일으켜 최충헌 등을 죽이고 정권을 탈취하고자 하였으나, 사전에 발각이 되어 만적 등 주동자가 살해되면서 좌절되었다. 또 동경・운문・울진・초전민의 난은 신라부흥을 내걸고 1193(명종 23)~1204년(희종 즉위)의 10여 년간에 걸쳐 경상도 동부지역에서 위세를 떨치다가 진압되었다.

무신정권기에 발생한 대소 민란은 정부의 토벌과 회유책에 의해 모두 진압되면서 실패하였다. 그러나 민란의 진압과정에서 최충헌은 정치・군사권을 강화하여 무신정권을 안정시키고 자손에게 정권을 세습할 토대를 구축하였고, 동시에 장기간에 걸친 대몽항쟁을 전개할 수 있게 되었다. 또 무신정권은 이들 민란의 평정에 전력을 기울이는 한편 농민을 위한 시책을 강구하지 않을 수 없었다. 정부는 난민을 위무하고 백성들의 생활을 안정시키기 위하여 농업을 장려하고 부세를 감면하였으며, 다수의 속현에 감무관을 파견하여 지방통제를 강화하였다.

제3절 신구세력의 대립과 고려의 멸망

1. 권문세족의 집권과 정치・경제의 파탄

1) 원의 정치간섭과 권문세족의 집권

원의 정치간섭 원은 고려와 강화한 1259년(고종 46)으로부터 1355년(공민왕 4)에 걸쳐 고려왕을 부마로 삼는가하면 왕을 폐립하였고, 영토의 일부를 직할지로 편입하여 통치하였으며, 정동행성 등을 설치하여 정치에 간섭하는 등 고려에 큰 영향력을 발휘하였다.

원은 원종의 태자(충렬왕)에게 공주를 출가시킨 이후 공민왕대까지 공주를 출가시켜 고려를 부마국으로 삼았다. 원종이 원의 승인을 받아 즉위한 이후 공민왕대까지 역대 국왕의 즉위와 폐위가 원에 의하여 좌우되었다. 원은 1258년 화주(和州, 영흥)에 쌍성총관부를 설치하여 철령 이북을 통치하였고, 이어 1269년 서경에 동령부, 1273년(원종 14) 제주에 탐라총관부를 두고 자비령 이북과 제주도를 통치하였다. 동령부는 곧 고려에 돌려졌지만, 쌍성총관부와 탐라총관부는 공민왕대까지 존속되었다. 1280년(충렬왕 6)에 일본정벌을 위해 개경에 정동행성(征東行省)을 설치하였고, 이것이 일본정벌이 실패한 뒤에도 계속 운영되면서 그 소속기관인 이문소(理問所)와 함께 고려의 정치에 간여하였다. 원은 1313년(충숙왕 즉위)으로부터 충선왕의 직계와 방계인 고려왕과 심양왕의 대립을 조장하면서 고려에 영향력을 강화하였다.

고려는 이러한 원의 위세와 내정간섭에 따라 자주성을 상실하고 반속국이 되었으며, 왕권이 약화되고 왕 부자간의 알력이 야기되었다. 영토가 축소되었고, 관제가 격하되고 통·폐합되었으며, 친원파인 권문세족의 집권과 전횡으로 정치와 경제가 파탄되었다.

권문세족의 집권 권문세족은 1275년(충렬왕 1) 이후에 원의 신임, 왕실과의 혼인, 유력가문과의 혼인 등을 통하여 고관을 배출하면서 집권하고 정치, 군사, 경제, 문화를 주도한 세력이다.

권문세족에는 고려전기 이래의 문벌귀족이었던 경주김씨·정안임씨·경원이씨·안산김씨·철원최씨·해주최씨·공암허씨·청주이씨·파평윤씨, 무신집권기에 무신으로 득세하여 성장한 언양김씨·평강채씨, 무신난 이후 신관인층으로 대두하여 성장한 당성홍씨·황려민씨·횡천조씨, 대원관계를 통하여 신흥세력으로 등장한 평양조씨

등이 망라되었다.

권문세족은 도평의사사를 중심으로 원에 추종하면서 왕권을 약화시키고 정치, 군사, 외교, 경제 등을 주도하였다. 사전·사패·개간·매입·겸병 등으로 광대한 농장을 소유하고 농민을 소작농으로 삼아 경작하면서 경제를 주도하였다. 자제를 출가시켜 교단을 장악하고 사찰의 토지와 노비를 지배하면서 불교계를 주도하였다.

2) 정치·경제의 파탄

정치 파탄 권문세족 집권기에는 권문세족의 전횡과 왕 부자의 알력 등으로 경외의 통치질서가 문란되고 정치가 파탄되었다.

원간섭기에는 권문세족과 친원파가 중심이 된 국정운영에서 왕 부자·관료간의 반목이 심화되고 통치질서가 문란되었으며, 원명교체기에 적절하게 대처하지 못하였다. 원간섭기에는 무신정권이 타도되고 왕정이 복구되기는 하였지만, 새로이 권문세족층이 대두하여 도평의사사를 중심으로 신흥사대부 등의 비판을 탄압하면서 국정을 전횡하고 부패·탐학하였기에 통치질서가 문란되고 중앙와 지방의 국정운영이 크게 동요되었다. 공민왕대 이후에는 공민왕초에는 반원독립·국정전반에 걸친 개혁정책의 추진에 따라 일시는 정치가 안정되었다. 그러나 그 후는 국정을 주도한 권문세족이 반대파를 억압하면서 부패·탐학하였고, 대대적인 왜구·홍건적의 침입으로 전국이 혼란에 빠졌기에 통치질서가 문란함은 물론 중앙과 지방의 정치가 크게 동요되었다.

경제파탄 권문세족집권기에는 농장이 확대되면서 전시과체제가 붕괴되고 농민이 몰락하면서 경제가 파탄되었다.

전시과체제는 12세기 초부터 동요하기 시작하였고, 무신정권기에 집권 무신들이 문신귀족들의 토지를 탈취하고 농민 등의 토지를 겸병하여 대토지를 소유함에 따라 농장제로 바뀌었다. 농장은 이후 무신집정과 권문세족의 경제적 기반이 되면서 더욱 확대되었고, 그로 인해 국가재정과 농민경제를 파탄에 이르게 하는 등 사회모순을 심화시켰다. 대토지소유는 원 지배기로 접어들면서 왕실, 권문세족, 사원 등을 중심으로 본격화되었고, 고려가 멸망할 때까지 계속되고 확대되었다. 그리하여 고려말에는 "토지를 많이 가진 자는 주에 차고 군에 걸치었고(彌州跨郡), 산천으로 경계를 삼았다(山川爲標)"라고 하였듯이 소수의 특권 계층은 광대한 토지를 소유하였고, 농민의 대부분은 전호나 노비로 전락하였다. 또 사패(賜牌)를 받은 사전에 의하여 토지를 겸병하기도 하였다. 사패는 본래 토지와 노비의 합법적인 소유를 인정하는 국가 발행의 공문서이지만 그 면적이 막대하였고, 심지어는 사패를 받지 않고서도 받은 것처럼 사칭하여(冒受賜牌) 토지를 겸병하는 사례도 적지 않았다. 이 밖에 개간으로 토지를 집적하기도 하였다.

농장은 법적으로는 국가의 조세·부역·공물을 부담해야 했으나 농장주의 권력을 기반으로 토지소유에 따른 조세를 납부하지 않았고, 농장의 전호들도 국가에 바쳐야 할 공부와 요역을 부담하지 않음으로써 이른바 '면세면역(不輸不入)'의 특권을 누렸다. 이 때문에 농민이 농장에 투탁하는 현상이 크게 증가하고 국가의 양인이 격감하게 되었다. 농장은 전국적으로 분포되고 그 규모도 막대하였다.

이리하여 국가운영을 위한 전세·공물이 제대로 징수되지 않았고, 군역은 물론 요역자원도 격감하였다. 이에 따라 신진관리들은 녹봉을 받지 못하여 관직생활을 단념하고 낙향하였고, 농민들은 전쟁이 발생할 때마다 징발당하고 세금을 징수당해 몰락이 가중되었다. 고려말의 사전개혁론은 바로 이러한 부세 및 군역체계의 파탄과 농장제로 인한 대토지사유에서 제기된 것이었다.

2. 신흥사대부의 등장과 성리학의 수용

1) 신흥사대부의 등장

신흥사대부의 등장 신흥사대부는 최씨정권기인 13세기 초에 형성되기 시작하였다. 최씨정권은 정국이 안정됨에 따라 그들의 정권을 유지하기 위해, 최우가 조정의 인재를 품평할 때 "제일 우수한 자는 학문이 높고 행정실무에 밝은 자고, 다음은 학문은 높으나 행정실무가 미숙한 자이고, 그 다음은 행정실무는 밝으나 학문이 낮은 자이며, 제일 아래는 학문과 행정실무 모두 결여된 자이다(以能文能吏爲第一 文而不能吏次之 吏而不能文又次之 文吏俱不能下)" 라고 하였듯이 학문적 교양이 높고 행정실무에 밝은 문인들(能文能吏)을 등용하게 되었다.

이에 따라 무신난 이후 연고지에 낙향한 문신들로부터 교육을 받은 학자들이 중앙 정계에 진출하여 유교적 지식이 부족한 무신정권에 대하여 학문과 행정의 능력을 보충하여 주는 관료적 학자가 되었다.

신흥사대부의 성장 신흥사대부는 무신정권기에는 그 정권적 한계와 관련되어 세력의 성장이 미미하였다. 그러나 무신정권이 붕괴된 이후에는 활발히 중앙 정계에 진출하였고, 공민왕대 이후에는 권문세족이 중심이 된 정치운영에도 불구하고 그 수가 증가되면서 세력이 크게 신장되었다.

신흥사대부는 권문세족과는 달리 가문이 한미하였고, 지방의 향리 출신이 많았다. 향리는 고려후기의 사회·경제적 변동을 겪으면서 중소지주로 성장해 있었는데, 그 자제들이 학문적 교양을 쌓고 과거를 통하여 중앙의 관리로 진출하였던 것이다. 신흥사대부는 원지배기에는 원을 통해 전래된 송대의 성리학(性理學, 주자학)을 수용하여 사상적 기반으로 삼으면서 불교계를 비판하고 배척하였다. 이와 동시에 성리학의 명분·정통론 및 개혁적 경향과 관련하여 지배세력인 권문세족의 부패·타락을 비판하면서 정치, 사회, 경제 개혁을 도모하였다. 정방의 혁파와 전제개혁을 도모하였고, 친명외교를 주장하였다. 그러나 이러한 개혁정책은 그들의 정치력과 관련되어 우왕대까지는 이론만 정립되었을 뿐 실현되지 못하였다.

2) 성리학의 수용

성리학의 수용 원지배기에 성리학이 수용되면서 고려전기의 문신귀족이 중심이 된 사장 중심의 유학이 경학과 명분·의리를 중시하는 신유학으로 변천되었다. 성리학은 송대에 등장한 새로운 유학이었다. 송대의 유학자들은 "누구라도 배우기만 하면 성인(聖人)이 될 수 있다"는 보편적 입장에서 경전을 자유로이 비판하였다. 또 그들은 선종의 영향을 받아 경전의 자구(字句) 해석 보다 유교의 정신과 철리(哲理)의 구명에 중점을 두고 유학을 철학적으로 해명하려 하였다. 이리하여 우주자연의 이법(理法)을 구하여 형이상학(形而上學)이 전개되었고, 인간의 본성을 추구하여 인성론(人性論)이 전개되었으며, 이 형이상학과 인성론에 입각하여 새로운 실천윤리가 전개되었다. 이것을 성리학 또는 주자학이라고 하였다.

성리학은 송이 멸망한 후 원에서 성행하였고, 이 원대의 성리학이 충렬왕대의 안향(安珦)에 의해 고려로 전래되었다. 당시의 신흥사대부는 권문세족의 횡포와 불교의 폐해를 비판하면서 새로운 지도이념을 모색하게 되었는데, 때마침 전래된 성리학을 수용하여 정신적 지주로 삼았다. 성리학은 전래와 함께 무신난 후 심성화(心性化)된 선종의 융성으로 그 수용의 터전이 마련되어진 까닭에 쉽게 전파될 수 있었다. 백이정(白頤正)은 안향에게서 성리학을 배웠고 다시 원에 유학하여 그 깊이를 더한 후 이제현(李齊賢)・박충좌(朴忠佐) 등에게 전하였으며, 고려말에는 이색(李穡)・이숭인(李崇仁)・정몽주(鄭夢周)・길재(吉再)・권근(權近)・정도전(鄭道傳) 등이 이를 계승하여 발전시켰다.

성리학의 보급 고려에 수용된 성리학은 송의 주자학이 원에서 한차례 걸러진 것으로 형이상학적인 측면보다도 실천적인 면이 강조되었다. 따라서 성리학이 수용된 초기에는 우주론적인 '이기론(理氣論)'에 대한 사변적인 면에는 별로 발전이 없었다. 대신 일상생활에 관계되는 실천적 기능이 강조되면서 주희(朱熹)의 『소학(小學)』과 『주자가례(朱子家禮)』가 강조・보급되어 갔다. 그러나 점차 철학적인 방향에도 관심이 경주되면서 이기론이 탐구되기 시작하였다.

이기론은 처음에는 이색이 불교의 적(寂)을 가지고 성리학에서 말하는 태극(太極)으로부터의 생성론과 『대학(大學)』・『중용(中庸)』에서의 경(敬)까지를 포괄하려고 한 것과 같이 불교철학으로 성리학체계를 이해하려는 한계를 보였다. 또 정몽주의 저술 중에도 이론적인 배불론(排佛論)이나 이학(理學)에 관한 기록이 보이지 않았다. 그러다가 정도전에 이르러 본격적인 이기철학 즉, "이는 관념적 실재요, 기는 유형적 물질이므로 우주자연은 순수한 관념적 존재도 아니요, 순수한 물질적 존재만도 아닌 양자의 통합이다"라고 전개되기에 이르렀다.

성리학의 수용은 사상계의 전환점이 되었다. 종래의 법가적이고 훈고학적인 유학에서 철학적인 유학으로 변화되었을 뿐 아니라 유·불 교체의 계기를 마련하였던 것이다. 당시까지 고려의 유교는 정치이념으로 채용되어 종교로서의 불교와 공존할 수 있었으나, 신유학이 형이상학적인 철학으로 변화함에 따라 양자는 충돌하지 않을 수 없게 되었다. 정도전 등 성리학자는 왕조개창을 주도하였고 "불교는 인륜에 어긋나는 도이다"라고 하면서 불교자체를 공박함으로써 불교에서 유교로 사상의 교체를 실현시켜 나갔다.

3. 사회경제개혁과 고려의 멸망

1) 사회경제개혁

원간섭기 원간섭기(1275, 충렬왕 1~1355, 공민왕 4)에는 일부 권문세족과 신흥사대부가 중심이 되어 국정의 문란, 농장의 확대로 인한 국용과 군역자원의 고갈을 시정하기 위한 개혁이 제기되고 추진되었다.

최초의 개혁은 1288년(충렬왕 14)에 실시되었는데, 전민변정도감(田民辨正都監)을 설치하여 권문세족이 중심이 된 특권층이 불법적으로 점탈한 백성과 토지에 대한 시정을 도모하였다. 이어 1298년(충렬왕 24, 충선왕 즉위)에는 충선왕의 왕권강화책과 관련되어 정방(政房)을 폐지하고 사림원(詞林院)을 설치하여 권문세족에 의해 만연된 불법적 토지점탈과 민호강점 등의 폐단을 두루 시장하고자 하였다. 다시 1308년(충선왕 복위), 1318·1325년(충숙왕 12), 1344(충목왕 즉위)·1347년(충목왕 3)에는 정방을 폐지하여 인사제도를 쇄신하고 과전을 회복시키거나, 권문세족이 강점한 토지와 노비를 심사하여 평민에게 돌려주고 양인으로 해방시키는 개혁이 도모되었다. 이러한 개혁 모두는 개혁추진세력이 미약하고 원·권문세족의 반대로 모두 실현되지 못하였다. 또 그 내용을 보면 원의 고려정치에 대한 영향력과 관련되어 반원적인 성격을 띠지 못하는 한계가 있었다.

공민왕대 공민왕대에는 왕의 확고한 개혁의지, 신흥사대부 세력의 성장, 원명교체로 인한 원의 영향력 약화를 계기로 본격적인 개혁이 추진되었다. 공민왕의 개혁은 원의 지배로부터 독립하고, 권문세족을 억압하여 왕권을 강화하며, 양인의 확보와 민생의 안정을 도모하는 방향으로 추진되었다.

1356년에는 기철(奇轍) 등 부원배를 제거하고 정동행성이문소를 혁파하였으며, 쌍성총관부를 공격해서 철령 이북 땅을 회복하였다. 명의 연호를 사용하고, 명에 사신을 파견하였다. 원의 간섭으로 변개되었던 첨의부와 4사 등을 2성과 6부 등의 문종대 구관제로 복구하고, 권문세족의 관직독점을 폐지하였다.

특히 1365(공민왕 14)~1370년(공민왕 19)에는 승려 신돈(辛旽)을 섭정(삼중대광영도첨의국사)에 등용하여 권신을 제거하고 왕권을 강화하면서 전민과 관련된 폐단의 개혁을 도모하였다. 최영(崔瑩) 등 무장세력과 이공수(李公遂)·경천흥(慶千興)·이수산(李壽山) 등 권문세족을 축출하고, 이색(李穡)·김구용(金九容)·정몽주(鄭夢周)·박상충(朴尙衷) 등 문벌이 낮은 사대부를 등용하였으며, 성균관을 재정비하고 과거 과목을 사장 중심에서 경학 중심으로 바꾸는 등 유학의 성격을 혁신하였다. 또 전민변정도감을 설치하여 권문세족이 소유한 토지와 노비 중 농민 등에게서 빼앗은 토지는 원래 주인에게 돌려주고 양민이 되고자 호소하는 자를 모두 해방시켜 주었다. 공민왕대의 개혁은 처음에는 어느 정도 성과가 있었다. 그러나 권문세족의 강력하고도 집요한 반발이 계속되고, 원·명 양국의 간섭과 홍건적·왜구의 침입으로 정치가 혼란하였으며, 결정적으로는 신돈이 실각되고 무장세력 · 권문세족이 재등장하는 가운데 왕이 시해되면서 좌절되었다.

공양왕대 공양왕대에는 조준 등 개혁파가 정치 · 군사적 실권을 장악한 이성계의 지원하에 추진하였고, 과전법을 공포하여 사전을 혁파하면서 종결지었다.

공양왕대의 개혁은 조준(趙浚)이 1388년(우왕 14)에 상소를 올려 사전개혁을 주장하면서 시작되었다. 이 때에는 위화도회군으로 이성계가 집권하고 개혁을 적극적으로 지지하였음에도 불구하고 시중 이색 등 보수파의 반대로 좌절되었다. 이 개혁은 1389년(공양왕 1) 개혁파에 의하여 권문세족이 대대적으로 숙청되고 이성계의 실권이 강화되며, 창왕이 축출되고 공양왕이 옹립되면서 실천에 옮겨졌다. 먼저 전국의 토지를 다시 측량하여 1390년에 완료하고 종래의 공사전적을 모두 태워버렸으며, 이듬해에 새 토지제도인 과전법(科田法)을 공포하여 개혁을 종결하였다.

과전법이 시행됨으로써 종래 권문세족이 강점한 사전이 혁파되고 국가 지배의 공전이 증가하였으며, 이를 기반으로 국용과 군수가 확보됨은 물론 농민 등의 생활이 안정되기 시작하였다. 그러나 과전법은 정도전(鄭道傳)이 『조선경국전(朝鮮經國典)』에서 "국가의 모든 토지를 국가에 귀속시켜 농민에게 토지를 지급(計民受田)함으로써 옛날의 토지제도를 복구하려 하였으나, 구가세족의 비난과 방해로 말미암아 백성이 지치(至治)의 은택을 입지 못한 것이 한탄스럽다"라고 술회하였음과 같이 경작농민에게 토지를 지급하려는 처음의 계획은 실현되지 못하였다.

2) 고려의 멸망

위화도회군과 이성계의 집권 명은 1368년(공민왕 17)에 원을 몽골고원으로 구축하며 건국하였고, 원은 몽골에서 북원으로 지속되었다. 명과 고려는 공민왕대는 수교와 함께 우호관계를 유지하였다. 그러나 명은 우왕대에 친원파가 집권하자 고려가 북원과 접근하는 것으로 의심하였고, 또 본격적인 요동진출과 함께 1388년(우왕 14) 고려에 "철령위(鐵嶺衛)를 설치하고 원의 쌍성총관부 관할지역을 편입하여 직할한다" 고 통고함에 따라 관계가 악화되었다. 이를 두고 우왕과 시중 최영(崔瑩) 등이 분개하여 요동정벌군을 일으켜 이를 타개하고자 하였다. 이리하여 팔도도통사 최영, 좌군도통사 조민수, 우군도통사 이성계 지휘하의 요동정벌군이 출동하게 되었다.

이성계는 1361년(공민왕 10) 부직을 습직하여 금오위상장군 겸동북면상만호가 되었으며, 이후 1387년(우왕 13)까지 원・홍건적・왜구・여진의 침입 등과 관련된 대소 수 십 회의 전투에 참여하여 큰 공을 세우면서 밀직부사, 지문하성사 겸동북면원수, 양광전라경상도순찰사, 문하찬성사 겸동북면도지휘사를 역임하고 문하찬성사 겸동북면도원수가 되었다. 1388년(우왕 14) 수문하시중이 되었고, 이어 요통정벌군 우군도통사가 되었다. 이성계는 요동정벌에 대해 전쟁할 형편이 되지 못함을 들어 그 불가함을 역설하였지만, 최영의 강요로 부득이 출정하였다. 그리하여 위화도까지 출진하기는 하나 장마 등으로 요동진공이 불가하자 이를 들어 회군을 요청하였고, 정부가 이를 거부하자 좌군도통사 조민수를 설득하여 회군을 단행하고 집권하였다.

고려의 멸망 조준 등 개혁파는 사전개혁의 실시와 함께 권문세족을 축출하고 고려왕실을 고립시킨 후 고려를 멸망시키고 조선을 개창하였다.

개혁파는 위화도회군과 함께 최영을 제거하고 우왕을 폐위시키고 창왕을 옹립하였다. 창왕대에는 조민수·이색의 견제를 받았으나, 곧 '김저(金佇)·변안열(邊安烈)옥사'를 일으켜 김저·변안렬 등을 거세하였다. 이어 "가짜 왕씨를 폐하고 진짜 왕씨를 세워야한다(廢假立眞)"는 이유를 내세워 창왕을 폐위하고 공양왕을 옹립한 뒤 우왕·창왕을 사사하고 조민수·이색 등을 유배시키는 등 왕권을 고립시키고 정치·군사권을 강화하였다. 1390년(공양왕 2) 이후에는 '윤이(尹彝)·이초(李初)사건' 과 '김종연(金宗衍)사건'을 계기로 자신과 개혁파의 정책에 반대하는 변안렬·이색 등과 심덕부·지용기·박위 등 수십명의 문·무신을 제거하면서 정권과 군권을 독점하였다. 최종적으로 고려에 충성하던 정몽주를 살해하고 그를 지지한 대간을 거세한 뒤에 공양왕을 퇴위시키고 이성계를 추대하면서 왕조 개창을 마무리하였다.

제4절 귀족문화의 융성과 변천

1. 불교

1) 불교의 융성과 전개

교종의 융성과 천태종의 개창 고려 초에는 통일기 이래로 성행한 교종과 선종이 계승되면서 불교계를 주도하였다. 성종대로부터 의종대에는 귀족사회의 융성, 왕실 및 귀족의 취향과 관련되어 교종계의 화엄종과 법상종이 융성하였고, 천태종이 개창되었다.

개국 이래로 오월에 천태학을 전해주고 중국 천태종 제13조가 된 의통(義通)과 『천태사교의(天台四敎義)』를 저술한 체관(諦觀), 광종대에 불교계를 지도한 균여(均如), 왕자로서 출가하고 천태종을 개창하여 교종과 선종 교단을 통합한 대각국사 의천(大覺國師 義天) 등이 연이어 배출되었다. 문종의 왕자인 의천과 이자연의 아들인 소현(昭顯) 등이 출가하고 교단을 지배하면서 불교의 위상이 크게 높아졌다. 이러한 숭불과 관련되어 국가 주도하의 개태사, 귀법사, 현화사, 흥왕사, 국청사 등의 거대한 사찰이 창건되었으며, 국가적인 연등회・팔관회・석탄일과 인왕백고좌회 등이 개최되고 사경이 행해졌다.

불교교단은 국가・왕실・귀족 등이 많은 토지, 노비, 재물을 기증함에 따라 거대한 부를 축적하고 많은 노비를 소유하였다. 이러한 부를 지키기 위하여 승병을 양성하는가 하면, 그 재력과 승군을 기반으로 왕실・귀족과 유대하면서 중앙정치에도 큰 영향력을 발휘하였다. 왕실과 귀족들도 이러한 불교교단을 지배하면서 세력기반으로 삼았고, 불교교단도 그 교세의 유지와 확대를 위하여 그들과 결탁하였다. 이러한 상황에서 왕실과 경원이씨는 불교계를 양분한 화엄종이나 법상종과 밀착되었다. 의천은 화엄종을 이끌고 불교계를 주도하면서 왕실을 후원하였고, 법화경 등의 '회삼귀일사상(會三歸一思想)'과 '일심삼관(一心三觀)'의 '교관겸수(敎觀兼修)'를 고양하면서 모든 불교사상을 천태에 포섭・융합하여 고려 천태종을 개창하였다.

신앙결사와 선종의 융성 고려 후기 불교계는 신앙결사운동이 전개되고 이를 토대로 전개된 수선(修禪)을 위주로 한 선종이 융성하였다. 무신난 후 불교계에서는 선종이 중심이 된 신앙결사운동이 전개되는 새로운 움직임이 일어났다. 무신이 집권하면서 당시까지 문신귀족과 밀착되어 불교계를 주도하였던 화엄종・법상종 등 교종이 쇠퇴하고,

보수적인 경향이 강화된 개경 중심 불교의 타락과 모순을 비판하는 수선결사(修禪結社, 曹溪宗)와 백련결사(白蓮結社, 天台宗)가 전개되고 융성하였다.

수선결사는 지눌(知訥)이 1182년(명종 2) 승과에 합격한 후 불교계의 타락상을 비판하면서 동지 십여명과 함께 명리를 버리고 산간에 은거하여 결사를 맺으면서 시작되었다. 그 뒤 지눌은 각지를 유력하면서 '정혜쌍수(定慧雙修)'에 힘썼고, 1190년 거조사(居祖寺)에서 '돈오점수(頓悟漸修)'를 내세우고 정혜결사문(定慧結社文)을 반포함으로써 정혜결사 - 선종과 교종이 조화된 고려 조계종(曹溪宗)이 개창되었다. 그 후 1200년(신종 3)에 그 근거지를 순천 송광산(松廣山) 길상사(吉祥寺)로 옮겼고, 1204년에 집정 최충헌의 후원을 받으면서 그 명칭을 수선사로 고쳤다. 수선사는 불교계의 세속화 등 모순과 폐단을 자각하고 이를 실천함으로써 불교정화에 크게 공헌하였다. 또 불교의 궁극적 세계관을 선사상(禪思想)에서 찾고, 대다수 민중들의 신앙이 정토신앙임을 인식하고서 이를 수용하였다. 이에 따라 불교계는 물론 독서층과 향리층에게 참신한 인상을 주고 민중의 광범한 호응을 받을 수 있었다. 또한 이를 토대로 불교개편을 모색하던 최우와 결합하게 되고, 진각국사 혜심(眞覺國師 惠諶) 때에는 불교교단을 통괄하는 위치로까지 발전하게 되었으며, 이후 고려말까지 16국사를 배출하면서 불교계를 지도하였다.

백련결사는 요세(了世)가 1198년(명종 28)에 천태종의 분위기에 실망하고 동지 십여명과 영동산(靈洞山) 장연사(長淵寺)에서 결사를 맺으면서 출발되었다. 요세는 지눌에 의해 수선(修禪)에 대한 체험을 하기도 하였다. 그러나 1208년(희종 4) 영암의 약사암(藥師庵)에서 '천태묘의

(天台妙義)'의 중요성을 깨닫고 수선 이전의 '천태교관(天台敎觀)'으로 방향을 전환했으며, 실천방향을 '수참(修懺)'과 '미타정토(彌陀淨土)'로 인식하고, 그 근거를 법화경(法華經)에서 찾았다. 이어 1216년(고종 3)에 강진 토호들의 지원하에 만덕산(萬德山)으로 근거지를 옮겨 본격적인 결사활동을 전개하여 의천의 천태종을 부흥시켰다. 백련사는 처음에는 지방의 토호층과 이들을 지지한 백성들이 중심이 되었으나, 최우 집권기에는 최우 이하 관인의 후원을 받으면서 융성하였다.

2) 대장경의 조판

초조대장경과 속장경 대장경은 부처의 가르침을 집대성한 삼장(三藏, 經 · 律 · 論)의 경전을 총칭하는 말이다. 대장경은 왕실 이하 국민의 숭불과 높은 불교수준이 외적의 침입을 불력으로 격퇴하려는 염원에 따라 3차례에 걸쳐 조판되었는데, 최초의 것이 초조대장경이고, 다음이 속장경이며, 마지막이 팔만대장경이다.

초조대장경은 거란의 침입을 불력으로 격퇴한다는 취지아래 1011년(현종 2)경으로부터 1087년(선종 4)까지에 걸쳐 6,000여권으로 간행되었다. 이 장경은 부인사(대구 팔공산)에 보관되었다가 1232년(고종 19) 몽골군에 의해 소실되었다.

속장경은 의천의 주도하에 문종말로부터 20여 년간에 걸쳐 수집한 국내와 당 · 송 · 요 · 일본의 불경과 불교관계 논소를 두루 모아 1090년(선종 7)에 먼저 1,010부 4,700여권의 저술을 수록한 목록(신편제종교장총록)을 만들었다. 이어 1091년(선종 8)부터 1101년(숙종 6)에 걸쳐 이 목록에 따라 장경을 간행하였다. 속장경에는 교종을 중심한 불교교단 통합과 관련되어 교종계의 장경이 중심이 되기는 하였으나, 당 ·

송·요의 장경뿐만 아니라 원효 등 신라 고승들의 저술도 수록되어 있어 그 의의가 크다. 이 장경은 개경의 흥왕사에 소장되었다가 1232년 몽골의 침입 때 소실되었다.

팔만대장경 팔만대장경(재조대장경)은 몽골의 침입을 불력으로 격퇴하기 위하여 집정인 최우·최항의 적극적인 지지와 수기(守其) 등의 주관하에 1236년(고종 23)~1251년(고종 38)에 걸쳐 강화도 선원사에 설치된 대장도감과 남해현에 설치된 분사대장도감에서 구고려본·송본·거란본 대장경을 면밀하게 비교·검토하면서 1,500여종 6,800여권 81,000여 경판으로 조성되었다. 팔만대장경은 그 양이 방대하기도 하였지만, 그 수준이 매우 높으면서, 오자나 탈자가 없고 자체가 아름답고 정교하며, 그 견실한 판목 등에서 당시는 물론 현재까지 가장 우수한 장경으로 평가되고 있다. 이 대장경은 조선 태조초까지는 강화도 선원사 대장경판당에 보관되었고, 1397년(태조 6)~1400년(정종 2) 서울을 거쳐 합천의 해인사경판고에 옮겨진 후 현재까지 완본으로 보존되고 있다.

2. 유학과 교육·과거

1) 유학

사장학의 성행 고려 전기의 유학은 통일기신라이래 한·당의 법가적인 훈고학이 계승된 것이었다. 이 유학이 정치이념이 되고, 귀족정치의 성행에 따라 유학이 숭상되고 문풍이 진작되었으며, 경학이 시·문과 함께 과거과목이 됨에 따라 융성하게 되었다.

광종대에는 유학이 과거과목이 됨으로서 경외에 유학이 널리 퍼지기 시작하였다. 성종대에는 유학이 정치이념으로 정착되었고, 지방의 자제를 서울로 불러올리거나 학관을 12목에 파견하여 지방자제를 교육시킴에 따라 유학발전의 토대가 마련되었다. 유학은 현종대로부터 문종대까지는 숭불과 숭무로 인해 침체되기도 하였다. 그러나 문종대 이후에는 사학이 융성되면서 유학이 부흥되고, 사학의 융성으로 침체된 관학을 진흥시키기 위한 노력이 병행되면서 크게 성행하였다.

고려가 유교를 정치이념으로 채용함으로써 신라와는 달리 종교적 관념에서 벗어나 새로이 지적이고 합리적인 사상체계로 성립되었고, 귀족사회의 발달과 함께 귀족문화의 중심을 이루면서 융성하였다. 그러나 그 기풍에 있어서는 유학자들이 사장(시 · 문)이 중심이 된 과거제 운영, 사교 등을 위한 시 · 문에 치중하였기에 경학(사상)면에서는 깊이 있는 연구가 행해지지 못하였다. 이에서 고려의 유학은 사장 · 훈고학에 치중된 한계를 면할 수 없었고, 동시에 유교가 현실생활이 중심이 되었기에 정신생활을 지배하는 불교가 유교와 융화되면서 숭신될 수 있었다. 특히 중기 이후에는 귀족사회가 난숙함에 따라 유학은 시 · 문을 주로 한 귀족취향의 보수적이고, 극단적인 숭문경향을 보이게 되면서 고려후기사회가 전개되는 중요한 배경이 되었다.

2) 교육과 과거

관학의 정비와 사학의 융성 고려중기에는 숭불로 인한 관학의 쇠퇴에 따라 사학이 개설되었고, 이 사학이 그 출신이 문과급제를 독점하고 귀족사회를 뒷받침하게 되면서 융성하였으며, 이러한 기풍이 고려말까지 계승되었다.

사학은 문종대에 문하시중을 역임하고 퇴직한 최충(崔沖)이 개경에 학교를 세워 후진을 교육하면서 비롯되었고, 이후 저명한 관인이나 학자가 학교를 세움에 따라 융성하면서 교육을 주도하게 되었다. 개성에는 최충이 개설한 문헌공도를 필두로 12공도로 통칭된 홍문공도(설립자 문하시중 정배걸), 광헌공도(참지정사 노단), 남산도(성균제주 김상빈), 서원도(복야 김무체), 문충공도(시랑 은정), 양신공도(평장사 김의진), 정경공도(평장 황영), 충평공도(유감), 정헌공도(시중 문정), 서시랑도(시랑 서석), 귀산도(설립자 미상)가 번창하였다.

사학에서는 최충이 중용에 중심을 둔 악성·대중·성명·경업·조도·솔성·진덕·대화·대빙제의 9전공으로 나누고 급제한 선배로 하여금 과거과목을 중심으로 교육하였듯이, 전공을 나누고 급제한 선배가 후배를 가르쳤다. 이러한 과업중심 교육으로 사학출신이 대거 과거에 급제하였고, 그 결과로 사학에 "학도가 분집하였고, 가항에 가득찼다"라고 하였고, 학벌로 문벌귀족이 된 해주최씨의 자손을 두고 "수십명이 재상이 되었다"라고 하였듯이 사학이 융성되면서 귀족사회를 발달하게 하였다.

또 국왕의 주도로 관학진흥책이 실시되었다. 선종은 국학을 수리하고 문묘를 쇄신하였고, 숙종은 국자감에 서적포를 설치하고 각종 서적을 간행·보급하였다. 예종은 국학에 여택·대빙·경덕·구인·복응·양정·강예의 7재를 두고 교육하였고, 양현고를 두어 관학의 경비에 충당시켰다. 인종은 중앙의 국자감을 국자학·태학·사문학과 율·서·산학의 6학으로 정비하고 외방의 향학을 정비하였다. 충렬·충선왕은 관학진흥책을 마련하여 실시하였다. 공민왕은 성균관을 재정비하였고, 과거시험을 사장 중심에서 경학 중심으로 전환하여 유학의 성격 혁신을 도모하였다.

과거 과거는 유교경전 등으로 시험을 보아 문관 엘리트와 기술관을 등용하는 제도이다. 과거는 958년(광종 9)에 후주의 귀화인 쌍기(雙冀)의 건의에 따라 실시되었고, 이후 고려말까지 계승되면서 음서와 함께 귀족사회를 유지하고 융성시키는 토대가 되었다.

과거에는 문관을 뽑는 문과, 기술관을 뽑는 잡과, 승관을 뽑는 승과가 있었다. 문과에는 한문학으로 시험 보는 제술과와 유교경전으로 시험 보는 명경과가 있었는데, 1차(향시, 상공, 빈공) → 2차(재시, 회시, 국자감시) → 3차(예부시)를 거쳐 선발되었다. 고려일대를 통해 확인된 문과급제자가 제술과가 6,000여 명이고 진사과가 450여 명이었듯이 귀족들의 교양과 관련된 명경과가 중심이 되었다. 문과에는 평민 이상이 응시할 수 있었으나(천민 · 승려 제외) 그 수준과 관련되어 양반이 독점하였다. 잡과에는 의학, 천문, 음양, 지리로 각각 시험 보는 의학과, 천문과, 음양과, 지리과가 있었으며, 양인 이상이 응시할 수 있었다. 승과에는 화엄경(華嚴經), 전등록(傳燈錄)으로 각각 시험 보는 교종시와 선종시가 있었다.

3. 역사학과 과학기술 · 미술

1) 역사학

『삼국사기』와 『삼국유사』 『삼국사기』와 『삼국유사』는 고려시대에 편찬된 대표적인 사서이고 삼국사연구의 기본이 되는 자료이다.

『삼국사기』는 1145년(인종 23)에 김부식 등이 왕명을 받고 "유교적인 왕도정치를 구현하고, 왕통의 정통성을 확립 및 왕권의 위엄을 천명하며, 자아의식과 국가관을 고양할 의도에서" 고려초에 편찬된 『구삼국사기』 등의 사료를 참고하면서 고구려, 백제, 신라의 역사를 정리한 사서이다. 전통적인 중국 정사의 편찬 방침에 따라 본기, 열전, 지의 기전체로 편찬되었다. 당시의 숭문경향과 유교적인 분위기, 신라의식의 고양과 함께 유교사관과 신라사가 중심이 되었다. 고구려, 백제, 신라의 역사를 연구하는 가장 중심이 되는 사료이다. 이규보가 『동명왕편』 서에서 "동명왕의 사적이 지나치게 간단해서 후세의 교훈이 될 수 없다" 고 한 이래로, 권근이 "사실이 중복되고, 방언·리어(俚語)가 섞여 있어 선정과 가모는 전해질 수 없으며, 춘추필법에 어긋난다" 고 하면서 비판이 본격화되었다. 이후 현재까지 많은 학자가 그 내용을 두고 비판적이거나 긍정적으로 평가하고 있다.

『삼국유사』는 1281년(충렬왕 7)경 일연과 그 제자가 불교사적인 입장에서 삼국의 역사를 정리한 역사서이다. 13세기 말 민족적 모순이 극대화되었을 때 당시 불교계를 통솔하던 불교지식인 들의 역사의식이 반영되어 있다. 『삼국사기』에서 "믿을 수 없다"고 하면서 수록하지 아니한 단군신화 등 신이 기사, 향가 등이 수록되어 『삼국사기』를 보완하고 있다.

역대 실록·기타 역대실록은 왕이 죽은 뒤에 춘추관에서 주관하여 편년체로 편찬한 각 왕대의 종합적인 역사서이다. 실록은 태조 사후부터 편찬되었고, 이후 역대로 계승되면서 편찬되었다. 태조~현종대의 7대실록은 1013년(현종 4) 최항 등이 1009년(목종 12) 거란의 개경 함락시에 소실된 태조~경종의 실록을 수찬하면서 시작되었고, 1034년(덕종 3)에 황주량 등에 의해 태조~현종의 실록이 복구되었다. 이후 고려말까지 역대로 실록이 편찬되었다. 1307년(충렬왕 33)에는 원의 요구로 태조 이래 당시까지 편찬된 선대실록(185책)이 원에 보내졌다가 1312년(충선왕 4)에 돌려받았다. 현재 이연종(李衍宗)·백문보(白文寶) 등의 사론이 『고려사』 충숙왕·충혜왕세가에 전해진다.

그 외에 고려일대에 편찬된 주요 사서에는 『가락국기』(문종대, 김양감), 『고금록』(숙종 1, 박인량), 『편년통재』(예종 11년 이전, 찬자불명), 『편년통록』(의종대, 김관의), 『동명왕편』(명종 23, 이규보), 『해동고승전』(고종 2, 각훈), 『수이전』(충렬왕 10, 박인량), 『제왕운기』(충렬왕 13, 이승휴), 『본조편년강목』(충숙왕 4, 민지) 등이 있다.

2) 과학기술과 미술

과학기술 고려시대에는 과학이 천시되었다. 그러나 현실생활, 유교적인 정치관, 원을 통한 선진 이슬람 과학문명의 전래, 왜구방어 등과 관련되어 고려후기에는 과학기술이 발달되고 실용화되면서 민생에 크게 기여하였다. 천문・역법・의학이 발달하였고, 화약・인쇄술이 개발되어 실용화 되었다.

천문・역법・의학은 국초 이래로 잡학에 포함되어 교육되고, 그 교육자는 잡과를 통하여 기술관청에 제수되면서 육성되었다. 천문은 유교적인 천인감응설과 관련된 천문관측・성점(星占)과 관련되어 고려일대를 통해 운영되고 계승되었다. 역법은 천문관측을 토대로 계산되기도 하나 고려 말까지도 독자적인 역법을 만들지 못하고, 사신이 중국에서 받아온 역법 즉, 원의 수시력과 명의 대통력이 그대로 사용되었다. 의학은 궁중을 중심으로 발전하여 평민에게 전파되었다. 의서로 김영석(金永錫)이 편찬한 『제중입효방(濟衆立效方)』, 최종준(崔宗峻)의 『신집어의촬요방(新集御醫撮要方)』・『향약구급방(鄉藥救急方)』, 『삼화자약방문(三和子藥房文)』이 간행되었다. 이 중 『향약구급방』은 약재의 국산화가 도모되면서 조선시대 의학발전의 토대가 되었다.

화약은 중국에서는 원대에 발명되어 실용화되었다. 고려는 공민왕

때에 화약과 화포가 전래되었지만, 원·명이 화약의 제조법을 비밀로 한 까닭에 이를 제작하여 사용할 수 없었다. 한편 당시의 고려에서는 왜구의 창궐 등으로 화약과 화포의 제작이 시급하게 요청되었다. 이러한 상황에서 우왕 때에 오랜 동안 화약을 연구해오던 최무선(崔茂宣)이 중국인 이원(李元)으로부터 염초자취술을 배워서 화약의 제조에 성공하였다. 이어 1377년(우왕 3) 화통도감을 설치하고, 화약과 화포 등을 대량으로 제작하여 실용화하였으며, 1380년(우왕 6)과 1381년(우왕 7)에 진포와 진도에서 왜선을 격멸하는 등 왜구퇴치에 크게 기여하였다.

고려시대에는 통일기 신라의 목판인쇄술을 계승하고 송의 활판인쇄를 받아들여 금속활자를 개발하고 각종 목판본과 서적을 인쇄하여 반포하였다. 국가적 사업으로 조성한 대장경 등 각종 불경을 판각하여 인쇄하였고, 유교경적 및 시문집을 간행하였다. 고려후기에는 신라 이래의 목판을 개량한 목활자, 북송의 필승(畢昇)이 1041년(송 인종 20, 고려 정종 7)~1048년(송 인종 27, 고려 문종 2)에 고안해 낸 교니(膠泥)활자를 개량한 금속활자가 개발되어 실용되었다. 금속활자는 서적을 대량으로 간행할 수 있었기 때문에 문화의 창달을 촉진하였다. 최초의 금속활자본은 1234년(고종 21)에 최윤의가 편찬한 『고금상정예문(古今詳定禮文)』이지만, 현존 최고본은 1377년(우왕 3)에 간행되어 프랑스 국립박물관에 소장되어 있는 『직지심체요절(直指心體要節)』이다.

미술 고려시대에는 귀족사회의 발달, 불교의 융성과 함께 자기·서화·금속공예 등이 발달하였고, 웅장하고 화려한 석탑·불상이 많이 조성되었다.

자기는 초기에는 신라의 토기·도기의 토대 위에서 중국의 영향을 받아 자질의 그릇을 생산하였고, 뒤에는 귀족사회의 발달 및 기법의 개발과 함께 순청자와 상감청자를 생산하였다. 11세기~12세기 초에는 순청자가 주류가 되었고, 12세기 중엽에 상감기법이 개발되면서는 상감청자가 주류가 되고 이후 100여년에 걸쳐 왕실·귀족의 애용을 받으면서 다양하고 질 높은 제품이 많이 생산되었다. 청자는 그 색깔이 은은하고 수법이 뛰어나 송의 서긍(徐兢)이 "고려인들은 도기의 색이 푸른 것을 비색(翡色)이라고 하는데, 근년 이래로 만드는 기술이 매우 발달했고 색깔도 더욱 좋아졌다"라고 하였듯이 중국에까지 명성을 떨쳤다. 그러나 고려를 대표한 도자는 곧이어 등장한 상감청자였다.

석탑과 불상은 고려전기에는 신라시대에 비해 기법이 퇴화되었지만 왕실·귀족의 숭불과 교종의 융성에 따라 불일사 5층탑·현화사 7층석탑·보현사 13층탑과 흥법사 진공대사탑·고달사 원종국사혜진탑·법천사 지광국사현묘탑, 관촉사 미륵불· 부석사 아미타소조여래좌상 등이 조성되었다. 고려후기에는 선종의 융성과 원의 영향에 따라 불상의 조성은 쇠퇴하였지만 뛰어난 부도탑과 화려한 다각다층탑이 많이 조성되었다. 부도탑에는 보경사 원진국사부도, 인각사 보각국사탑, 영전사지 보제존자사리탑, 신륵사 보제존자석종 등이 있고, 석탑에는 경천사 10층석탑, 원광사지 6각7층석탑, 운주사 원형다층석탑, 월정사 8각9층석탑 등이 있다.

제5절 조선의 양반지배체제의 성립

1. 양반관료제의 성립

고려후기에는 각종의 중앙기구와 지방제를 정비하면서 종전보다 많은 관료가 필요하였다. 생산력 수준이 높아지면서 지주층이 확대되고 있으며 성균관과 같은 유학교육기관이 부흥되면서 신흥사대부들이 진출할 터가 닦아졌다. 그 결과 고려사회의 지배층과 양인층 전체의 재편성이 이루어졌다. 또한 원간섭기를 거치면서 천계(賤系) 출신이 관료로 나아가는 등 정치참여층이 변화하고 있었다. 아울러 도평의사사(都評議使司) 체제는 관료 내부에서나마 정치의사 결정자의 폭을 넓히는 것이어서 정치운영방식의 변화를 예고하는 것이었다. 지배층인 양반의 정치 참여가 확대되어 관료제를 운영하게 된 것이 조선국가의 정치체제의 한 특징이었다.

조선국가의 중앙집권적 정치체제는 중앙의 각종의 관서(官署)와 지방의 군현을 맡는 관료들이 새롭게 설정된 관계(官階) 안에 배치되면서 운영되었다. 특히 관료는 문무양반이 중심이었다.

1) 관료제의 정비와 운영

관서의 설치 조선초기에는 정치기구 역시 고려의 것을 답습하였는데 점차 제도를 정비하여 조선 나름대로의 지배체제를 갖추어 갔다. 처음에는 국가의 공식 법전을 마련하지 못하여 1394년부터는 정도전(鄭道傳)이 지은 『조선경국전(朝鮮經國典)』을, 1397년 이후에는 『경제육전 (經濟六典)』을 법전으로 삼았다.

건국 직후의 정치는 개국공신들이 장악하고 있는 도평의사사를 중심으로 행하여졌다. 1394년에 의흥삼군부(義興三軍府)를 설치하여 군정을 맡도록 하고 도평의사사는 정무만을 보도록 하였다. 이것은 사병적(私兵的)인 성격을 띤 중앙군과 지방군을 일원적인 공적 지휘체계 아래에 두려 한 것일 뿐만 아니라 점차 관서를 설치하면서 권력과 업무를 나누어 맡게 되는 것을 의미하였다.

1400년(定宗2)에 도평의사사를 혁파하고 의정부(議政府)를 두어 최고의 정치기관으로 삼았다. 태종 초기에는 육조로 하여금 문무의 인사권 및 재정권을 관장토록 하여 의정부와 함께 중요한 정치기구가 되었다. 이렇게 육조의 권한을 넓힌 것은 의정부서사제(議政府署事制)에 바탕을 둔 의정부의 권한을 약화시키면서 군주의 권한을 강화하려는 이유에서였다. 1414년(태종14)에는 육조직계제(六曹直啓制)를 시행하였다. 1436년(세종18)에는 의정부의 권한이 어느 정도 회복되었으나 육조에서는 인사・군사・재판문제를 여전히 직계할 수 있었다. 세조 때에는 왕권강화의 하나로 더욱 육조직계제를 강력하게 운영하였다. 이러한 관료제 운영의 틀은 커다란 변동 없이 유지되었다.

세조대에 편찬되기 시작하여 1485년(성종 16)에 완성된 『경국대전(經國大典)』에는 조선 초기 이래의 통치규범을 정리하여 규정하였다. 군주를 정점으로 하여 의정부는 모든 정무를 의결하고, 육조에서는 모든 국정을 나누어 집행토록 하였으며 그 육조 아래에 실무를 보는 여러 기구를 나누어 소속시켰다. 예를 들어 이조(吏曹)의 내수사(內需司), 호조(戶曹)의 사섬시(司贍寺), 예조(禮曹)의 교서관(校書館), 소격서(昭格署) 그리고 형조(刑曹)의 장예원(掌隸院)과 같은 것이 있었다.

왕명출납기구인 승정원(承政院), 국가의 안위와 관련된 업무를 맡는 의금부(義禁府), 관리에 대한 규찰업무를 맡는 사헌부(司憲府), 군주에 대한 간쟁을 맡는 사간원(司諫院), 군주의 학문적 자문기구 구실을 하는 홍문관(弘文館)과 같은 중요한 기구가 함께 짜여졌다. 사헌부・사간원・홍문관을 삼사(三司)라 하였다. 이 밖에 문예기구로 예문관(藝文館), 춘추관(春秋館), 성균관(成均館), 경연(經筵)이 있었다. 경연은 운영과정에서 정치기구로서의 성격을 띠기도 하였다. 예우기관으로 종친부(宗親府)가 있었으며 그밖에 내명부(內命婦), 내시부(內侍府)가 있었다.

관계와 관직 관료는 문무반으로 나누어 편성하였다. 관료의 품계는 정1품에서 종9품까지 18등급으로 이루어졌으며, 6품 이상은 등급마다 각각 상하계의 구분이 있었다. 양인의 사환권(仕宦權)을 인정하는 양천제 위에서 신분계층의 차이를 반영하는 방향으로 산계(散階)가 정비되었다. 선초에 종친계(宗親階), 의빈계(儀賓階), 문산계(文散階), 무산계(武散階), 잡직계(雜職階) 등으로 나뉘어 문무반이 편성되었고 이 관계를 정리함으로 관직을 정리할 수 있었다. 문반은 중앙과 지방의 정치 행정을 맡고, 무반은 군사 행정을 맡고, 잡직은 중앙 행정기관의 전문 기술과 관련된 일을 맡았다.

관직을 보면 동반(東班)에는 정1품-종9품의 관직, 서반(西班)에는 정3품-종9품의 관직을, 잡직에는 7품 이하의 관직을 두었다. 관계와 관직은 지배층을 편제하는 방법이며 도구인 셈이고 이것을 뒷받침해주는 것이 과전법이었다.

조선국가에서 가장 넓게 쓰인 관료충원 방식은 과거제이었다. 반역죄인이나 탐관오리의 아들, 재가한 여자의 자손, 서얼 이외의 양인은 누구나 응시할 수 있었다. 과거 시험에는 문과・무과・잡과 등이 있었는데 문과에는 생원진사(生員進士) 시험인 소과(小科)와 최종 33인을 뽑는 식년문과(式年文科)인 대과(大科)가 있었다. 그리고 음서(蔭敍), 취재(取才), 유일천거제(遺逸薦擧制) 등이 함께 시행되었다. 관료가 되려면 기술직이나 낮은 관직이라 하여도 『소학 (小學)』과 같은 유학서를 시험보아야 했다. 관직은 겸임할 수 있어서 권력의 집중 가능성은 열려 있었다. 혈연이나 기술을 기준으로 관품을 제한하는 한품서용제(限品敍用制)와 대가제(代加制)가 운용되어 조선사회에는 여전히 혈연에 터를 둔 사회운영원리가 적용되고 있음을 알 수 있다.

2) 지방통치체제의 정비

행정조직 군현(郡縣)은 중앙에서 직접 관리를 파견한 가장 기본적인 행정단위였다. 군현별로 전세(田稅)의 징수가 제대로 되는지 파악되었고, 총액제(摠額制)의 군역이나 공물(貢物)은 군현을 단위로 그 부담액이 매겨지고 수령을 통하여 책임지고 거두어 바쳤다.

팔도체제와 함께 군현제도를 대폭 정비하기 시작하여 태종 연간에 대체적인 지방통치체제의 뼈대를 갖추게 되었다. 군현의 등급을 조정하고, 군현을 병합하거나 분리하여 관할 영역을 조정하고, 새롭게 지방관을 파견하는 군현을 만들기도 했다. 아울러 종전의 속현 그리고 향·소·부곡을 군현제 안에 정비하였다. 그에 따라서 조선의 지방통치체제는 관찰사-수령에 이어지는 행정체계를 갖추게 되었다.

고려의 복합적 체계이었던 군현제를 하나의 통일된 체계로 묶었으며 면리제를 점차 시행하여 군현의 하부조직을 강화했다. 평양(平壤), 개성(開城), 한성부(漢城府) 등에는 부방제(部坊制)를 두고 각 군현에는 면리제(面里制)가 있었다. 부방제는 도시지역을 4부(四部) 혹은 5부(五部)로 나누고 그 밑에 방(坊)을 두고 방 아래에는 리(里) 혹은 동(洞)을 두는 것이다. 면리제는 군현 지역을 크게는 면으로 그리고 그 밑에는 리(里)로 나누어 각각 면임(面任)과 이정(里正)을 두었다. 부방제나 면리제는 주민의 거주를 안정시키고 주민의 수효를 일정하게 유지하며 그를 기반으로 하여 부세(賦稅)를 정하고 역(役)을 부과하는데 필요한 제도이었다.

인적 조직 수령은 향리를 거느리고 고을 양반들의 협조를 얻어 군현민을 다스렸다. 수령은 농업생산을 장려하고 인구를 안정시키며 군정(軍政)에 힘쓰고 부역을 공평히 집행해야 했다. 아울러 소송을 간결하게 처리하고 교활한 자들이 군현통치를 그르치지 않도록 하며 교육이 제대로 되는지 살펴보아야 했다.

향리는 6방으로 나뉘어 업무를 수행했다. 양계(兩界)와 제주(濟州)에서는 그 일을 토관(土官) 혹은 전리(典吏)가 맡았다. 그리고 양전감고(量田監考)와 같이 정한 일을 맡기 위해 각종 감고를 두기도 하였다. 치안과 군사 일을 보는 포교와 군관을 두었으며 그 아래에 사령(使令)이 여러 일을 맡고 있었다. 그 밖에 통인·차지(通引·次知) 등이 있었고 관노비가 예속되어 있었다.

군현제를 시행하면서 수령의 자질과 임기의 문제 그리고 재지세력과의 갈등과 같은 문제가 일어나고 있었다. 세종 초에는 재지세력 즉 토호(土豪)를 견제하고 수령의 권위를 확립코자 부민고소금지법(部民告訴禁止法)을 시행하였다. 종사(宗社)의 안위(安危)나 불법살인(不法殺人) 이외에는 향리 혹은 백성들이 감사와 수령을 고발하지 못하도록 하는 것이었다. 근본적으로 군현 운영을 어렵게 하는 대규모의 유리와 같은 문제가 있었다. 더군다나 군현을 지나치게 작게 나누었기에 인구의 변동과 생산물종의 변동에 따른 부담을 군현민이 감당하지 못하였다.

3) 공론의 정치와 사화

공론정치 조선사회에서는 많은 사람들의 의견을 의사결정의 중요한 근거로 삼았다. 특정한 문제에 관하여 의견을 모아 공론(公論)을 형성하였다. 의견을 제기하는 것은 원칙적으로 어느 누구에게나 열려있는 것이었지만 실제에는 사회적 분업에서의 위상 혹은 신분 등에 따라서 제한이 있었다.

중앙의 정치에서는 군주 혹은 대신과 언관이 공론 형성의 주된 주체이었고 그밖에 유생(儒生)이 공론을 형성하기도 하였다. 군주는 신하들에게 구언교(求言敎)를 내려 특정한 사안에 대하여 의견을 묻기도 하고 혹은 분대(分臺)를 파견하여 직접 백성을 상대하여 민폐가 무엇인지 조사하기도 하였다. 관료는 확보된 언로(言路)를 통하여 자신들의 의견을 공론화하였다. 관찰사는 특정한 정치적 사안이 있을 때에 여론을 수집하거나 혹은 표창할만한 효자를 추천하도록 요구하고 향촌민이나 양반들은 그에 응대하기도 하였다. 수령은 재지사족의 의견을 묻기도 하였다. 그것을 보면 공론은 조선 전사회의 정치운영의 원리이었음을 알 수 있다.

이러한 공론정치의 전개는 공도론(公道論)에 입각한 유교정치론의 구체적 실현이었다. 유학을 수업한 양반 관료는 정치나 교화에서 누구나 덕업을 갖춘 독자적인 단위가 될 수 있었다. 이들은 자신들의 의견을 공론으로 만들고 그것을 최종적인 의사결정으로 관철시키는 과정에서 정치세력이 되기도 하였다. 이 공론의 정치가 붕당정치를 하면서 폐해가 드러나기도 하였지만 조선국가의 정치운영이 의사소통체계를 갖추고 있음을 알 수 있다.

훈구파와 사림파 훈구파(勳舊派)는 이러한 정치운영 과정에서 형성된 하나의 정치세력을 가리킨다. 이들은 조선 초기 세조의 집권과 즉위 과정에서 세조를 도와 공신이 되면서 정치적 실권을 장악한 이후 형성된 집권 정치세력이었다. 1453년(단종 원년)부터 1471년(성종2)까지의 약 20년간에 정난·좌익·적개·익대·좌리(靖難·佐翼·敵愾·翊戴·佐理)공신이 책봉되었으며, 여기에 1506년 중종반정에 따른 정국(靖國)공신에 이르기까지 여러 차례의 공신이 책봉되었는데 이들은 그 과정에서 공신으로 거듭 책봉되어 중요한 정치세력의 하나로 존재할 수 있었다.

이들과 정치적으로 대립하였던 세력을 사림파(士林派)라 하는데 훈구파는 이들 사림파와, 때로는 군주와 정치적 갈등을 빚어 여러 사화를 일으키기도 하였다. 보다 상위의 관직을 차지하고 있으며 아울러 대규모의 토지를 소유하고 있는 훈구파는 사림파로부터 비판을 받기도 하였다. 향촌통치의 방법을 둘러싸고도 관권중심의 지배체제를 확립하려는 훈구파와 사족중심의 지배체제를 형성코자하는 사림파가 각각 달랐다. 이 시기 성장하고 있는 지주층인 사림파는 성리학적인 공도론(公道論)에 입각하여 훈구파의 권력독점과 관료들의 사리사욕에의 추구에 대하여 비판하였다.

사화 사림파가 세력화한 것은 성종 연간에 김종직·김굉필·정여창(金宗直·金宏弼·鄭汝昌) 등이 중앙정계에 진출하여 활동하기 시작할 때이었다. 초기 사림파의 정치활동은 주로 이러한 언론활동에 한정되었으며 한편으로 향촌질서의 안정을 위한 유향소(留鄕所)의 복립을 두고 훈구파와의 날카로운 대립으로 나타났다.

김종직의 '조의제문 弔義帝文'을 빌미로 일어난 1498년(연산군 4)의 무오사화로 사림파가 타격을 받았지만 훈구파 역시 1504년(연산 10) 갑자사화에 의하여 희생되었다.

중종반정 이후 조광조(趙光祖)를 중심으로 하는 사림파는 삼대(三代)의 이상사회를 회복하는 도학정치를 내세워 향촌사회는 물론 중앙에서의 정치의 기준으로 삼았다. 이들은 주로 삼사(三司)와 같은 언관직에 진출하여 세력을 확대하고 훈구파를 비판하였다. 아울러 과거제나 문음으로써 등용할 수 없는 유일(遺逸)과 학생(學生)을 선발하는 천거제(薦擧制)를 주장하여 관철하였다. 사림파는 여악(女樂), 내수사장리(內需司長利), 기신재(忌晨齋), 소격서(昭格署)를 혁파하였다. 그리고 향약의 실시를 주장하여 기호와 영남 일대에서 상당한 정도 성과를 거두었다.

1519년(중종 14) 기묘사화 이후 정치운영은 정치에 외척이 깊숙이 개입하는 것과 같이 비정상적이었다. 이제는 단지 훈구파와 사림파의 대립양상 뿐만 아니라 보다 복잡한 정치권력을 둘러싼 갈등이 일어나게 되었다. 명종이 1545년에 즉위하자 을사사화가 일어나 윤원형과 이기(李芑)세력이 결탁하여 윤임 및 사림파를 제거하였다. 오랜 기간 중요한 집권세력으로 형성되었던 훈구파는 척신세력이 권력을 장악하면서 사림파와 대립하였던 정치세력으로서의 의미도 퇴색하였다. 이후에도 명종연간의 연이은 사화는 사림파의 세력을 크게 약화시키는 것이었다. 그러나 결국 권신 이기의 죽음과 척신의 배후이었던 문정왕후(文定王后)의 죽음을 계기로 더 이상의 훈구파와 사림파의 갈등은 나타나지 않았다.

2. 부세제의 개혁

1) 과전법에서 직전법까지

과전법의 내용 조선의 과전법(科田法)은 고려 토지제도의 운영에서 나타난 문제를 제도적으로 개선한 결과이었다. 국가는 기구를 운영하기 위하여 관료에게 조세수취권을 나누어주고 그에 대한 관료의 충성을 바탕으로 국가를 운영하였다. 과전법은 모든 관료를 18과로 나누어 최하 10결로부터 최고 150결까지의 경기 사전의 수조권을 나누어 주었다. 수조권자가 과전주로서 농민으로부터 수취하는 조율과 조액은 국가가 농민에게서 조세로서 징수하는 것과 같이 십분의 일로써 1결당 미(米) 2석(石)이었다. 여기에 곡초(穀草)나 그 댓가 그리고 여러 비용 등을 더하면 실제 과전법에서 전주(田主)가 전객(佃客)으로부터 합법적으로 받는 것은 총생산물의 6분의 1 내지 5분의 1이었다.

전주는 수조인을 파견하여 수조과정 일체를 감독토록 하였으며 전조를 총괄하여 전주에게 수납하는 양호(養戶)를 두었다. 물론 국가에 대한 농민의 부담은 이것이 전부가 아니었다. 이밖에 용과 조에 해당하는 세를 또한 부담하지 않으면 안되었다. 그것을 모두 합하면 그 부담은 과중하였다.

직전법의 제정 과전법을 운용하면서 점차 과전주에 의한 농민 침탈은 물론, 나누어 주었던 수조권을 거두어들이는 일이 문란하여져 지급 대상 토지가 모자라게 되었다. 한편, 경기사전의 원칙은 각종의 요역에 시달리고 있는 경기 농민의 부담을 가중시켰다. 경기사전의 부족, 군자전의 부족, 조운의 피해 등으로 인하여 하삼도(下三道)에 사전의 일부를 잠시 옮겼었다.

1431년(세종13)에는 신급전법(新給田法)을 만들어 지급 기준을 보완하였다. 과전은 공한전(空閑田)과 체수전(遞受田)으로 지급하되 수전(受田)은 고관을 우선하며 지급에는 군주의 재가(裁可)를 받도록 하였다. 1444년(세종 26)에는 공법(貢法)을 시행하여 농민 부담을 줄이고자 하였다. 전국의 토지를 6등급으로 나누고 등급에 따라 1결의 면적을 다르게 하였다. 공법은 이와 같이 토지의 등급을 세분하여 조세를 정확하게 부과할 수 있으며 일년 농사의 풍흉에 따라 9등급으로 세율을 조정하였다.

공법은 답험손실법에서 유발된 불법적 중간수탈을 배제시키려 하였고 정액수세화하였다. 그로 인하여 국가 수입은 증대되었지만 농민 부담이 경감된 것은 아니었고 토지 등급 결정의 자의성과 같은 문제는 여전히 남아있게 되어 결국 현직자에게만 수조권을 주는 직전법(職田法)으로 바뀌게 되었다.

직전법은 수조권분급의 토지제도로서는 마지막 제도였다. 1466년(세조12)에 과전(科田) 및 수신전(守身田), 휼양전(恤養田)을 몰수하고 현직관료만을 지급대상으로 하고 1470년에는 관수관급제(官收官給制)를 실시하면서 수전문권을 국가가 관리하게 하였다. 1484년(성종15)에는 직전을 줄이고 1566년에는 공식으로 이마저 폐지하였다. 수조권의 지급대상자는 축소되고 수조방법도 관에서 거두고 관이 나누어주는 것이 되어 전주와 전객농민의 직접적인 관계를 차단하였다. 그리고 수조액도 점점 감소되어 나갔다. 수조권을 통해 농민을 지배한다는 중세적 경제제도로서의 의의가 대폭 감소되고 소멸되어 가고 있는 것이었다. 임진왜란 이후 직전제는 완전히 폐기되었다.

2) 농장과 농민

농장의 형성 조선시기에 들어와서는 수조권 분급제도가 변동·폐기되는 가운데 토지집적의 방법에도 변화가 일어나게 되었다. 수조지의 수입에만 의존하던 양반들도 토지소유에 관심을 쏟았다. 그리하여 규모의 차이는 있었지만 많은 사람들이 소유권에 입각한 사유지의 확장에 관심을 쏟게 되었다.

지주층의 확대이었다. 그 방법은 농민의 소유지나 관유지를 매입하는 것이 일반적이었다. 또는 고리대를 통해서 차압하는 경우와 미간지를 개간하여 농지를 확대하는 경우도 흔히 있었다. 주인이 없는 경우에 소유권이 인정되는 묵은 땅을 개간하는 경우도 있었으며 서해안에서는 대규모로 방조제를 쌓아 신전(新田)을 개간하였으며 16세기 중엽 이후에는 운수문제가 해결되면서 평안도 지역까지 개간 대상으로 삼았다. 영남지역의 경우에 산간계곡의 물을 이용하여 농토를 확대하거나 중소지주층이 방천(防川) 등으로 수전을 확보하려는 시도가 점차 펼쳐졌다.

조선전기 농장은 농장주가 직접 경영하는 소위 직영지 부분과 지주전호제 관계로 생산하는 토지로 구성되었다. 또 다른 경영형태는 작개제(作介制)였다. 지주가 지주의 토지를 경작하는 생산자 노비에게 생활할 수 있도록 또 다른 토지 일부를 사경(私耕)케 하는 것이었다.

농민 양인농민은 조선사회의 기본적인 생산층이자 각종 부세의 중요한 부담자였다. 많은 경우의 농민들은 소규모의 토지를 소유한 영세농이거나 무전농민이었다. 아직은 생산력 수준이 썩 높은 단계가 아니어서 자연재해나 불법적 수탈을 포함한 각종의 부세 부담을 견디기 어려운 것이어서 몰락할 가능성이 언제나 있었다. 이들은 양반관료의 농장에 전호(佃戶)농민으로 예속되거나 다른 사람의 토지에 품을 팔아 생계를 이어 나갔다. 특히 노비 노동력이 부족한 지방 토호들은 몰락양인·피역양인들을 농장 내에 불러모아 사역시키고 있었다. 조선 초기에는 지주전호관계적 생산을 금하고 있었기에 지주전호관계는 지주가 직접 경영하는 형태를 띠었다. 따라서 양인농민이 지주의 토지를 빌려 농사를 짓고자 하면 그 지주의 노비 혹은 고공(雇工)으로 들어가 예속되어 있는 상태에서 전호가 되어야 했다.

전호가 되는 것은 보통 양인과 노비였다. 양반들은 토지와 함께 많은 노비를 소유하고 있었는데 그들 가운데 대체로 외거노비(外居奴婢)가 전호농민이었다. 노비인구는 점차 양인층을 잠식하면서 크게 확대되고 있었다.

제6절 성리학의 발달과 신분질서

1. 성리학의 수용과 발달

1) 성리학의 수용과 가치관의 변화

이기론 성리학의 중심개념은 이기론(理氣論)이었다. 이기론은 자연과 인간사회의 존재와 운동법칙을 이와 기의 개념으로 설명하였다. 이러한 성리학은 사람들의 사고와 행위를 규제하고 이끄는 구실을 하였다. 인간은 본연(本然)의 성(性)에 따라서 착하기만한 것이 아니라 기질(氣質)의 성에 따라 인욕(人慾)으로 가득찰 수도 있는 것이다. 따라서 인간은 끊임없는 수양을 통하여 인욕을 없애고 천리(天理)를 간직하여 잘 기르도록 노력해야 하는 것이다. 인간을 이러한 도덕적 실천으로 이끄는 것을 정치의 기본 내용으로 삼아야 한다는 것이 곧 도덕정치론이었다. 이기론은 유교적 윤리도덕과 명분론적 사회질서가 자연적이고 보편적인 것임을 이론적으로 설명하면서 그러한 사회질서를 지키고 그에 맞는 인간 형성을 목표로 하는 것이다.

음사규제 성리학을 조선사회의 통치이념으로 내세우고 기본적인 가치규범으로 수용하려면 이전의 사상체계를 처리해야 했다. 가령 불교를 억제하거나 유교윤리와 명분에 어긋나는 사신행위(祀神行爲)를 통제하는 것이었다. 조선초기 사회체제를 정비하면서 모든 사신행위를 없애지는 않았으며 음사로 규정되는 것 가운데 일부를 규범화하여 수용하였다. 오악(五岳)치제와 같은 국사체제의 정비, 가묘제(家廟制)와 이사제(里社制)를 수용하려 하였다.

국가에서 거행하는 각종 제사에 무격(巫覡)이 참여하였으며 이들을 동서활인원에 소속시켜 질병치료를 맡기기도 하였다. 그러나 유교적 질서가 강조되면서 점차 무당을 금하게 되었다. 도교의 제천의식인 초제(醮祭)도 천재를 막거나 질병구제를 목적으로 하는 종교행사로 유학자의 입장에서는 무격신앙과 마찬가지로 음사이었다. 16세기에 성리학의 보급이 확대되면서 이들에 대한 비판이 심해졌다. 사림파는 불교의 기신재(忌晨齋)와 도교의 소격서를 혁파하였다.

교육기구 조선사회를 성리학적 사회로 만들어가기 위해 각종의 교육기구를 통하여 성리학의 내용을 보급하고 확대하였으며 교화를 통하여 많은 사람들이 그러한 가치관에 따라 살도록 하였다.

조선시기의 관학(官學)은 서울의 5부학당(學堂) 및 성균관(成均館) 그리고 지방의 향교(鄕校)가 있었다. 향교는 모든 군현에 세워졌다. 향교에서의 교육은 교수(敎授)나 훈도(訓導)가 맡아하였지만 수령 역시 책임지고 교육이 제대로 되는가를 살펴야 했다. 향교에서 성적이 우수한 자는 역관(譯官)이나 중앙정부의 말단 관리로 나아갈 수 있는 기회가 주어졌으며 아래 등급의 군현에 훈도로 나갈 수도 있었다. 향교는 서원의 성장과 함께 쇠퇴하여 그 비중이 줄어들기도 하였다. 교생은 처음에는 양반들로 채워졌으나 점차 지역에 따라서는 일반 양인 출신자들이 늘어났다.

사립 교육기구로서는 정사・서재・서당(精舍・書齋・書堂) 그리고 서원(書院)이 있었다. 서재나 서당은 본디 유자(儒者)의 개인 독서실을 의미하는 것이었지만 점차 외부인에게 개방되면서 넓은 의미에서 하나의 교육기구가 되었다. 양반들이 주로 만들어 사용하는 이와 같은 교육기구들은 특히 과거시험을 준비하는 곳이기도 하였다. 점차 서당은 초학자들이 주 교육대상인 동몽교육 기구로 이해되었다.

서원은 서당으로부터 출발하여 1543년(중종 38)에 세운 주세붕(周世鵬)의 백운동(白雲洞)서원이 소수서원(紹修書院)이라는 편액을 정부로부터 받은 이후 더욱 번성하게 되었다. 사액(賜額) 서원에는 서원현판뿐만 아니라 토지와 노비 그리고 서적이 지급되고 면세와 면역(免役)의 특전까지 주어졌다. 서원 설립은 향촌사회 안의 재지사족들에 의하여 주도되었으며 수령이 이에 도움을 주는 형태이었다. 서원은 교육기관이면서 동시에 각 서원이 학연・지연・혈연 등의 연고로 모시는 선현들의 제사를 지냈다. 서원은 관학의 향교와 함께 대표적인 사설교육기구였으며 향촌사회의 유교교화의 중심기구이기도 하였다. 서원은 각종의 유교서적을 보관하거나 출판하였다.

교화와 향약 조선사회에서는 성리학적 가치관을 가지고 그 기준에 맞게 살게 하기 위하여 학교에서 유학교육을 한다든지 혹은 유학적

질서를 강조하는 교유문을 반포하거나 혹은 『삼강행실도(三綱行實圖)』·『소학』과 같은 책을 보급하였다. 한편으로는 향약을 시행하였으며 유교의례의 준용을 강조하고 이끌었다. 물론 그러한 삶은 양반이 솔선하여야 하는 것이었다. 교화는 주체인 양반이 그러한 가치관에 따른 삶을 누리면서 다른 사람들로 하여금 같은 삶을 살게끔 변화시키는 것을 의미하였다.

조선사회를 성리학적 질서로 만들기 위한 향약은 양반들이 중심이 되어 시행하였다. 향약은 양반들 끼리 수신규범으로 만들어 시행하는 것도 있으며 향촌사회를 주도해가는 양반들이 향촌의 모든 사람들을 대상으로 하는 자치규범으로 만들기도 하였다. 덕업상권(德業相勸)·예속상교(禮俗相交)·환난상휼(患難相恤)·과실상규(過失相規)의 4강목은 구체적인 행위규범을 설정하며 그와 같은 것을 공동체적으로 강제로 규제하는 것이었다. 그러한 향약은 현재의 경제구조가 유지되고 상하의 신분제적 질서가 지켜지는 사회를 이루고자 함에 목적이 있는 향촌통제조직이었다. 아울러 그러한 사회의 구성원인 유교가치관에 입각한 인간의 형성에 목적이 있는 것이었다.

위에서와 같이 사회가 성리학적 가치관에 따라 정리되고 발전되면서 사회의 전분야가 서서히 변하고 있었다. 각종의 의례가 유교화되는 것처럼 삶의 기준이 되어가고 있었다. 가부장적 가족주의는 양측적 친속관계에서 부계 중심의 사회로 이행하게 하였고, 동성동본의 결혼을 금지하고 이성양자제로부터 동성양자제로 전환하고 있었다. 아울러 족보가 점차 보급되기 시작하고, 제사의 윤회봉사가 장자 단독봉사로 전환되어가고 있었다.

2) 학문의 발달과 문화의 전개

유교문화의 전개는 그 문화의 원리에 대한 철학적 이해를 진전시킨 위에서 가능하였다. 그것은 성리학서의 간행과 보급을 바탕으로 하는 것이었다. 주희(朱熹)의 『성리대전(性理大典)』뿐만 아니라 그의 모든 저술이 수록된 『주자대전(朱子大典)』이 간행되고 보급되었으며 기본서인 『소학』이 보급되었다. 나아가서 성리학을 배운 조선의 학자들은 그에 터를 두고 독자적인 저술을 하였다.

통치이념의 체계화 한명회(韓明澮)·권람(權擥)·정인지(鄭麟趾)·신숙주(申叔舟)·정창손(鄭昌孫)·최항(崔恒)·김국광(金國光)·구치관(具致寬) 등은『경국대전』·『동국통감(東國通鑑)』·『동국여지승람(東國輿地勝覽)』 따위의 15세기에 이루어진 각종 관찬사업에 참여하여 왕조의 통치이념을 체계화하였다. 뿐만 아니라 『세종실록지리지(世宗實錄地理誌)』와 같은 통치에 필요한 인문지리에 관한 것이 정리되었고 『국조오례의(國朝五禮儀)』나 『삼강행실도(三綱行實圖)』와 같이 유교 의례와 행위규범에 관한 저술이 이루어졌다.

주자학을 온전히 배우고 이해하였다는 이황과 이이는 각각 『성학십도(聖學十圖)』와 『성학집요(聖學輯要)』를 지어 군주의 통치 기준을 세웠으며 이이는 『동호문답(東湖問答)』과 같은 저서에서 자신의 사상을 바탕으로 유교정치론을 전개하였다. 김백간(金伯幹)은 『사송유취(詞訟類聚)』를 지었다. 유교정치는 지방통치에서도 실천되어야 하는 것인바 지방관이 통치에 사용하도록 『대명률』과 우리의 『경국대전』에서의 조항을 항목별로 대비하여 모아서 편집하였다.

고려시대와 같이 조선왕조에서도 실록청을 두고 실록을 편찬하였다. 사관(史官)이 평소 작성한 사초(史草)와 시정기(時政記) 등을 기초로 편찬하여 사고(史庫)에 보관하였다. 군주에 대한 기록은 중요시하는 것이어서 1458년(세조4)에 편찬하기 시작한 『국조보감(國朝寶鑑)』은 이후 계속 기록되어 만들어졌다. 역사편찬은 통치의 기준을 세우고 방향을 가늠하는 중요한 잣대가 되는 것이어서 왕명에 의한 관찬사서가 이어졌다. 전조에 대한 정리로『고려사(高麗史)』와 『고려사절요(高麗史節要)』가 편찬되었으며 조선 이전의 역사를 체계화한 『동국통감』이 편찬되었다.

단군에서 삼국시대까지를 정리한 권근(權近)의 『동국사략(東國史略)』이나 영사체(詠史體)인 권제(權踶)의 『동국세년가(東國世年歌)』 등은 조선시대에 사찬사서에 대한 관심이 높았음을 알 수 있다.

유교문화의 보급 유교문화의 대상은 어린이의 경우에도 예외가 아니었다. 동몽용으로 알려진 『유합 (類合)』이 있었으며 그보다 진전된 『훈몽자회 (訓蒙字會)』가 있어 한자 학습을 하도록 하였다. 박세무(朴世茂)의 『동몽선습(童蒙先習)』이나 이이의 『격몽요결(擊蒙要訣)』은 단순한 문자 학습서가 아니라 성리학적 가치관과 역사관에 따른 어린이용 학습서이었다.

이러한 학문에 대한 관심은 여러 분야에 걸쳐 나타났다. 정초(鄭招) 등의『농사직설(農事直說)』이나 강희맹(姜希孟)『금양잡록(衿陽雜錄)』과 같은 농서 그리고 『동국정운(東國正韻)』, 『대동운부군옥(大東韻府群玉)』과 같은 음운에 대한 저술이 등장하였다. 그리고 『칠정산(七政算)』과 같은 역법의 진전을 알 수 있는 저술이나 『향약집성방(鄉藥集成方)』 및 『의방유취(醫方類聚)』와 같이 의학 수준을 높이는 저서가 있었다.

각종 저서의 편찬은 자연 인쇄술의 발달을 가져왔다. 금속활자가 매우 정교하게 만들어져 보급되었으며 교서관을 비롯하여 지방의 감영이나 군현 혹은 서원이나 사찰은 출판문화의 발전에 크게 이바지하였다. 또한 서당이나 서원과 같은 교육기구의 확대는 교육공간이나 제사공간인 건축물 축조를 이끌었다.

2. 성리학과 신분질서

1) 신분계층의 분화

조선사회의 지배계급은 양반과 중인으로 나뉘었으며 피지배계급은 주로 양인과 노비이었다. 양반층과 중인은 각각 지배계급으로서 지배기능에 따라 분화되었던 계층이었다. 양반이 지배의 의사결정 계층이라면 중인은 그것을 집행하는 지배의 실무를 담당한 계층이었다. 그런데 사회의 계층은 단지 토지소유의 여부에 따라서 지배와 피지배계급만으로 나뉘는 것이 아니라 보다 다양한 요소들에 의하여 나뉘고 형성되었다. 사회적 분업 등으로 사회조직이 다원화되면서 전문적인 기능을 담당하는 집단이 형성됨에 따라 신분구조의 내부에는 여러 계층이 존재하게 되었다.

성리학자들의 신분관은 직업관과 표리관계이었다. 신분의 귀천은 직업의 귀천을 결정하며 그 역으로 직업의 귀천은 신분의 귀천을 결정하였다. 양인의 직업은 사·농·공·상(士·農·工·商)의 사민(四民)으로 나누었다. 성리학적 직업관에 의하면 사민만이 천리(天理)와 의리(義理)에 합당한 천직(天職)이었다. 그 밖의 승려·재인·화척(僧侶·才人·禾尺) 등은 그 자체가 생활수단이 된다고 하여도 천직으로 간주되지 아니하였다. 사민 내부에도 상하·본말(上下·本末)의 구별이 있었다. 농이 공상보다 상위에 있으며 사(士)는 정신을 쓰는 자로 몸을 쓰는 농공상보다 상위에 있다. 사는 사실 현실에서의 직업을 의미하는 것이 아니었다. 사는 독서계층을 말하는 것으로 이들의 직업은 관료가 되는 것이다. 사와 농은 상호 이동이 가능하다.

조선국가가 전 사회구성원을 양천으로 구별하고 전체 양인에 대하여 법제적으로 동등한 의무와 권리를 부여한 것은 국가의 기반을 확대하여 안정적으로 유지코자 한 것이었다. 그러나 그 원칙이 현실에서 지켜지지 아니하였다. 그 이유는 사실 계급적으로 구별되는 지주와 전호농민이 법에서 양인으로 함께 파악되었기 때문이었다. 공납과 역이 양인의 부담으로서 동일하게 부과되고 있었다지만 현실적으로 양반이 각종의 부담을 합법·비합법적인 방법으로 빠져나가고 있었다는 것은 이 시기 양반과 양인의 신분차이를 나타내주는 지표이기도 하였다.

2) 신분계층의 성격

양반과 중인 조선국가의 지배층은 관직을 중심으로 문무 양반으로 편제되었다. 지배층인 양반은 좁은 뜻에서는 문무관료를 가리키지만 넓게는 전현직 관료를 포함하여 문무관직에 나아갈 수 있는 자 및 그 가족까지 포함되었다. 음서(蔭敍)나 대가제(代加制)와 같은 고급관료의 특권이 보장되는 제도가 있기는 하였으나 조선국가의 경우에는 과거제가 주요한 관료충원방법이었다. 과거제는 관료의 충원뿐만 아니라 생원·진사층을 양산하여 양반층을 두텁게 하였다. 이는 한정된 관직에 모든 지배층을 수용할 수 없는 상황에서 시행된 것이었다. 물론 지배신분의 유지가 근본적으로는 토지소유에 근거하는 것이지만 과거제가 지배신분의 재생산에 이용된 것 또한 사실이었다. 나아가서 이들 가운데 대부분은 관직에 나아가지도 못할 뿐만 아니라 생산에도 종사하지 않는 유식양반(遊食兩班)이 되어 사회적 문제가 되었다.

이들 양반층은 대체로 지주층이었으며 남보다 나은 교육조건을 지니고 과거제를 통하여 신분을 재생산하고 있었으며 각종의 특권을 누리고 있었다. 법제적으로 양인의 범주에 들어 신역을 부담하여야 했지만 관직에 나아가 직역을 맡는다든가, 각종의 학교에 생도로 등록하여 면제받는다든가, 공신의 자손으로서 면제받는다든가, 그도 아니면 대가를 받는 서반특수직에 들어가 입사(入仕)의 기회로 삼기도 하였다.

양반은 가문을 형성하면서 족보를 만들고 조선봉사(祖先奉祀)와 상호부조를 내세워 족계(族契)나 족회(族會)를 구성하여 결속력을 강화하면서 향촌사회에서도 주도권을 장악하였다. 일정한 통혼권(通婚圈)을 형성하여 양반 상호 간에 혈연적 유대를 공고히 하였다. 나아가서는 성리학적 질서의 확립이라는 차원에서 유향소를 세우고 향약을 시행하였으며 서원을 설립하였다. 신분제는 법제적으로 뒷받침 될 뿐만 아니라 이데올로기에 의해서도 뒷받침되고 있었던 것이다.

중세사회가 발전하면서 지배체제는 더욱 면밀해지고 그에 따라 지배계급 내에서 각각의 지배의 역할에 따라서 분화가 진행되었다. 향리(鄕吏)는 대표적인 중인신분인데 그 전신은 고려말의 향리였다. 향리등은 관직에 진출할 수 있는 기회가 제한되었다. 고려의 향리나 조선의 향리가 모두 향촌사회의 일정한 재지세력으로서의 성격을 공통적으로 갖고 있기는 하지만 조선의 향리는 고려의 향리와 비교하여 엄청난 신분상의 하락을 가져온 존재였다.

고려말의 향리는 거경종사자(居京從仕者)와 재지세력으로 갈라지고 재지세력 가운데에는 일부는 재지사족으로 성장하고 일부는 행정사역인으로서의 향리로 된다. 원악향리조(元惡鄕吏條)라든가 군현제 정비과정에서의 향리층의 이동, 사민정책에서의 향호(鄕戶)의 차출, 향풍교정을 내세운 유향소의 운영과 같은 것들은 향리의 지위를 약화시키는 것들이었다. 물론 중인에 해당되는 것은 향리만이 아니었다. 중앙 각 기관의 서리나 기술직에 있는 관리가 그에 해당되었다. 이들은 모두 혈연이나 기술에 따른 관품제한 규정인 한품서용 기준에 규제받았다.

양인과 천민 조선 초에는 노비가 아닌 자는 모두 양인으로 간주하고 양천 불명자는 양인으로 편성하여 양인확대 정책을 실시하였다. 양인 일반에게 보편적으로 적용하는 신역부과 체계를 마련하고 법적으로는 모두 양인의 관직진출권[仕宦權]을 인정하였다. 노비만을 천인으로 간주하고 양인의 법적이고 형식적인 동질성이 갖추어졌다. 그러나 그것이 양신분의 실질적 평등을 의미하는 것은 결코 아니었다.

양인의 대부분인 농민은 과거를 위해 교육을 받을만한 사회경제적 여건을 갖추지 못하였고, 서반직 진출 통로인 갑사・별시위(甲士・別侍衛) 등을 뽑는 시험도 재산이 넉넉한 양인이 볼 수 있도록 현실적으로 제한되었다. 대부분의 농민과 수공업자, 상인 등이 하위 계층을 이루었다. 그리고 특수한 국역을 담당한 신양역천(身良役賤)층이 양인의 최하층이었다. 백정・재인・무격・창기(白丁・才人・巫覡・昌妓) 등의 사회적 대우는 천인과 다를 바 없으나 법제적으로는 양인이었다. 비부(婢夫)나 고공(雇工) 역시 그 자신이 양인신분일지라도 노비와 다름없는 대우를 받았다. 양인 내부의 계층화는 사회적 분업과도 관련되는 것이었다.

천신분의 대부분은 노비였다. 국가가 주인인 공노비(公奴婢)와 개인이 주인인 사노비(私奴婢)로 구분되고, 거주형태에 따라 솔거노비(率居奴婢)와 외거노비(外居奴婢)로 나뉘었다. 공노비는 다시 입역(立役)하는 선상노비(選上奴婢)와 신공(身貢)을 받치는 납공노비(納貢奴婢)로 구분되었다.

이 시기에는 외거노비 가운데 부를 축적한 자도 생기고 주인이 노비를 마음대로 형살(刑殺)하는 것이 금지되는 등 점차 인격적 존재로 성장하고 있었다. 이황은 자신이 사는 동네에서 노비를 대상으로 하는 노비동령을 만들어 점차 그들이 교화의 대상이 되고 있음을 보여준다. 그러나 법령은 여전하였고 양인과의 혼인도 금지되었다. 따라서 솔거노비는 주인의 호적 끄트머리에 덧붙여 기록되고, 외거노비가 독립된 호를 구성하더라도 반드시 소유주를 밝혔다. 노비는 노비주가 자신의 농업경영에 직접 사역시키는 존재든지 전호농민이었다. 전호농민인 경우에 경제적 처지는 양인 전호농민과 큰 차이가 없었다.

제7절 조선후기의 정치운영과 사상의 변화

1. 정치운영의 변화

1) 붕당정치와 탕평정치

붕당정치의 출발 학파에 근거를 두면서 형성된 정치세력들이 붕당을 이루어, 비판세력이 공존하는 것을 인정하며 당파간의 독주를 견제하는 정치운영 형태가 붕당정치였다. 공도(公道)를 실현한다는 명분하에 각 붕당들이 내세운 사회문제에 대한 정치적 해결 방안은 정치적 위상이나 이해관계에 따라 달랐다.

처음으로 나타난 붕당은 심의겸(沈義謙)과 김효원(金孝元)이 이끄는 서인(西人)과 동인(東人)이었다. 서인은 대체로 기호 지방에 생활근거를 둔 고급관료들이 주류였으며, 이들은 이이 · 기대승 · 김인후(李

珥・奇大升・金麟厚)의 영향을 많이 받았다. 동인은 이황・조식(李滉・曺植)의 문인이 중심이며 그 밖에 서경덕의 문인도 가세하였다. 1589년(선조22)에 정여립(鄭汝立) 모반사건으로 많은 동인이 처형되었으며, 2년 뒤에 동인이 정권을 잡으면서 서인의 처벌을 둘러싸고 동인은 북인(北人)과 남인(南人)으로 갈렸다. 서인에 대한 강력한 처벌을 주장한 북인은 대체로 조식과 서경덕계열이었고 온건한 처벌을 주장한 남인은 이황계열이었다.

북인이 집권하였던 선조대 후반에는 비변사의 기능을 강화하면서 삼사와 전랑(銓郞)의 비중이 커졌는데 이 때에는 당파간에 본격적인 비판과 견제를 하지는 않았다. 광해군이 즉위하자 대북파(大北派)가 정권을 쥐게 되었는데, 그들은 이언적(李彦迪)・이황의 문묘종사(文廟從祀)를 중지시키고 이를 반대하는 유생을 성균관에서 쫓아냈으며, 정적인 영창대군 모자 등을 제거하면서 왕권을 강화하였다. 이들의 정책방향은 부국강병이었다. 양전과 호적조사를 하였으며, 군비를 갖추고 군사를 훈련시켜 군사력을 튼튼하게 하였다. 대동법을 처음으로 경기도에 시행했다. 허준(許浚)으로 하여금 『동의보감(東醫寶鑑)』을 편찬케 하여 질병에 대비케 하고 각종의 전적(典籍)을 정리하여 재간행하고, 적상산(赤裳山)에 사고를 새로 두었다. 대외적으로는 명과도 일정한 관계를 유지하였으나 후금과의 관계도 강화시켜 나갔다.

붕당정치의 심화 광해군은 서인으로부터 대대적인 반격을 받아 쫓겨나고 인조가 즉위하였다. 서인은 사림에 의한 정치를 주장하면서 관료권을 강화코자 하였으며 친명정책을 취하면서 후금과의 관계를 끊었다. 국방력 강화의 주장에 따라서 어영청・총융청・수어청・정초군(御營廳・摠戎廳・守禦廳・精抄軍)을 새로 만들었으며 아울러 이를 정권의 기반으로 삼았다. 또한 그들은 부국강병에 관심이 깊어 상업과 기술발전에 호의적이며, 노비속량(奴婢贖良)과 서얼허통(庶孼許通)에도 비교적 적극적이었다. 같은 시기에 남인은 수취체제의 완화와 자영농의 육성에 치중하고, 상업과 기술의 발전에 소극적이며, 서얼차별이나 노비제도에 대하여 덜 관용적이었다. 남인은 강화된 왕권을 바탕으로 이를 추진하려 하였으며 삼사의 정책비판 기능에 큰 비중을 두었다.

청에 볼모로 잡혀갔던 효종이 북벌을 계획하고 군비를 증강하였으나 실현하지 못하였다. 이 때에는 서인이었던 송시열 · 송준길(宋時烈 · 宋浚吉) 등의 젊은 산림(山林)과 허적 · 허목 · 윤선도(許積 · 許穆 · 尹善道) 등의 남인세력간의 큰 충돌은 없었다. 김육(金堉) 등의 건의로 대동법을 더욱 확대하고 상평통보를 주조하였다. 그러다가 현종 즉위 초에 허목 · 윤선도 · 윤휴 등이 복상(服喪)문제를 가지고 서인을 맹렬하게 공격하였으나 오히려 남인들이 쫓겨났다. 서인의 우세가 계속되었으나 현종 중반 이후 남인은 훈련별대를 창설해 무력 기반을 닦아 놓았다.

숙종이 재위한 45년 동안에는 서인이 주로 집권하였으며 서인과 남인의 싸움은 격렬해졌다. 숙종 즉위 초에는 또 한 차례의 예송논쟁에서 승리한 남인이 집권하였다. 남인정권은 다시 북벌론을 들고 나와 군비를 강화하면서 자신들의 권력 기반도 튼튼하게 하려 하였다. 그러나 1680년(숙종6)의 경신환국(庚申換局)으로 서인이 집권하고, 서인은 다시 노론(老論)과 소론(少論)으로 갈라졌다. 노론은 훈련별대와 정초군을 통합하여 금위영(禁衛營)을 만들어 5군영제를 성립시켰다. 이들은 화폐주조와 유통을 장려하여 상업을 진흥시켰으며, 각 부대에서도 화폐를 주조하고 상행위를 하였다. 이후 1689년의 기사환국(己巳換局)으로 남인이 집권하였는데, 1694년(숙종20)의 갑술환국(甲戌換局)으로 남인은 몰락하고 노론과 소론의 다툼으로 전개되었다. 그리하여 17세기 후반 붕당정치 운영은 무너지게 되었다.

왕권의 강화와 탕평정치 17세기말에서 18세기초에 이르는 기간에 인구는 종전보다 줄었으며 각종의 자연재해마저 겹쳐 일어나고 있었다. 각 붕당이 사회문제에 대한 나름대로의 방안을 가지고 있었다지만 조선사회의 여러 문제는 여전히 해결되지 아니한 상황이었다. 더군다나 당쟁이 여러 차례의 환국에서와 같이 무력 기반을 갖추고 철저하게 상대당을 제거시키는 방향으로 전개되면서 당쟁마저 사회의 문제가 되었다.

공론은 개인과 가문의 이익을 내세운 사론(私論)과 구별되지 아니하였으며 또한 붕당 간의 갈등 사이에서 왕권은 두드러지게 약화되는 모습을 보였다. 4년간 재위한 경종 때에는 소론이 일시 실권을 쥐었으나 영조가 즉위하면서 노론이 다시 집권하였다. 영조는 처음에는 비교적 온건한 인재를 적절히 배치하고 등용하여 세력을 조정하는 탕평책(蕩平策)을 써서 노론과 소론의 균형을 유지하려 하였다. 그러나 1728년(영조4) 영남인 이인좌(李麟佐)가 중심이된 소론과 남인의 급진세력이 상인과 천민층의 지원을 받으면서 대규모 반란을 일으킨 사건으로 소론은 쫓겨나고 노론이 중용되었다.

왕의 정국 주도권을 옹호하는 탕평론이 힘을 얻으면서 영조는 당인들이 장악한 병권을 병조에 귀속시켜 물리력도 확보하였다. 영조대의 탕평은 종전의 당론을 주도하던 핵심적인 가문을 배제하고 탕평에 찬성하여 참여하는 인물과 가문을 중심으로 이루어졌다. 이러한 탕평이 오래되자 정치권력을 주도한 세력이 점차 왕실과 연결되고 서로 맺어져 특권집단으로 되어갔다. 이 때에 『속대전(續大典)』을 편찬하는 등 문물을 정비하였는데 신문고(申聞鼓)가 부활되기도 하였으며 한편으로는 균역법을 시행하여 역문제를 해결하려 하였다.

정조는 영조대의 탕평을 주도한 대신들을 비판한 일부의 노론세력과 남인계열을 등용하였다. 정치운영의 중심을 비변사로부터 의정부로 옮기려 하였으며 규장각을 설치하여 학술 및 정책연구기능을 강화하면서 인재발탁의 기구로 삼았다. 친위부대인 장용영(壯勇營)을 두어 왕권의 군사기반을 두텁게 하였다. 그밖에 서얼과 노비에 대한 차별을 완화하고 상업활동을 장려하였다.

탕평책은 강화된 왕권을 중심으로 정치운영을 하며 기존의 각 세력의 균형을 이루고자한 것이었다. 그러나 탕평책은 기존 정치세력의 참여기반을 좁혔으며 성장하는 계층을 정치세력으로 포섭하지도 못하였다. 왕권을 중심으로 하는 정치운영은 결코 새로운 정치논리를 제시하지 못하였고 정치는 점차 보수화 되어갔다. 그리하여 관료, 산림, 외척가문들이 정치적 논리없이 서울이나 왕실을 중심으로 서로 얽히면서 거대한 가문으로 팽창하여 갔다.

2) 세도정치와 양반관료제 운영의 붕괴

1801년 순조의 등극은 정치세력이 재편되고 새로운 정치운영 방식이 전개되는 것을 의미하였다. 이른바 안동 김씨라는 특정한 가문을 중심으로 세도가들이 권력을 장악하여 마음대로 휘두른 세도정치(勢道政治)가 펼쳐졌다. 이 시기에도 관료제는 운영되었으나 전기에 설정된 의사결정체계가 무시되고 결정권이 집중되는 비정상적인 방법으로 운영되었다.

이 기간 동안 풍양 조씨가 일시적으로 권력을 장악한 시기도 있으나 안동 김씨는 헌종(憲宗)·철종(哲宗)에게 왕비를 들임으로써 장기집권이 가능하였다. 순조 때에는 김조순이 영안부원군(永安府院君), 김달순(金達淳)이 우의정, 김희순(金羲淳)이 이조판서, 철종 때에는 김조근(金祖根)이 영흥부원군(永興府院君), 김좌근(金左根)이 영의정, 김수근(金洙根)이 이조판서, 김병기(金炳冀)가 좌찬성(左贊成), 김병국(金炳國)이 훈련대장, 김병학(金炳學)이 대제학이 되는 등 요직을 안동 김씨 일문이 독차지하였다.

상대적으로 개혁적 성격을 가진 정치세력을 제거하고 전개된 세도정치가 권력이 집중될뿐만 아니라 보수화될 수밖에 없었다. 그들은 정치적 기능이 강화되었던 비변사(備邊司)를 마음대로 움직였다. 비변사는 이조·병조·호조의 판서와 각 군영 대장의 천망권(薦望權)을 가지고 있었고 이조참판·이조참의의 천거권을 행사하였는데, 안동 김씨는 이러한 비변사를 장악하여 실질적인 인사권을 행사하고 권력을 농단하였다. 이들은 또한 호조·선혜청(宣惠廳)과 같은 재정기관을 장악하여 재정기반을 굳혔으며, 훈련도감을 비롯한 군영도 독점했다.

이러한 비정상적인 정치운영은 결국 부정과 비리를 낳게 되었다. 권력을 이용한 매관매직이 성행하고 관직은 안정적이지 못하여 관리들에 의한 불법적 수탈과 탐학이 크게 증가하였다. 임난 이후 점차 규모를 확대해온 관료기구는 이 시기에 와서 더욱 재정 위기를 맞았으며 세도정권의 비정상적인 운영이 이를 더욱 부추겼다. 세도정권은 재원확보를 위하여 심지어는 주화의 질을 떨어뜨리면서 까지도 화폐발행의 이익을 늘리고자했다. 결국 이러한 조처는 지방관청의 재정을 잠식하게 되었고 그 폐해가 지방관청 나아가서는 일반 백성들에게 돌아가는 것이었다. 민란의 시대를 부르고 있었다.

2. 사상의 변화

1) 서학과 양명학

서학 16세기 말엽 중국에 전래된 천주교가 우리나라에 소개된 것은 17세기에 북경을 왕래하는 사신들에 의해서였다. 17세기에는 유럽의 지도인 『곤여만국전도(坤輿萬國全圖)』나 각종의 한역(漢譯) 서양서적 그리고 천리경(千里鏡) · 자명종(自鳴鐘)과 같은 문물이 들어왔다. 청나라에 볼모로 잡혀갔던 소현세자(昭顯世子)가 천주상(天主像) · 천구의(天球儀)와 같은 것을 가져오기도 하였다.

서학에 대한 관심은 주자학에 비판의식이 강하였던 북인계열의 학자들이 높았다. 이수광(李睟光)이 『지봉유설(芝峰類說)』에서 마테오 릿치의 『천주실의(天主實義)』를 소개한 후, 이익과 그의 제자인 신후담(愼後聃) · 안정복(安鼎福) 등 주로 남인 실학자들이 관심을 가졌다. 그러나 이들은 천주교를 종교로 수용한 것이 아니었으며 단순히 서양 문물로만 이해하였다. 서학은 실증적이고 합리적인 사고방식을 갖추고 있으며 그로써 이루어진 과학지식과 기술은 유용한 것으로 이해되었던 것이다. 따라서 서학을 접한 사람들 가운데에는 종래의 중국중심의 전통적인 중화관(中華觀)이나 성인관(聖人觀)에서 벗어나기도 하였다.

서학은 18세기 후반 영조말엽부터 천주교 교리를 연구하며 점차 종교로 수용되었다. 권철신(權哲身) · 정약전(丁若銓) · 이벽(李檗)과 같은 인물이 대표적인데, 이들과 친한 이승훈(李承薰)이 1783년(정조7) 북경에서 영세를 받고 돌아온 이후 본격적으로 포교가 이루어지게 되었다. 이들의 활동으로 천주교는 중인계급에까지 퍼져나가면서 교회를 형성하였다. 외부의 선교사가 선교하기에 앞서 국내 평신도들의 자발적인 천주교 수용의 결과이었다.

중국에서는 초기 전교과정에서 중국문화와의 충돌을 경감시키려 보유론(補儒論)적인 입장을 보이기도 하였지만, 조선에서는 유교의 가부장적 가족주의와 같은 유교윤리뿐만 아니라 유교적인 의례를 거부하였으며 상하차별의 신분제적 질서 등을 배격함으로 봉건조선사회를 비판하는 논리로 자리잡았다. 따라서 1785년 천주교에 대한 금령이 내리고, 1791년에는 전라도 진산(珍山)의 윤지충(尹持忠)이 어머니 제사에 신주(神主)를 불사르는 일이 생겨 그를 처형하고 홍문관에 소장되어 있던 한역 서양서적을 소각하였다.

1801년 이른바 신유사옥(辛酉邪獄)에서는 1794년(정조 18)에 입국하여 활동하던 중국인 신부 주문모(周文謨)를 비롯한 100여명의 교도가 처형되고 400여 명이 유배되었다. 이승훈 · 이가환(李家煥) · 정약종(丁若鍾) · 권철신 등이 처형되었고, 정약전 · 정약용 형제가 유배되었으며, 박지원 · 박제가 등은 관직에서 쫓겨났다. 이 사건은 천주교에 대한 탄압일 뿐만 아니라 이 시기 노론 벽파(僻派)가 집권하면서 그들과 대립관계에 있던 남인 시파(時派)를 숙청한 것이었다. 아울러 이는 상대적 진보성을 지니고 있던 인물들을 중앙정계로부터 쫓아내는 것이었다. 신앙의 자유를 얻기 위하여 외세를 끌어들이고자한 황사영백서(黃嗣永帛書) 사건으로 천주교에 대한 정부의 탄압은 격화되었으나 교세는 갈수록 커갔다.

양명학 양명학은 조선전기에 이미 남언경(南彦經) 등에 의해 수용되고 있었다. 서경덕을 스승으로 하고 이황과 교유가 있었던 그는 심상

(心上)공부에 치우침으로 이황으로부터 비판을 받기도 하였으며 그의 학문은 이요(李瑤)에게 계승되었다. 17세기에는 장유(張維)·최명길(崔鳴吉) 등이 관심을 가졌다. 양명학은 이후 18세기에 정권에서 실각한 소론의 가학(家學)으로 정제두(鄭齊斗) 등에 의하여 강화학파(江華學派)로 이어졌다.

조선 양명학의 독자성은 주자학과 양명학의 연계이었다. 양명학이 성리학에 대한 이해가 깊어지는 가운데 수용되어 조선 후기 정제두에서는 그 둘을 각각의 단계로 이해하고 그것이 주왕학(朱王學)으로 완결된다고 본 것이다.

2) 실학

실학사상의 형성 조선후기 사회의 새로운 사유체계의 하나가 실학이었다. 주자학 유일의 사회에서 주자학 이외의 것을 연구하는 것은 쉬운 것이 아니었다. 이들은 처음에는 유교경전에 대한 해석을 주자에게만 의존할 것이 아니라는 주장을 하기도 하고, 한당(漢唐)유학의 모습을 찾으려는 노력 등으로 나타나기도 하였으며 혹 양명학(陽明學)과 같이 주자 이후의 다른 해석을 구하기도 하였다. 실학자들은 유학경전에 근거를 두면서도 성리학자들과는 다른 사회구상을 보였다.

실학자들은 서학과 같은 다른 사상의 세례를 받기도 하였고 기존의 성리학에서의 논쟁이 이들의 사상체계에 영향을 끼치기도 하였다. 윤휴(尹鑴)와 박세당(朴世堂)은 주자의 경서해석을 비판하고 분석적이고 실증적으로 경서를 해석한 반(反)주자학자였다. 유형원(柳馨遠)은 초년에는 주기론(主氣論)에 해당하는 견해를 가지고 있었다. 그러나 차차 달라져 기를 떠나 이가 있을 수 없지만 이(理)는 기(氣)로 인해 있게된 것이 아니고 이(理)가 있으므로 기가 있는 것이라고 시인하였다. 이익(李瀷)은 서학에 있어서의 과학적인 면을 수용하였다. 서학은 그로 하여금 종래의 중국중심의 전통적인 중화관에서 벗어나 새로운 과학지식에 눈뜨게 하여, 실증주의적인 취향을 지니게 하였다.

실학파는 토지제도 및 행정기구 등의 제도개혁에 치중하였던 유형원·이익·정약용을 중심으로 하는 경세치용학파(經世致用學派)와 상공업의 유통 및 생산기구 일반 및 기술혁신에 치중하였던 박지원(朴趾源)·홍대용(洪大容)·박제가(朴齊家)를 중심으로 하는 이용후생학파(利用厚生學派)와 그리고 경서 및 금석문 전고(典故)의 고증을 위주로 하며 김정희(金正喜)가 중심인 실사구시학파(實事求是學派)가 있었다.

사회개혁 방안 실학자들이 가장 많은 관심을 가졌던 분야가 농업이었다. 실학자들은 농민의 몰락과 국가재정의 취약성이 같은 원인인 것으로 보고 대책을 세웠다. 근본적으로는 토지소유의 불균등에 있는 것으로 그의 해결책을 각각 내어놓았다. 유형원은 균전제(均田制)를, 이익은 한전제(限田制)를 주장하였다. 정약용은 여러 단계의 제안을 거쳐 여전제(閭田制)를 실시할 것을 주장하였다. 토지공유와 경자유전(耕者有田)의 원칙 아래에 농민들이 공동으로 경작하고 세를 균일하게 내고 생산물을 노동량에 따라서 분배해야 한다는 것이다. 지주전호제가 철폐되고 생산자 농민의 농업생산을 보장하는 생산양식으로 전환하는 것을 의미하였다. 실학자들은 이를 위하여 농업생산력이 높아져야한다고 생각하여 농업기술 발달에도 큰 관심을 가졌다.

한편 이익은 전랑의 낭천권(郎薦權)과 통청권(通淸權)을 혁파할 것을 주장하였고, 이익과 정약용은 과거의 횟수와 합격자를 줄이고 실용학문을 위한 과목을 시험보아 능력 있는 사람을 기용하여야 한다고 주장하였다. 정약용은 농업경영에 뛰어난 농민들을 지방이나 중앙의 관료로 가려 뽑아 정치에 참여케해야 한다고 주장하였다. 백성이 정치에 직접 참여하는 정치체제를 생각하고 있었다. 특히 정약용은 실학사상을 집대성하였다. 조선 후기 봉건사회의 모순을 해결하는 원칙과 현실적인 방안으로 되어있는 그의 사상은 인간평등을 전제로 하는 새로운 사회의 모습을 지향하였다.

중국에 대한 견문을 갖고 있는 또 다른 실학자들은 상공업을 발달시켜야한다고 주장하였다. 유수원(柳壽垣)은 나라를 부강하게 하기 위하여 물자의 낭비를 막는 것은 물론 상업활동을 국가가 적극 통제하여 국가 주도의 상업발달을 주장하기도 하였다. 북학파(北學派)라 불리우는 박지원 · 박제가 · 이덕무(李德懋)와 같은 사람들은 국내 상업의 진흥과 대외무역의 진전 및 수공업 생산의 증강을 주장하였다. 이들이 주장한 공상진흥론(工商振興論)은 분배보다 생산을, 자급보다 교역을, 사농일치(士農一致)보다 사 · 농 · 공 · 상의 분업과 전문화를 주장하는 내용이었다.

실학자들이 구상하고 있는 사회는 상하의 신분제가 없어진 사회였다. 실학의 발전단계에 따라 신분제 폐지의 주장은 차이를 보이고 있지만 대체적인 방향은 점진적이라도 해결되어야 하는 것으로 인식하고 있었다. 직업 재배치를 통하여 사회적 분업을 재조정하고 이들의 정치참여의 문제를 해결하고 생존의 조건이자 사회적 신분 결정의 중요요소인 토지소유에 대한 재조정을 통하여 차별적 질서를 유지하는 신분제를 평등한 관계로 재조정할 수 있는 것이었다. 신분 문제의 해결은 이와 같이 경제적 구조의 재편과 사회적 분업 체계의 재조정을 함께 고려하여 구조적으로 접근해야 하는 것이었다. 이러한 생각들은 주자학 유일의 사상체계를 부정하는 것이고 주자학마저 비판의 대상이 될 수 있음을 전제로 하는 것이었다. 새로운 질서를 위한 새로운 사상의 대두였다.

3) 학문의 발달과 문화의 새로운 양상

역사서 편찬 조선후기 역사서의 특징 가운데 하나는 활발한 사찬사서의 편찬이다. 17·18세기의 사찬사서를 보면 다음과 같다. 오운(吳澐)의 『동사찬요(東史纂要)』, 정구(鄭逑)의 『역대기년(歷代紀年)』, 조정(趙挺)의 『동사보유(東史補遺)』, 유계(兪棨)의 『여사제강(麗史提綱)』, 홍여하(洪汝河)의 『휘찬여사(彙纂麗史)』와 『동국통감제강(東國通鑑提綱)』, 임상덕(林象德)의 『동사회강(東史會綱)』, 그리고 홍만종(洪萬宗)의 『동국역대총목(東國歷代總目)』이 있다.

이와 같은 사찬사서들은 성리학적 가치관과 그 서술체재로서의 강목법이 강하게 나타나는 경향을 지니고 있으며 범례(凡例)가 보편화되어 쓰였다. 현실적으로는 중국의 왕조교체가 역사인식에 영향을 미쳐 정통론(正統論)이 중요한 쟁점으로 되었다. 그리고 조선후기 붕당이 격화되면서 자신들의 정치적 입장이 투영된 역사서술에 관심을 강하게 보이는데 이들은 그들의 저술이 가숙용(家塾用)이라는 점을 강조하고 있다. 가문에 따라 당색을 달리하면서 그 각 당색의 정치적 입장이 반영된 사서인 것이다.

안정복(安鼎福)은 『동사강목(東史綱目)』과 『열조통기(列朝通紀)』를 찬술하였다. 안정복의 『동사강목』은 조선후기의 강목체 사서의 정점을 이루는 것이라 할 수 있다. 남북국시대를 설정한 유득공(柳得恭)의 『발해고(渤海考)』는 비록 자료정리 수준에 그치고 통사적인 체계를 갖추고 있지는 못하였으나 중국의 각종 사서를 인용하여 발해의 역사를 체계화하려 한 점에서 주목되는 사서이다.

실학자들의 대표적인 사서 가운데 하나인 『연려실기술(燃黎室記述)』은 연대기적인 통사체재와 사건의 추이를 잘 알 수 있는 기사본말체(紀事本末體) 그리고 각각의 제도 등을 이해할 수 있는 분류사적인 체재를 한 사서 안에 같이 사용하고 있다. 각종의 제도를 서술함으로 역사일반에 대한 관심을 높인 것으로 이해될 수도 있으나 전반적으로 이 사서 역시 정치사 중심을 벗어나지는 않는다.

이 시기에는 대규모의 야사가 수집 정리되었다. 『대동야승(大東野乘)』이 59종, 『대동패림(大東稗林)』이 96종, 『광사(廣史)』가 143종을 수록하였다. 아울러 신분제가 동요되는 사정을 배경으로 양반층 이외의 저술이나 특정한 신분을 소재로 하는 역사서술이 등장하였다. 향리가 『연조귀감(掾曹龜鑑)』과 같은 자신들의 역사를 서술한다든가 역관 출신인 조희룡(趙熙龍)이 『호산외기(壺山外記)』를 지었고 서얼 가운데 뛰어난 사람과 자신들의 허통문제의 역사를 서술한 『규사(葵史)』와 같은 것이 있었다.

학문의 발달 조선후기에는 다양한 분야에 대한 관심이 높아지면서 다양한 학문적 성과를 이루었다. 최석정(崔錫鼎)의 『경세정운(經世正韻)』과 신경준(申景濬)의 『훈민정음운해(訓民正音韻解)』와 같이 음운에 대한 이해 역시 깊어졌다. 그리고 각종의 사물에 대한 관심을 나타내는 유서(類書)들이 편찬되었다. 이수광의 『지봉유설』, 이익의 『성호사설』 이규경(李圭景)의 『오주연문장전산고(五洲衍文長箋散稿)』 등이 있었다.

농업은 조선의 최고 관심분야이었기에 전기의 농학을 뒤이은 농서들이 출판되었다. 신속(申洬)의 『농가집성(農家集成)』을 비롯하여 박세당의 『색경(穡經)』, 홍만선(洪萬選)의 『산림경제(山林經濟)』 등이 있었다. 허준의 『동의보감』이 의학 발달에 끼친 영향은 지대하며 정약용의 『마과회통(痲科會通)』 등은 이 시기 조선사회의 관심이 사람의 몸에 크게 기울이고 있으며 결국 이제마(李濟馬)의 『동의수세보원(東醫壽世保元)』을 낳았던 것이다.

조선후기 문화의 특징 가운데 하나는 기존의 성리학을 바탕으로 하는 것이 아닌 문화가 등장하고 있다는 점이다. 문학에서는 한글소설인 『홍길동전(洪吉童傳)』이 정치의 문란이나 서얼차대와 같은 신분제의 문제를 제기하였다. 아울러 종전과는 다른 문체를 사용하는 작품도 등장하였다. 박지원의 『열하일기(熱河日記)』나 홍대용의 『의산문답(醫山問答)』은 생활에서 사용되는 비속어를 표현하여 그에 대한 반발이 일어나기도 하였다. 『장화홍련전』, 『심청전』, 『흥부전』, 『춘향전』과 같은 한글소설도 많이 등장하여 돈을 주고 책을 빌려보는 세책(貰冊)이 성행하기도 하였다.

제8절 상품화폐경제의 발달과 신분제의 동요

1. 경제구조의 변화

1) 농업의 변화와 농민층의 재편성

농업생산력의 발달 조선전기 경상도 및 강원도 일부지역에서 이용되던 이앙법(移秧法)은 조선후기에 점차 확대되어갔다. 수전(水田)에서는 벼를 파종하는 법이 이앙법으로 바뀌면서 벼와 보리 또는 밀을 심는 이모작이 가능하게 되었다. 종전과 같은 면적이라도 투입되는 노동력이 줄어들고 수확량이 늘어나게 되었다. 이앙법과 같은 농사를 짓기 위해서는 관개·수리시설이 필요한 것이어서 18세기 말에는 전국의 저수지가 약 6,000 개소로 늘었다.

한편 한전(旱田)에서도 농업기술이 발달하여 2년 3작 내지 2년 4작의 윤작(輪作)이 확대되어 가을에 가을보리를 심어 여름에 거둔 뒤 다시 콩이나 조를 심기도 하였다. 농업생산력을 높이기 위해 우리의 농업환경에 맞는 작물을 가려내고 종자를 개량하였다. 뿐만 아니라 토지의 힘을 돋구기 위하여 비료의 종류를 개발하고 주는 법을 개량해 나갔으며, 농구도 개량해 나갔다. 서유구(徐有榘)는 『임원경제지(林園經濟志)』를 펴냈으며 각 종의 농서가 편찬되어 그를 뒷받침하였다.

지주제의 변동과 농민층의 분해 조선후기의 지주제는 궁방전이나 관둔전은 물론이고 일반 민전에서도 행하였다. 민전에서의 지주는 대지주에서 중소지주에 이르기까지 다양하였지만 궁방전이나 관둔전은 모두가 대규모였다.

조선후기 지주층의 토지집적은 매매 뿐만 아니라 신전개발에 의해서도 더욱 촉진되고 있었다. 몰락농민이나 실세한 양반 지배층의 토지가 집적의 대상이 되기도 하였다. 그리고 토지는 누구나 소유할 수 있고 매매할 수 있었기 때문에 지주의 신분구성이 다양하여 주로 양반, 서리(胥吏) 및 부상(富商層)이 중심이 되고 있었으며, 중소지주층 가운데에는 일반 서민층도 포함되어 있었다. 서민지주(庶民地主)의 등장은 경영형 부농의 성장과 함께 지주전호제에서의 신분적 예속성을 약화시켰다. 이 시기의 지주제가 봉건적 생산관계의 기본적인 성격에서 벗어난 것은 아니었으나 경제외적인 강제가 퇴색하고 경제적 관계가 전면에 나타나게 되었다.

위와 같은 변화는 지대수취에도 나타났는데, 지대는 일반적으로 크게 두 가지 방법으로 징수되고 있었다. 소출을 반분하는 타조제(打租制)와 소출의 다과와 관계없이 정액을 수취하는 도조제(賭租制)였다. 타조제는 주로 논농사의 경우에, 도조제는 주로 밭농사에 적용하였다. 물론 이는 시기에 따라서 달라져 18세기말에서 19세기에 이르면 수도작의 타조제는 도조제로 옮겨가는 경향을 띠며 지대 형태 역시 금납화하였다.

조선후기의 생산력의 발달이나 상품화폐경제의 발달은 단순히 토지소유 규모의 확대만을 가져온 것이 아니라 농업경영의 변화를 일으켰다. 경영형부농(經營型富農)이 등장하였다. 17세기말의 고공법(雇工法)의 변동과 18세기 중엽의 고지(雇只)노동의 보급은 이들 경영지주를 경영형부농으로 변신케하는 계기가 되었다. 이 시기에는 생산력 수준이 높아 부농층이 자기 토지나 차경지를 막론하고 많은 농지를 경영함으로서 부를 축적할 수 있었다. 경영형부농은 임금노동자를 고용하여 생산하였으며 이들은 반드시 경영확대가 아니라도 작은 농지에서 값비싼 상업작물을 생산판매함으로서 수입을 늘리는 부농이었다.

지주제가 발달하고 새로운 형태의 농업경영이 전개되면서 농민층은 부농과 빈농으로 분화되어 갔다. 그러한 변동에서 위상이 바뀌고 있는 것은 일반 양인농민만이 아니었다. 양반층은 본래는 대개 지주로서 농민을 지배하고 있었는데 이제는 그들 중에서 많은 부분이 지주대열에서 탈락하고 있었다. 그들 가운데에는 가난한 소작농민으로 전락하기도 하고 또 임노동층으로까지 전락하는 예도 있었다. 이와 같은 몰락양반은 신분만이 양반이지 경제적으로는 일반농민과 다를 바가 없었다. 이렇게하여 분해된 농민층을 보면, 부농의 경우에 지주형과 경영형이 있으며, 지주도 종전의 신분지주 이외에 비신분지주인 서민지주가 새롭게 등장하고 있다. 양극분해를 통해 몰락한 농민은 임노동자로 되어 농업에 종사하든지 아니면 수공업이나 광업의 임노동자로 살았다.

2) 상품화폐경제의 발달

수공업 생산력의 발달 수공업도 생산력 수준이 높아지고 경영형태의 변동이 생겼다. 농촌의 부업적 가내수공업이 점차 전업화하고 그 생산과정을 몇 단계로 나누어 서로 협업 및 분업을 하여 대량생산을 할 수 있도록 구성하였다. 원료생산지에서의 상품생산이라는 지역적 분업이 생겨났다.

수공업자들은 대동법의 시행에 따라 급속한 성장을 하고 있던 공인이나 시장에 팔 상품을 만들었다. 농민들의 경우에도 공납부담에서 벗어나면서 수공업 제품을 생산하여 시장에 판매하게 되었다. 직물류가 중심인 농촌의 가내수공업도 변화하여 농민들이 점차 소상품생산자로 바뀌어 갔다. 장세를 내며 관의 통제를 받아오던 공장들의 경우에도 조선후기 이래 관의 통제가 약화되면서 자유로운 수공업자로 성장하였다. 상품화폐경제가 발달할수록 이들 수공업자들의 기능은 더욱 확대되었다. 수공업자들은 자신의 자본으로 상품을 만들기도 하였지만 대규모 생산인 경우에 상인들이 원료를 대주고 자금을 미리 주어 선대제(先貸制) 생산을 하기도 하였다. 그러나 크게 성장한 수공업자는 스스로의 자본으로 임노동자를 고용하여 시장을 염두에 둔 상품생산을 하는 경향이 점차 늘어났다.

금속가공업이나 광업에서는 특히 공장제 수공업이 발달하였다. 전문적인 숙련 기술자들이 물주(物主)에게 노동력을 파는 임금노동자로 존재하면서 생산공정에서 분업적 협업의 형태로 일하였다. 물주들은 생산수단과 노동력을 사서 운영하는 자본가들로 생산물을 판매하여 이윤을 독점하였다.

상업의 발달 농업과 수공업 및 광업 등 모든 생산부문에서의 생산력 수준이 높아지고 화폐가 발달하고 대동법과 같은 수취제도가 바뀌면서 상업은 더욱 발달하였다. 농업에서도 쌀을 비롯하여 면화·연초·채소·인삼과 같은 작물이 상품으로 생산되었다. 조선후기 유통로가 더욱 확보되면서 지역간 불균등가를 이용한 이윤 취득이 활발히 전개되었다. 유통망의 확대현상이었다. 상업에 대한 통제 곧 억말론(抑末論)이 후퇴하고 신분통제가 해이해지면서 상품화폐경제는 더욱 발달하였다.

서울이나 대구·개성 등의 대도시에서는 상설 시장이 서고, 향촌사회에서는 장시(場市)가 더욱 발달하였다. 가령 한 군(郡)에 닷새 간격으로 장시가 여러 곳에 열려 군 안에서의 유통은 물론이고 외부로부터 들어오는 상품이 군 전역에 유통될 수 있었다. 이러한 장시에서는 보부상(褓負商)들이 활발하게 상업에 나서고 물산이 유통되고 집산되는 중요한 곳에 객주·여각(客主·閭閣)이 있었다. 객주·여각은 나루나 포구에 거점을 두고 숙박업·금융업·위탁판매·도산매·창고업 등을 하였다.

조선후기에는 사상(私商, 自由商)이 성장하고 있었다. 개성의 송상(松商)은 국내 유통뿐만 아니라 만상(灣商)이나 내상(萊商)을 거쳐 해외무역업에도 종사하였다. 경강상인(京江商人)은 한강을 이용하여 미곡·소금·어물등의 물자를 운송하고 판매하면서 성장하였다. 의주의 만상은 중강후시(中江後市)나 책문후시(柵門後市)에서 청의 상인들과 사무역을 하였으며, 동래의 내상은 왜와 교역하였다.

조선후기에는 종전과 같이 특권적인 도시의 시전상인 이외에 대동법의 실시에 따른 공인층(貢人層)이 새로운 상인으로 등장하였다. 시전상인이나 경주인(京主人) 또는 유력한 공장(工匠)들이 공인으로 되었는데 그들은 관에 바칠 물건을 장인들에게 생산하게 하고 상인을 통하여 구입함으로 사상과 수공업자들의 성장을 뒷받침하였다.

기득권을 가진 상인은 금난전권(禁亂廛權)을 발동하여 상품을 독점 판매하려 하였지만 더 이상 국가정책이나 특권상인들의 단속으로 사상층의 성장을 막을 수 없었다. 결국 1791년(정조15)에 신해통공(辛亥通共)으로 일부의 상품만을 제외한 모든 상품에 대한 독점을 포기할 수밖에 없었다. 한편으로 공인이나 사상들은 수공업자들에게 자금을 대어 주고 상품을 생산케 하기도 하였다. 이들은 때로는 상품을 일시적으로 독점하여 도고(都賈)행위를 하였다.

이러한 상품경제의 발달은 화폐의 발달과 짝을 이루는 것이었다. 종전에는 거래할 때에 주로 쌀이나 베로 매개물로 삼았는데 점차 은자를 사용한다든가 동전을 주조하여 사용케 되었다. 17세기 말엽에는 상평통보(常平通寶)를 발행하여 전국에 유통시켰으며 이에 따라 조세의 금납화가 이루어졌다. 이러한 상업의 발달은 자급자족의 자연경제 체제를 해체시켜 나갔다.

2. 신분제 사회의 동요

1) 신분제 질서의 동요

18·19세기 신분제 변동의 주요한 양상은 하층 신분의 상층으로의 이동에 있었다. 상품화폐경제의 발달과 농민층의 분해는 지주전호 관계의 신분구성에서도 종전과는 다른 양상을 나타나게 했다. 상업이나 농업경영에서 돈을 번 서민층은 토지를 사서 지주가 되기도 하였으며, 양반 가운데에는 오랫동안 관직에 진출치 못하고 경제적으로 몰락한 경우도 생겨났다. 양반이 수공업이나 상업과 같이 스스로 천시하던 직업을 갖게 되었으며, 양인층 역시 경제적으로 자립하여 경영형부농으로 성장하기도 하였고 소상품생산자로 성장하였다.

신분변동은 위와 같은 사회경제적 변화를 배경으로 하면서 합법과 불법적인 방법으로 통하여 이루어졌다. 국가는 천민으로 속오군(束伍軍)을 편성하여 양인화한다든가, 공명첩(空名帖)까지 내어준 관직매매와 같은 합법적인 신분변동의 길을 열어 놓고 있었다. 또한 군공(軍功)을 세우면 신분변동이 가능하였다. 특히 역부담자를 확보해야할 왜란과 같은 전쟁 때나 북벌정책의 수행 같은 경우에 속량정책(贖良政策)은 강력히 추진될 수밖에 없었다. 천민이 댓가를 치루고 양인신분을 획득할 수 있는 것은 그만큼 부를 축적할 수 있었기에 가능하였다. 조선후기 농업생산력 수준의 제고와 상품화폐경제의 발달에 힘입은 사람들은 유학(幼學)·유생을 모칭(冒稱)하거나, 교생·원생·군관·장교가 되어 군역부담에서 빠져나가고 있었다.

노비신분의 합법적인 변동의 길 가운데 하나는 종모법(從母法)이었다. 부모 가운데 어느 한쪽이라도 천민이면 천민으로 간주하는 정책은 결국 양역 부담인구를 줄이는 결과를 가져왔다. 따라서 양인확보를 위하여 1669년에 처음으로 실시된 종모법은 치폐를 거듭하다 1731년에 확정되었다.

양천간의 교혼이나 양인의 노비로의 투속(投屬), 노비의 양인화가 동시에 일어났다. 양인의 노비로의 투속은 몰락한 양인농민이 군역과 공납의 부담을 피하고자 한 것이었다. 양인이 노비가 되는 경우에 사노비가 되었고, 노비로서 양인으로 되는 경우에는 공노비가 많았다. 대체로 양인의 노비로의 투속보다는 노비의 양인화가 일반적인 추세로서 점차 노비인구가 줄었다.

조선후기 도망자가 속출하여 노비추쇄를 진행하기는 하였지만 노비의 신공(身貢)과 입역을 완화시킬 수밖에 없었고 도망자가 늘자 1801년(순조 원년)에 일부의 공노비를 제외한 공노비를 양인으로 하였다. 역노비(驛奴婢) 및 각 궁방이나 관청에 직접 예속된 노비를 제외한 궁노비와 각사노비(各司奴婢) 그리고 관노비 가운데 납공을 하고 있던 외거노비가 해방되었다.

양반은 신분질서를 지키기 위하여 호적제를 운영하고 양반 스스로 족보를 만들었다. 그러므로 신분을 바꾸고자하는 사람들이 때로는 호적이나 족보를 위조하기도 하였다. '환부역조(換父易祖)'한다는 것은 말 그대로 조상을 바꾼다는 것으로 이 시기 족보위조와 매매를 말하고 있는 것이다. 향촌의 양반들 가운데에는 이름만이 양반인 존재도 있었다. 양인이나 노비가 양반을 모칭한 경우도 있었다. 이와 같은 일이 생기는 것은 아직 조선사회에서 양반 신분이 갖는 사회적 특권과 위상이 소멸되지 않았다는 반증이었다.

2) 농민항쟁

삼정문란 상품화폐경제의 발전과 국가기구의 팽창에 따른 국가재정의 지출은 세도정권하에서 만성적인 국가재정의 위기를 가져왔다. 이러한 국가재정위기를 극복하기 위하여 세도정권은 대동미의 중앙상납분을 증대시키거나 환곡의 총액을 늘리는 조처를 취하였다. 중앙정부에 의해 재정이 감액된 지방관청에서는 각종 잡세의 부과나 환곡, 고리대 등을 통하여 재정부족을 보충하려 하였다. 이에 따라 자연히 농민수탈은 더욱 심화되었고 이는 19세기의 만성적인 삼정수탈의 한 계기로 작용하였다.

전정·군정·환정 삼정의 문란은 매우 심하여졌다. 군정은 군총제(軍摠制)로 운영되었는데 19세기 이후 군현단위의 군액은 증가하였으나 신분상승의 전개에 따라 군역부담자인 양인농민이 감소하고 있었다. 이러한 군액 증가와 군역부담자의 감소는 이 시기 민의 가장 큰 부담으로 대두되었다. 백골징포(白骨徵布)·황구첨정(黃口簽丁)·족징(族徵)·인징(隣徵) 등 군역폐단이 보편적인 현상으로 나타나게 되었다.

이 시기 삼정은 토지세로 바뀌었고 또 그 결가를 높게 매겼다. 군역의 경우에서도 양인 농민에게 신역으로 부과되지 않고 1결당 1냥씩 토지에 부과되었다. 이처럼 전세·대동미·결전·잡역세·군역·환곡의 이자 등 모든 조세가 토지에 부과되어 이를 도결(都結)이라 하였다.

가혹하게 행해진 삼정수탈은 총액제 방식으로 운영되었기 때문에 조세수탈이 일부에게만 편중되었다. 이러한 조세수취 및 수탈에 대하여 농민층은 여러 형태로 대응하였다. 부세문제에 대하여 향촌민이 조직적으로 공동대응을 하기도 했다. 그러나 못 견디는 농민들은 유리・도망하기도 하였다. 이는 결국 조세편중을 더욱 악화시키는 악순환이 일어남을 뜻하는 것이었다.

삼정수탈은 농민뿐 아니라 지주들 역시 피할 수 없는 것이었다. 지방수령이 가장 손쉽게 수탈 대상으로 삼았던 층은 19세기에 들어서서 평민들 중에서 부를 쌓아가던 요호부민(饒戶富民)들이었다. 조선 전사회에서 다양한 계층이 참여하는 농민항쟁이 전개되는 민란의 시대가 전개되는 것이었다.

평안도농민전쟁 평안도 지역은 사신행로(使臣行路)여서 그 폐해가 적지아니하였지만 다른 한편으로는 대청(對淸)무역의 통로로서 상품유통이 매우 번성한 지역이었다. 이 지역의 상인들은 공무역 및 밀무역을 통하여서 막대한 부를 모아 부상대고(富商大賈)로 성장하였다. 금・은 광산이 개발되었으며 잠채(潛採)가 성행하기도 하였다.

그러나 이 서북지역은 정치적으로는 지역차별을 받던 곳이어서 재지사족층이 형성되지 못하였다. 그러면서도 18세 이후 상품화폐경제의 발달에 힘입어 새로운 부민층이 성장하자 기존의 지배층과 갈등을 빚기도 하였다. 새로운 부민층은 재력을 바탕으로 향안에 오르고 향임을 차지하여 신향층(新鄕層)을 이루었다. 성장하고 있는 이들 신향층은 향권을 장악한 새로운 세력이 아니라 수령의 수탈대상이었다.

홍경래(洪景來)는 몰락양반 출신으로 빈농이었다. 그는 우군칙(禹君則), 이희저(李禧著), 김창시(金昌始) 등을 모아 항쟁에 나섰다. 우군칙도 지사(地師)였으나 서얼출신이었고, 이희저는 역노 출신이었으며 김창시는 토호양반이었다. 이렇게 평안도 농민전쟁은 몰락양반, 토호출신을 비롯한 신흥상공업자들이 중심이 되고 농민이 참가한 항쟁이었다. 이는 수령의 수탈과 서북인에 대한 차별에 반대하고 세도정권을 타도하려한 반봉건 농민전쟁이었다. 뚜렷한 정치적 목적을 가지고 있으며 장기간 준비를 하여 군사조직을 갖추어 전쟁을 치루었으나 무력에 의하여 진압되었다.

1862년의 농민항쟁 이 항쟁은 경상도 단성에서 시작되었다. 농민항쟁은 곧이어 진주로 비화되었으며 그리고 5월 경에는 경상도・전라도・충청도를 중심으로 전국으로 확산되었다. 제주에서는 이듬해까지 계속되었다.

농민항쟁은 대개 농민들이 향회를 열어 대표자를 뽑아 관청에 요구사항을 전달하고 받아들여지지 않게되면 봉기하여 관청을 점령하고 대항하는 형태로 전개되었다. 또한 지주나 고리대업자를 공격하기도 하였다. 농민들은 봉건적 수탈과 농민층 분해가 상호 작용하여 더욱 가혹해진 수령이나 이서배(吏胥輩)들의 수탈에 대하여 저항하였다. 환곡・군역・결가 등의 부세수취의 폐해를 없앨 것을 요구하였다.

1862년의 농민항쟁은 봉건사회 해체기 사회모순이 전면화되는 상황에서 발생한 반봉건 농민항쟁이었다. 직접적인 원인은 삼정의 문란이었다. 항쟁의 양상을 보면 대체로 군현 단위의 국지적이고 분산적인 것이었다. 그러나 요호부농층의 등장과 몰락농민층의 항쟁에의 참여는 변혁주체로의 성장 가능성이 높은 사회계층의 출현을 의미하였다. 일부 지역에서는 초군(樵軍)이나 두레와 같은 조직이 항쟁에 뛰어 들었다. 농민들 스스로 조직한 민회(民會) 등이 직접 항쟁에 나서게 되는 상황이었다.

정부에서는 항쟁이 일어나자 선무사(宣撫使)를 파견하여 사정을 파악하고 수령을 일부 처벌하기도 하였다. 또 안핵사를 파견하여 발생원인을 조사하고 주동자를 찾아내어 보고토록 하였다. 항쟁이 확산되자 정부는 주동자를 처형하고 가담자도 가혹하게 처벌하였으나 항쟁이 끊이지 않게되어 정부는 항쟁의 원인을 전면적으로 조사하고 대책을 세우게 되었다. 정부는 그 원인을 부세제도의 운영에서 빚은 비리와 부패의 문제로 파악하여 삼정이정청(三政釐整廳)을 설치토록 하였다.

3) 대원군의 정치

내정개혁 고종이 1863년 즉위하면서 집권한 홍선대원군은 1862년 농민항쟁의 뒷수습을 하여야만 하였다. 그의 내정은 왕실을 중심으로 왕권을 강화한 위에서 제도개선을 하는 것이었다. 세도정권의 권력이 집중되어 있던 비변사를 폐지하고 의정부를 부활시켰다. 직접적으로 안동김씨 세력을 배제시킬 뿐만 아니라 만동묘와 전국적으로 서원을 철폐하여 왕권에 도전하는 양반들의 기반을 해체하였다. 아울러 경복궁을 재건하여 왕실의 권위를 높이려 하였으며 『대전회통(大典會通)』을 편찬하여 그 규범을 정비하였다.

대원군의 개혁의 중심은 역시 삼정이었다. 양전사업을 전개하여 조세 부담에서 빠져나간 부분을 찾아내어 재정수입을 늘였다. 군역을 개선하면서 호포제를 실시하였는데 양반에게도 매호당 2양의 군포전을 부과함으로써 균부의 원칙에 가까이 갔다. 고리대와 같은 환곡제를 많은 부분 폐지하고 사창제로 바꾸었다. 경기도와 황해도 및 삼남지방에서 실시된 사창제는 면민들이 공동으로 출자하여 공동으로 운영하는 것으로 어느 정도 농민층의 부담을 줄였다. 아울러 상인들의 매점행위를 금지하였으며 청일의 상품에 강화된 관세를 징수하였다.

쇄국정책 대원군은 각종의 제도개선을 통하여 조선국가의 정상적인 양반관료제 운영으로 돌아갈 수 있었으며 그를 기반으로 대외 정책을 수행할 수 있었다. 서구열강의 침략에 맞서 나라의 문을 굳게 잠그는 쇄국정책을 밀고 나갔다.

왕권을 강화하면서 유교질서를 회복하고자 하였던 대원군으로서는 교세가 확대되고 있던 천주교를 그대로 묵인할 수 없었다. 대원군은 1866년 1월 천주교 금압령을 내려 선교활동을 하던 프랑스 선교사 9명을 붙잡아 처형하였다. 1866년 9월 프랑스군은 그를 빌미로 침략하여 병인양요를 일으켰다. 조선의 정규군과 의병은 문수산성, 강화도 등지에서 프랑스군과 치열한 전투를 벌여 그들을 격퇴하였다. 프랑스군은 강화도를 온통 불사르고 전적(典籍)을 비롯한 숱한 문화재를 훔쳐 달아났다.

1866년 7월, 조선 영해를 불법으로 침입하였다가 대동강에서 평양의 관민에 의하여 불탄 제너럴 셔먼호 사건에 대하여 미국은 배상 요구에 그치지 아니하고 1871년, 군함을 끌고 침략해 왔다. 신미양요를 일으킨 미국은 강화도에서 초지진, 광성진 등을 점령하였으나 결국 조선의 어재연 부대의 저항에 물러갔다.

대원군은 거듭된 양요에서 승리하면서 전국에 척화비를 세우고 쇄국정책을 더욱 강력히 추진하였다. 그러나 왕권을 강화하고 현재의 체재를 안정화시키고자 하였던 내정개혁은 양반층의 원성을 받기도 하였다. 그리고 그 개혁이 조선사회에서 내려오는 근본적인 문제를 해결한 것이 아니어서 농민층의 항쟁 역시 끊어지지 않았다. 대원군은 집권 10년만인 1873년, 민씨세력에 의하여 실각하였다.

제3장 근대사회

제1절 열강의 침략과 근대화에 대한 대응-개화와 척사

1. 서구 열강의 조선침략과 불평등조약에 의한 개항

서구열강의 침략 산업혁명을 거치면서 자본제적 산업생산이 급성장한 서구 열강은 경쟁적으로 식민지 개척에 나섰다. 서구 열강은 동아시아 지역으로 진출하면서 시장규모가 거대한 중국을 우선적인 공략목표로 삼았다. 서구 열강들은 두 차례의 아편전쟁을 일으켜 중국에 대한 침략을 확대하면서, 아울러 그 인근에 있던 조선과 일본에 대해서도 눈을 돌렸다.

조선에 대한 침략을 먼저 시작했던 것은 미국이었다. 미국은 1866년 7월 제너럴 셔먼호를 앞세워 대동강을 오르내리면서 조선 선박을 납치하고 주민들을 약탈·살육하면서 통상을 요구하였다. 평양의 관민에 의해 제너럴 셔먼호가 불타 격침하자 미국은 이에 대해 배상할 것과 통상조약 체결을 요구하였다. 같은 시기에 프랑스도 조선을 침략하였다. 프랑스군은 대원군의 천주교 탄압을 구실로 1866년 9월 2천여명의 군대를 동원해 전함과 포함을 앞세우고 강화도로 침략하였다(병인양요). 프랑스군의 침입은 1달여 만에 격퇴되었지만, 이들은 물러나면서 강화도에 보관되고 있던 귀중한 문화재와 보물을 대량으로 약탈해 갔다. 이후 미국은 1871년에 다시 조선을 침략하였다. 미국의 로저스 사령관은 1천 2백여명의 군대와 5대의 전함으로 강화도를 침략하였으나 조선군의 반격을 받고 물러났다(신미양요).

계속된 서구 열강의 침략과 통상요구를 물리쳤던 것은 대원군 정권이었다. 대원군 정권은 오랜 세도정치로 말미암아 누적된 삼정의 폐해를 개혁하면서 밖으로는 열강의 침략을 맞서 쇄국정책을 취했다. 그러나 대원군은 1873년 서원철폐에 저항하는 양반층의 반발로 물러나게 되고, 이후 조선사회는 다시 정치기강이 무너지면서 민란이 재발하는 등 혼란 상태로 접어든다. 이러한 상황에서 일본이 무력을 앞세워 개항을 요구하면서 조선을 침략하였다.

개항과 불평등조약 일본은 1854년 미국의 무력에 굴복해 불평등조약을 맺고 개항하였다. 일본은 이를 계기로 1860년 메이지유신을 단행하고 근대개혁을 추진해 1874년에는 대만을 침략하였다. 일본은 그 여세를 몰아 1875년에 치밀한 계획으로 운요호 사건을 일으키고, 이를 빌미로 조선을 무력으로 협박해 1876년 2월 27일 '조일수호조규'를 체결하였다. 이로써 조선은 마침내 타율적으로 외세에 문화를 개방하게 되었다.

일본과 불평등조약이 체결되자, 열강들은 앞을 다투어 조선에 통상개방을 요구하였다. 결국 조선은 청국, 영국, 프랑스, 독일, 러시아 등과 불평등 조약을 맺고 통상을 개방을 하면서 열강이 지배하는 세계자본주의체제로 편입되어 갔다.

열강의 위세에 밀려 체결하게 된 불평등조약은 단순한 문호나 통상의 개방을 넘어 조선사회 전반에 중대한 변화를 초래하였다. 이 조약들은 상대국에게 개항장에서는 물론이고 내륙에까지 진출해 통상할 수 있는 권한을 부여하였고, 외국 상인들이 저지런 불법행위에 대해서도 이를 해당국에서 재판권을 행사하도록 보장하였다. 또한 수출입 상품에 대해 관세를 면제하거나 상대국에게 유리하도록 조정하였고, 외국 화폐의 사용도 허용하였다. 뿐만 아니라 조선국 연안에서 상대국의 군함이 자유롭게 항해할 수 있는 권리를 인정했고, 연해를 측량하고 해도를 작성할 수 있는 권한도 양여하였다. 나아가 최혜국 대우를 보장하여 한 나라가 특혜를 받으면 모든 나라도 그것을 인정받을 수 있게 하였다.

이로 말미암아 개항 이후 외국 상인들의 통상활동은 급속히 확대되었다. 이들은 막강한 자본력을 배경으로 조선의 상인들과 연계를 형성하고, 수입과 수출을 확대해갔다. 외국 상인들은 면포, 석유, 성냥, 철물 등등의 공산품을 조선으로 판매하였고, 조선에서는 쌀, 콩, 금, 소가죽 등을 매집하여 수출하였다. 이들의 통상활동으로 조선에서는 면포업자나 수공업자들이 큰 타격을 입었다. 또한 쌀값이 폭등하고, 지주와 소작인 사이의 대립이 격화되었고, 삼정문란이 더욱 심화되었다.

이에 따라 통상무역에 대한 반발이 도처에서 일어나고, 부정한 부세 수탈에 항거하는 농민항쟁이 여러 지역에서 일어났다. 개항에 대한 저항은 봉건유생들로부터도 나왔다. 이들은 개항으로 말미암아 서양인과 서양문물이 대량으로 유입됨으로써 유교적 도덕과 질서가 무너지고, 경제적으로도 막대한 국부가 유실된다고 비판하였다. 이들은 만인소 등의 집단상소나 변란을 기도하는 방식으로 문호개방에 저항하였다.

그러나 이러한 반발과 부작용에도 불구하고 조선정부는 열강과 맺은 통상조약을 파기할 수 없었다. 열강은 힘을 앞세워 불평등 조약을 강요하였고, 조약을 체결한 이후에는 그 이행을 물리적으로 강요하였다. 열강은 조선정부가 그 조약을 이행하지 않을 경우 군사력을 앞세워 그에 상응하는 배상을 요구하였다. 그리하여 외세와 맺은 불평등조약은 이후 국내법과 동등하게 조선사회의 변동을 제약하는 요인으로 자리 잡아 갔다. 열강은 이 조약을 내세워 자국의 이익을 수호한다는 구실로 조선 내정에 개입하고, 조선에 대한 침략을 확대하였다.

2. 개화파의 형성과 개혁운동

1) 개화파의 형성과 갑신정변

개화파의 형성 개항과 불평등 조약의 체결로 주권이 침해되고, 외국자본의 통상활동이 확대되면서 조선사회에서는 위기의식이 고조되었다. 이 위기를 타개하려는 적극적인 움직임은 개화파로부터 나왔다.

개화파를 형성하는 데 선구적인 역할을 한 인물은 중인 출신의 역관 오경석, 북학파 박지원의 손자 박규수, 유대치 등이었다. 오경석과 박규수는 연행사절로 여러 차례 청국을 방문하면서 당시 급속히 확대되고 있던 열강의 청국 침략을 목격하였다. 이들은 열강이 곧 조선을 침략할 것이라 판단하고 열강의 침략에 대한 청국 조정의 대응을 면밀히 살피면서 대비책을 마련하고자 고심하였다. 이들은 젊은 인재를 찾아 현재의 국제정세를 정확히 알리고 근대화에 필요한 식견과 준비를 갖추게 하는 것이 시급하다고 판단하였다. 이에 이들은 김옥균, 박영효, 박영교, 홍영식, 서광범, 김윤식 등 세도가문 출신의 진취적인 젊은 양반자제들을 박규수의 사랑으로 불러 모아 자신들이 목격한 청국의 위기상황을 알리고 서구문물을 소개한 책들을 소개하여 개화의 필요성을 고취하였다.

이들의 영향을 받은 개화청년들은 김옥균 주도하에 1870년 정치적 결사체인 '충의계'를 조직하고 조선사회의 개혁에 나섰다. '충의계'에는 이들 외에도 유생, 군인, 궁녀, 내시, 상인 등 개화의 이념에 동조하는 다양한 계층이 참여하였다. 이들은 실학파의 중상주의 사상을 계승하면서 세계흐름에 맞게 자본주의제도를 도입하는 방향으로 조선사회를 개혁해야 한다고 보았다.

개화파는 관료로 진출하여 민씨 정권의 개화정책에 적극 참여하면서 세력을 확대해 갔다. 이들은 개화세력을 더욱 확대하고 근대개혁을 실질적으로 준비하기 위해 양반자제와 여러 계층의 청년들을 일본의 군사사관학교와 게이오의숙(慶應義塾) 등에 유학시키고, 『한성순보』를 간행하고 외국서적을 소개하는 등의 계몽활동을 활발히 전개하였다.

갑신정변 개화파의 활동은 1882년 민씨 정권의 개화정책에 반발해 구식군인과 도시빈민이 폭동을 일으키고, 이를 진압할 목적으로 민씨 정권이 끌어들인 청군이 내정을 간섭하게 되면서 큰 위기를 맞게 된다. 민씨 정권은 일본과 연계되는 것을 경계하는 청의 간섭과 개화정책에 대한 유생층과 민중의 반발을 감안해 개화정책을 후퇴시켰고, 이에 따라 개화파들도 정부 요직에서 배제되어 갔다.

이런 위기 상황에서 김옥균, 서광범, 박영효 등 개화파 내부의 급진세력들은 청의 내정간섭을 배격하고, 청과 연결된 민씨 일파를 타도하는 갑신정변을 도모하였다. 급진 개화파들은 1884년 10월 17일 우정국 낙성식을 이용하여 정변을 일으켰다. 당시 청은 베트남 문제로 프랑스와 전쟁을 치르게 되어 조선에 파견한 병력의 절반을 철수시켰다. 급진 개화파는 이러한 정세변화를 이용해 일본군을 끌어들여 정변을 일으켰다.

정변으로 권력을 장악한 개화파는 10월 19일 14개조의 정강을 발표하였다. 그 정강에 따르면 정치부문에서는 청에 대한 사대외교를 폐지하고, 안으로 문벌을 폐지해 널리 인재를 등용하고, 대신과 참찬이 의정부를 중심으로 정령을 제정하는 정치구조를 수립하였다. 아울러 내시부나 규장각 등 개화정책의 추진과 무관하거나 방해가 되는 정부기관들을 폐지하였다. 그 개혁의 핵심은 입헌군주제적인 근대적 정치체제를 수립하여 유능한 개혁관료들이 개화정책을 입안하고 실행하는 주체가 되게 하고, 동시에 불필요한 정부기구를 혁파하는 등 개화정책을 쉽게 추진할 수 있게 정부기구를 개혁하는 것이었다. 경제부문에서는 재정기관을 호조로 일원화하고, 지조법을 개혁하여 개화정책을 추진하는 데 필수적인 재정원을 확보하는 개혁을 추진하였다. 또한 환곡을 폐지하여 민간경제를 안정시키고, 혜상공국을 철폐하여 유통경제가 자유롭게 발전할 수 있는 길을 열었다. 급진 개화파들은 이 정변을 통해 추구하고자 한 근대개혁의 모델은 일본의 메이지 유신이었다. 그들은 메이지 유신을 모델로 서구의 근대적인 정치경제체제를 전면적으로 도입하는 문명개화를 달성하고자 하였다.

그러나 갑신정변은 청군의 공격을 받고 3일 만에 무너졌다. 청군의 반격이 시작되자 정변에 동참하였던 일본군은 청군과의 충돌을 피해 서둘러 철수하였다. 정권을 지킬 군사력이 급속히 와해되는 상황에서 개화정책에 적대적이었던 서울의 상인과 빈민들까지 개화파 공격에 가담하였다. 결국 개화파 정권은 사흘 만에 무너졌고, 그 과정에서 홍영식, 박영교 등이 목숨을 잃었으며 김옥균, 박영효, 서재필 등 9명은 어렵게 일본으로 망명하였다.

갑신정변을 주도한 급진개화파들은 당시의 국제정세와 열강의 침입에 대한 일본과 중국의 대응을 가장 정확히 파악하고 있었고, 그에 근거해 서둘러 조선의 근대개혁을 추진하려 하였다. 그러나 그들은 정변을 성사시킬 수 있는 역량이 매우 취약하였다. 그들은 개화정책을 지지할 세력을 지배층 내에서조차 충분히 형성할 수 없었다. 그럼에도 불구하고 개혁의 시급성을 앞세워 성급하게 외세에 의존해 개혁을 달성하려 하였다. 일시적으로 그들을 도왔던 일본은 갑신정변의 성공이 자신들에게 결코 유리할 것이 없다고 판단하고 있었다. 따라서 갑신정변의 실패는 그 시작부터 예정되어 있었다.

갑신정변은 비록 실패하고 말았지만 열강의 침략으로 식민지화의 위기가 고조되던 상황에서, 조선사회를 위로부터 신속히 근대자본주의 사회로 개혁하려 한 최초의 시도였던 점에서 역사적으로 의의가 크다.

2) 갑오개혁

온건 개화파의 활동 갑신정변에 가담하였던 급진 개화파는 정변이 실패하는 과정에서 목숨을 잃었거나 정치적으로 도태되었다. 그러나 그것으로 개화파가 전부 제거된 것은 아니었다. 개화파는 1882년에 발생한 임오군란을 계기로 급진적인 변법개화(문명개화)파와 동도서기파로 분화된다. 급진개화파는 갑신정변을 주도하였지만, 동도서기파는 이들과 거리를 두었다. 김윤식, 어윤중, 김홍집 등으로 대표되는 동도서기파는 청국의 양무운동을 참조하여 점진적으로 근대화를 추진하고자 하였다. 이들은 서양의 선진 과학기술을 수용하는 데는 적극적이었으나, 사회제도개혁에는 매우 신중하였다. 물론 이들도 갑신정변으로 말미암아 일시적으로 제제와 감시를 받고 활동이 위축되었지만, 이후 민씨 정권이 다시 점진적인 개화정책으로 나아가자 여기에 참여하면서 그 활동폭을 넓혀 갔다.

그러나 민씨 정권의 개화정책은 기존 체제를 유지하면서 부분적으로 진행되었던 까닭에 그 속도가 느렸고, 체계성도 없었다. 그러한 가운데 일본의 침략이 빠르게 확대되고 봉건적 수탈이 심화되면서 동학농민전쟁이 일어났다. 조선정부가 동학농민군을 진압하기 위해 청국에 원군을 요청하자 일본은 이를 조선 침략의 기회로 삼아 조선에 대군을 출동시켰다. 그러나 전주화약이 체결되고 조선정부가 양국 군대의 철수를 요구하자, 일본은 조선의 내정개혁을 구실로 쿠데타를 일으키는 한편 청국을 상대로 전쟁을 일으켰다. 그 과정에서 출현한 것이 갑오개혁이었다.

갑오개혁 갑오개혁을 추진한 내각에서 요직을 담당했던 인물은 동도서기론의 입장에서 개화정책에 참여하였던 온건 개화파들이었다. 갑오내각이 구성되면서 본격적인 근대개혁이 가능하게 되자 이들은 군국기무처를 설립하고, 이를 중심으로 국가기구와 행정 전면에서 신속하게 개혁을 추진하였다. 갑오개혁은 1894년 7월부터 1896년 2월 아관파천이 이루어지기까지 이루어진 개혁을 망라하는 것으로 사회의 거의 모든 부문에 걸치는 사안들을 개혁대상으로 삼았다.

갑오개혁은 정치면에서는 내각제도를 수립하고, 홍범 14조를 공포해 왕실 사무와 국정사무를 분리하는 등 전제군주제를 약화시켰다. 또한 의회제도를 도입하고, 사법권을 분리시켰으며, 신식관료제도를 도입하고, 경찰조직도 갖추었다. 지방제도에서도 개혁을 단행하였는데 일본의 메이지 유신을 모델로 삼아 내각이 지방까지 장악하는 제도를 도입하였다. 갑오개혁은 이를 통해 근대화 정책을 추진할 수 있는 국가체제와 정부기구를 수립하고자 하였다.

경제면에서는 탁지아문이 국가의 재정 업무를 관리하도록 일원화하는 개혁을 단행하였다. 또한 현물 부세를 폐지하고 모든 조세를 금납화시켰으며, 환곡제도를 폐지하였다. 또한 은본위제를 도입하고 고액화폐가 유통될 수 있도록 화폐제도를 개혁하고, 도량형을 통일하였으며, 근대적인 회계제도를 도입하였다. 이를 통해 근대적인 경제정책을 추진하는 데 필요한 재정기반을 확보하고, 근대적인 상공업이 발전할 수 있는 기반을 마련하고자 하였다.

사회면에서는 신분제도를 폐지하였다. 이에 따라 문벌과 양반, 상놈의 신분이 타파되었고, 공사노비법도 폐지되었다. 또한 신분제에 의거했던 과거제도도 폐지되어 능력에 따라 인재를 등용할 길이 열렸다. 과부의 재가가 허용되었고, 조혼이 금지되었다. 연좌법도 폐지하였다. 갑오개혁은 이를 통해 근대개혁이 전면적으로 추진될 수 있는 사회적 조건을 조성하고자 하였다.

물론 이와 같은 개혁이 전부 실행되었던 것은 아니었다. 그 가운데는 당시의 사회적 조건에 제약되거나 일본의 간섭으로 말미암아 문서상의 개혁에 그친 것도 적지 않았다. 그렇지만 이상의 개혁들은 조선사회가 안고 있던 오랜 모순을 해결하고, 나아가 부국강병한 근대국가를 수립할 목적으로 추진되었다. 그 개혁 가운데는 동학농민전쟁에서 제기된 개혁안도 상당수 포함되어 있었다. 역사적 흐름에서 보면 갑오개혁은 그 추진주체나 이념에서 갑신정변을 계승하는 부르주아개혁운동이었다.

그러나 갑오개혁은 그 근대적 지향에도 불구하고 다른 한편으로는 일본의 침략에 제약된 한계도 적지 않았다. 갑오개혁은 내부적인 힘에 기초해 자율적으로 추진된 근대개혁이 아니었다. 갑오개혁을 추진할 수 있게 한 힘은 조선을 침략한 일본이었다. 그로 말미암아 갑오개혁은 일본이 청일전쟁에서 승기를 잡고 조선 내정에 간섭을 확대하였던 1895년으로 넘어 갈수록 일본의 침략을 제도적으로 보장하는 등 그 자율성과 개혁성이 약화되었다. 그로 말미암아 근대개혁을 추진하지만 그것이 자주국가의 건설을 지향하기보다 식민지 근대화로 전락하는 방향으로 왜곡되어 갔다. 이러한 한계로 말미암아 갑오개혁에 대한 민중들의 저항이 갈수록 커졌고, 삼국간섭과 민비 시해로 말미암아 조선에서 일본의 영향력이 후퇴되자 바로 갑오내각도 붕괴하고 갑오개혁도 중단되었다.

3. 척사(斥邪)와 을미의병운동

위정척사운동 조선사회의 지배층이었던 유생층들은 전통적인 화이관에 입각해 열강에게 문호를 개방하거나 안으로 개화정책을 추진하는 것에 반대하였다. 유생들은 왜양일체론(倭洋一体論)을 내세워 일본과의 교역도 반대하였다. 개항기에 유생들의 위정척사운동을 사상적으로 이끌었던 사상가는 이항노와 기정진이었다. 이들은 이단인 천주교와 외세를 물리치고 개화를 배격해야만 춘추대의를 지킬 수 있다고 보았고, 그 구체적인 방법으로 내수외양론(內修外攘論)과 양물금단론(洋物禁斷論)을 주장하였다. 이러한 인식에 입각해 유생들은 개항과 통상조약 체결에 반대하는 상소운동을 대대적으로 전개하였다.

유생들의 척사운동은 1880년 김홍집이 일본에서 청국인 황준헌(黃遵憲)이 지은 『조선책략』을 들여와 배포하면서 조직적인 운동으로 발전하였다. 『조선책략』은 러시아의 남하정책에 대비해 조선이 친청(親淸)·결일(結日)·연미(聯美)하는 외교를 추진해야 하고, 서양의 제도 기술을 배워 부국강병에 힘써야 한다는 주장을 담고 있었다. 조정은 지방의 유생들에게 『조선책략』을 배포해 당시의 국제정세와 정부의 대책을 이해시키려 하였다. 그러나 유생들은 『조선책략』이 개국과 서양화를 부추긴다고 비판하고, 이를 반입하고 배포한 김홍집의 처형을 요구하였다. 유생들의 저항은 만인소(萬人疏)라는 집단 상소운동으로 전개되었다. 이 집단상소운동은 영남지역의 유생들이 주도하였고, 경기, 충청도의 유생 대부분이 참가하였다.

임오군란 다른 한편 문호개방과 개화정책에 대한 반발은 이로 말미암아 타격을 받게 된 구식군인들과 서울의 도시빈민층으로부터도 일어났다. 민씨 정권은 개항 후 군대를 강화하기 위해 일본인 교관을 초빙해 신식 군대를 양성하였다. 신식군대 양성에 재정이 투입되면서 급료를 제대로 받을 수 없게 된 구식군인들은 1882년 폭동을 일으켰다(임오군란). 폭동을 일으킨 군인들은 대원군과 연결을 가지면서 개화정책을 추진한 민겸호 등 민씨 정권의 고관들을 처단하고, 일본 공사관을 공격하였으며, 왕궁으로 진격해 왕비 민씨를 처치하려 하였으나 성공하지 못했다. 이 폭동에는 개화정책으로 생활고를 겪게 된 도시빈민들도 대거 가세하였다. 임오군란이 일어나자 충주로 피신한 민비는 청국에 구원을 요청했고, 청국은 4척의 군함과 3천명의 군대를 파견하여 이를 진압하고 대원군을 청으로 압송하였다.

유생층과 구식군인 및 도시빈민층이 이와 같이 반발하고, 청국 또한 일본을 경계하여 개화정책에 간섭하고 나섰다. 이로 말미암아 개화정책에 대한 민씨 정권의 입장은 매우 소극적으로 변했다. 이러한 상황에서 위기의식을 느낀 급진개화파들이 갑신정변을 일으키자 민씨 정권의 입장은 더욱 보수적으로 변했다. 그리하여 이후에도 민씨 정권의 개화정책은 계속 되었지만 조선사회의 신분제적 지배체제와 질서를 유지하는 한계 내에서 부분적으로 그것도 매우 점진적인 방식으로 추진되었다.

을미의병 갑신정변 이후 특히 1890년대에 이르면 일본과 청국 상인들의 통상활동이 빠르게 확대되었다. 특히 일본 상인들은 조선에서 쌀, 콩, 소가죽 등을 대량으로 매집해 자국으로 수출하였다. 이로 말미암아 농산물 가격이 급등하고, 쌀의 수출을 제한하는 방곡령도 수시로 발동되었다. 통상무역의 확대는 지주층과 관료층에게 부를 축적할 수 있는 기회를 제공하였다. 지주층은 농민층의 빈곤을 이용해 고리대 수탈로 부를 증식해 갔고, 관료층들은 특권과 권력을 남용해 농민에 대한 수탈을 늘려갔다. 이들의 수탈은 일본 상인들의 곡물 매집이 활발하였던 지역에서 더욱 확대되었다. 이러한 수탈이 원인으로 작용하면서 동학농민전쟁이 발생하고, 전국적으로 확대되었다.

유생층들은 소중화의식에 매몰되어 당시의 국제정세나 시세의 흐름을 정확히 인식할 수 없었다. 그들이 유교적 가치를 소중하게 여기고, 개항과 열강과의 통상이 초래할 국부상실과 주권 유린을 우려한 것은 평가할만한 것이었다. 그러나 그들의 우려는 열강의 침략에 대한 실체적 파악에서 나온 것이 아니었다. 그들은 당시의 객관적 정세를 파악하는 데 매우 소극적이었다. 따라서 그들은 열강의 침략을 막아내고 전통적인 도덕과 가치, 질서를 지킬 수 있는 현실적 방도를 마련할 수 없었다. 유생층들은 개화정책을 반대하고 저지하면서 기득권을 지키려 애썼을 뿐 당시의 국가적, 사회적 위기를 해결하는 데는 거의 기여할 수 없었다. 오히려 통상무역이 확대되자 이에 편승하여 사적으로 봉건적 수탈을 확대하는 데 가담함으로써 동학농민전쟁을 야기하였다.

동학농민전쟁이 발생하자 유생층들은 피신하거나 사병을 조직해 농민군과 대치하였고, 일부 지역에서는 정부군과 일본군을 도와 농민군을 진압하는 데 앞장섰다. 그것이 자신들의 계층적, 계급적 이익을 지키는 길이었기 때문이다. 동학농민전쟁이 진압되자, 유생층들은 향약운동을 일으키는 등 농민전쟁으로 말미암아 무너진 신분제적 향촌질서를 복구하기 위해 노력하였다.

그러나 기득권을 지키려는 유생층의 노력은 동학농민전쟁 중에 시작된 갑오개혁에 의해 치명적인 타격을 입었다. 갑오개혁은 신분제를 타파하고 공사노비제도를 혁파했으며, 과거제를 폐지하고 대신 능력에 따른 인재등용의 길을 열었다. 유생층들이 누려왔던 정치적, 사회적, 경제적 특권은 이 개혁으로 대부분 혁파되었다. 갑오개혁은 유교적 가치를 부정하지 않았지만, 서구의 근대사상이나 학문이 유입될 수 있는 문호를 대폭 개방하였다. 그리하여 성리학적 도덕과 가치, 질서가 조선사회에서 가졌던 지배적 지위는 더 이상 유지될 수 없게 되었다.

유생들은 갑오개혁에 대해 저항하였다. 갑오개혁에 대한 반발이 고조되는 가운데 자행된 민비시해와 단발령 강요는 유생들을 봉기하게 만든 직접적인 계기가 되었다. 유생들은 척사위정사상에 입각해 '존왕양이'를 부르짖으며 여러 지역에서 봉기하였다. 유생들은 자신들의 부대를 의병이라 부르며 비록 전투력은 크지 않았지만 여러 지역에서 지방관아를 습격하여 수령을 처치하고 정부군과 일본군을 상대로 전쟁을 벌였다. 유생층의 봉기는 고종의 아관파천으로 끝이 난다. 러시아 공사관으로 피신한 고종은 내각을 해산하고 갑오개혁을 중단시켰으며, 의병을 일으킨 유생들에게 해산하기를 바란다는 회유조칙을 내렸다. 이 조칙에 따라 유생들의 의병운동은 막을 내렸다.

4. 대한제국의 선포와 광무개혁

대한제국의 선포 러시아 공사관으로 옮겨갔던 고종은 1년여 만에 환궁하였다. 고종의 환궁에 큰 영향을 미쳤던 독립협회는 조선을 대한제국으로 고치고, 칭제건원(稱帝建元)할 것을 건의하였다. 칭제를 하여 국제적 위신을 높여야 한다는 여론이 비등한 가운데 관료들은 물론 유생들로까지도 칭제 건의에 가세하였다. 고종은 이러한 요구를 받아들여 1897년 10월 12일 원구단에서 황제 즉위식을 거행하고 국호를 대한제국으로 바꾸었다.

대한제국은 열강의 침략에서 나라를 구하기 위해 서둘러 개혁사업을 추진하였다. 대한제국의 개혁은 그 연호를 따서 광무개혁이라 부른다. 광무개혁은 갑오개혁과 을미개혁을 계승하였지만, 이들 개혁이 급진적, 타율적으로 근대화를 이식하다가 실패한 경험을 참작해 '구본신참(舊本新參)'의 정신에 따라 점진적, 주체적인 방식으로 개혁을 추진하였다.

광무개혁 광무개혁은 식산흥업정책에 역점을 두었다. 정부가 주도하여 전등·전차·전화·전신사업을 착수하였고, 부하(釜下)철도회사·대한철도회사를 설립하여 철도 부설에 나섰다. 또한 식산흥업정책을 담당할 인재를 양성하기 위해 근대적인 기술학교도 설립하였다. 기예학교·의학교·상공학교·외국어학교·모범양잠소·공업전습소 등이 이러한 목적으로 설립되었다.

광무개혁은 갑오개혁에서 입안되었다가 실시되지 못한 양전사업(量田事業)을 추진하였다. 양전사업은 해묵은 전정(田政)의 폐단을 개혁하기 위해서도 필요했지만 식산흥업정책을 비롯해 근대화 정책을 추진하는 데 필요한 재정을 확보하기 위해서 반드시 실시되어야 했다. 대한제국은 미국인 기술자를 고용하고 서양 기술을 도입하여 전국적으로 양전(量田)을 실시하였고, 양전이 완료된 토지에 대해 소유권을 보장하는 지계(地契)를 발급하였다.

정부의 식산흥업정책은 민간에서 근대적인 생산공장이 설립될 수 있도록 뒷받침하였다. 개항 이후 면제품의 수입이 급속히 증가하여 시장에서 국내의 수공업생산품을 구축하고 있었다. 이에 대한제국은 민간에서 직조공장이 설립될 수 있도록 지원하였다. 대한제국은 또한 민간은행이 설립되도록 지원하였다.

광무개혁은 정치, 행정부문에서는 많은 부분 갑오개혁을 계승하였다. 그러나 갑오개혁이 입헌군주제를 지향했던 것과는 달리 광무개혁은 황제권을 강화하였다. 광무정권은 1899년에 대한국국제를 발표하여 황제가 입권·행정·사법권을 모두 장악하게 하였고, 의회를 비롯해 황제권을 제한할 수 있는 어떠한 기구도 두지 않았다. 민권신장과 중추원 개설을 통해 참정권을 확대하려 했던 독립협회를 탄압하고 해체시킨 것은 황제권 강화의 일환이었다. 대한제국은 황제권을 강화하고, 이를 통해 황실 주도로 근대개혁을 강력히 추진하려 하였다.

대한제국이 황제권을 강화하며 근대개혁에 나서고 있던 시기에 한반도와 중국을 둘러싸고 열강들은 치열하게 각축전을 벌였다. 이 각축전에서 가장 적극적이었던 국가는 일본과 러시아였다. 삼국간섭으로 조선에서 후퇴가 불가피했던 일본은 아관파천 이후 급속히 세력을 확대하고 있던 러시아를 상대로 세력만회를 위해 집요하게 협상을 벌였다. 일본은 러시아와 3차례 협상을 벌여 어렵사리 한반도에서 확보한 경제적 우위를 인정받고 경제적 진출을 확대하였다. 한편 러시아는 마산에 군항 건설을 요구하는 등 중국으로 진출하는 교두보를 구축하기 위해 대한제국 정부를 계속 압박하였다. 러시아는 중국의 대련과 여순을 조차하고 만주를 실질적으로 장악하기 위한 외교적 활동도 강화하였다. 러시아의 남하정책은 독일과 프랑스의 양해를 얻었으나 영국·미국·일본의 항의와 견제로 성사되지 못했고, 이로 말미암아 국제적 대립과 긴장이 고조되어 갔다.

일본은 1904년 러시아를 물리치고 한반도를 차지하고 만주지역으로 진출하기 위해 러일전쟁을 일으켰다. 이 전쟁을 일으키기에 앞서 일본은 1902년에 영일동맹을 맺어 영국으로부터 지원을 약속받았고, 미국으로부터도 적극적인 원조를 얻는 데 성공했다. 영국과 미국은 러일전쟁에서 일본이 지출한 전비 19억 8,400만엔 가운데 12억엔을 지원하였다. 러시아와 전쟁을 시작하면서 일본은 한국에 군대를 출동시켜 한일의정서의 체결을 강요하고 서둘러 한국을 식민지로 강점하는 작업을 추진하였다. 이로 말미암아 대한제국의 광무개혁은 중단되고 말았다.

제2절 근대적인 민족운동의 태동
-1894년의 동학농민전쟁에서 구국계몽운동까지

1. 동학의 창도와 1894년의 동학농민전쟁

1) 동학의 창도와 교세의 확대

동학의 창도 동학은 1864년 경주 유생 최수운(최제우)에 의해 창도되었다. 당시 조선사회는 세도정치와 지배층의 부패로 심각한 위기상황을 맞고 있었다. 동학이 창도될 무렵인 1862년에는 삼정문란이 극심해 단성과 진주를 시발로 전국에서 무려 70여개 군현에서 농민항쟁이 폭발하였다. 지배층은 이를 개혁할 의지나 방도를 갖지 못했고, 그들이 신봉했던 성리학 또한 조선사회의 지배이념으로서의 생명력을 급속히 상실해 갔다. 또한 그 시기에는 서구 열강들이 앞 다투어 동아시아를 침략하였다. 영국과 프랑스 등은 아편전쟁을 일으켜 청국의 수도 북경을 점령하고 불평등조약을 강요했으며, 미국도 무력으로 일본을 개항시키고 불평등조약을 체결하였다. 조선 또한 그들의 침략으로부터 안전하지 못했다. 중국으로 진출한 열강들은 천주교 탄압을 구실로 조선을 침략할 기회를 엿보고 있었다.

이러한 안팎의 위기로 말미암아 민심은 크게 동요하였다. 동학은 이러한 상황에서 인간성을 구현하고 사회적·민족적 모순을 해결하는 사상으로 창도되었다. 동학은 인간 본연의 마음을 지키고 바르게 행위하여 하늘의 이치를 공경하고 따르는 삶을 성취하는 것을 궁극적인 목표로 삼았다. 동학은 정성을 다해 공경스런 마음으로 진실 되게 '시천주조화정영세불망만사지(侍天主造化定永世不忘萬事知)'의 주문을 외우는 수행으로 이러한 경지에 이를 수 있다고 가르쳤다. 이러한 삶을 성취하면 질병과 고통에서 벗어나고 모두가 평등하고 서로 도우며 조화를 이루는 세상을 만들 수 있고, 심각한 당대의 사회적인 모순이나 외세의 침략도 해결하고 막아낼 수 있다고 보았다. 동학은 입도하는 사람들에게 남녀노소와 신분의 차별을 폐지하고 서로 공경하게 하였다. 동학은 수행을 통해 인간의 심성을 개발하고 진보시켰고, 동시에 유무상자(有無相資)하고 평등하게 살아가는 생활공동체를 형성하도록 이끌었다.

수운 최제우 선생이 동학 포교에 나서자 유생에서 노비, 천민에 이르기까지 여러 계층의 사람들이 동학에 입도하였다. 1862년 전국적으로 농민항쟁이 일어나 신분제적 질서가 크게 동요하고 있던 상황에서 평등을 설파하며 동학이 빠르게 확대되자 보수적인 유생들은 이를 경계하고 불온하게 여겼다. 경상도의 보수 유생들이 유력한 서원을 중심으로 통문(通文)을 돌려 동학을 금압하라는 상소를 올렸고, 조정은 수운 선생을 체포하여 처형하고 동학교도들에 대해서도 탄압을 가했다.

동학의 전파와 교조신원운동 수운 선생이 처형된 후 동학의 맥을 이어간 것은 2대 교주 해월 최시형이었다. 해월은 탄압을 피해 비밀리에 포교활동을 계속하였고, 동학의 경전인 『동경대전』, 『용담유사』를 간행하고, 포접제로 동학교도를 조직하였다. 해월의 활동으로 1890년경에 이르면 위로는 황해도, 강원도에서 아래로는 전라도, 경상도에 이르는 넓은 지역에서 수만명의 동학교도가 생겨나고, 포접조직이 갖추어졌다.

동학의 교세는 1880년대 후반 이후 빠르게 확대되었지만, 동학에 대한 조정의 탄압은 변함없이 계속하였다. 지방관들은 동학교도를 색출하여 처벌하였고, 동학탄압을 구실로 부정축재를 자행하는 경우도 적지 않았다. 이에 동학교단은 조정을 상대로 동학의 공인을 요구하는 교조신원운동(敎祖伸寃運動)을 전개하였다. 교조신원운동은 1892년 전라도 삼례에서 시작되어 이듬해 교단 대표들이 서울에서 복합상소를 하였고, 교조신원이 성사되지 못하자 1893년 3월에는 충청도 보은과 전라도 금구에서 대규모 집회를 개최하였다. 최시형이 주도한 보은집회에는 2만명이 넘는 동학교도가 조직적으로 참여해 '척양척왜(斥洋斥倭)'의 깃발 아래 위세를 과세하며 교조의 신원을 요구하였고, 서장옥·전봉준 등이 주도한 금구집회에도 1만명이 넘는 동학교도가 결집하였다. 비록 교조신원을 성취하지 못했지만, 보은과 금구집회는 동학이 위력적인 사회세력으로 성장하였음을 내외적으로 확인시켰다.

2) 동학농민전쟁의 전개와 역사적 의의

동학농민전쟁과 폐정개혁 전라도 금구에서 교조신원집회를 주도하였던 전봉준은 1894년 1월 고부군수 조병갑의 탐학에 항거하는 고부민란을 일으켰다. 이 민란이 기폭제가 되어 전라도의 동학 지도자 전봉준·손화중·김개남 등이 주도하는 동학농민전쟁이 발생하였다.

동학농민전쟁은 처음부터 군현 차원의 부정부패를 개혁이 아니라 민씨 일파의 중앙권력을 개혁하기 위해 일어났다. 약 10개월 동안 전개되었던 농민전쟁은 3단계로 나누어졌다. 제1단계는 전봉준·손화중·김개남 등이 무장에서 농민전쟁을 시작하여 전라도 일대에서 정부군을 격파하고 전주성을 점령하기까지였다. 1만 3천여 명에 달했던 농민군은 고부 황토현에서 정부군을 대파하고, 정읍·고창·무장·영광·함평 등을 차례로 함락시켰다. 장성 황룡촌에서 다시 정부군과 마주하게 된 농민군은 과감한 전술로 정부군을 제압하고 곧장 북상하여 전주성을 점령하였다.

제2단계는 전주성을 점령한 농민군이 정부군과 화약을 맺고 전라도 각 군현으로 돌아가서 집강소를 설치하고 개혁정치를 실시한 시기이다. 농민군이 정부군을 제압하면서 전라도 일대를 점령하자 민씨 정권은 청국에 원군을 요청하였다. 청군이 파견되자 일본 또한 시모노세키 조약을 구실로 조선에 군대를 파견하고 주권을 침해하였다. 이에 조정은 외국군대의 철수를 요구하기 위해 서둘러 농민군과 화약을 맺었다. 전주화약(全州和約)으로 농민군은 전라도 53개 주에 농민자치기관인 집강소를 설치하고 지방관과 같이 행정업무를 담당하였다. 당시 전라도에서는 농민군에 점령당해 지방관의 권력이 유명무실하게 된 지역이 대부분이었고, 이들 지역에서는 농민군의 집강이 수령을 대행해 폐정개혁안을 실천하였다.

폐정개혁안은 나라 다스리는 여러 일에서 동학교도와 정부의 협력, 탐관오리와 횡포한 부호, 불량한 양반에 대한 엄한 처벌, 노비문서 소각, 천인에 대한 대우개선, 청춘과부의 개가 허용, 무명잡세의 폐지, 문벌타파와 인재등용, 일본과 내통한 자 엄벌, 공적 사적 부채의 무효화, 토지의 평균 분작(分作) 등이었다.

동학농민군의 항일전쟁 제3단계는 농민군이 일본군과 관군을 상대로 제2차 농민전쟁을 전개한 시기이다. 청군의 조선 출병을 구실로 조선을 침략한 일본군은 서울에서 쿠데타를 일으켜 갑오내각을 조직하는 한편 청군을 조선에서 축출할 목적으로 전쟁을 일으켰다. 청일전쟁에서 승기를 잡은 일본은 조선 내정에 간섭하면서 조선 정부군을 앞세워 동학농민군을 공격하기 시작하였다. 이에 농민군은 일본군에 맞서 제2차 농민전쟁을 일으켰다. 제2차 농민전쟁에서는 '척왜(斥倭)'

의 기치 아래 남·북접의 동학교도가 연합군을 형성하여 일본군과 맞섰다. 제2차 농민전쟁에서는 전라도는 물론이고 충청도, 경상도 등지에서도 농민군이 조직되어 전쟁에 참가하였다. 남·북접의 연합군 본진은 정부군을 앞세운 일본군과 공주 우금치에서 대접전을 벌였으나 무기와 전력의 열세로 말미암아 대패하였다. 농민군은 전라도로 후퇴하여 재기를 노렸으나 일본군의 추격으로 실패하고, 전봉준·김개남·손화중 등등 농민군 지도자들이 체포되면서 전쟁은 끝이 났다.

동학농민전쟁은 동학 조직을 중심으로 결집된 농민군이 주축이 되어 조선사회의 정치·경제·사회적 모순을 일거에 해결하는 사회혁명으로 시작되었고, 전주화약 이후 농민군의 자치기관이었던 집강소를 통해 자신들이 열망했던 폐정개혁안을 실천하던 시기를 거쳐, 조선을 침략한 일본군을 격퇴하는 항일전쟁으로 발전하였다. 그러나 동학농민전쟁은 농민군이 일본군에 패배함으로써 조선사회의 개혁과 일본군의 격퇴에 성공할 수 없었다.

동학농민전쟁은 비록 실패했지만 민족운동사에서 보면 그 역사적 의의는 매우 크다. 동학농민전쟁은 조선사회의 모순을 해결할 새로운 국가체제와 근대적인 국민의 형성을 동시적으로 추구하였다. 동학농민전쟁은 동학운동과 불가분의 관계 속에서 전개되었다. 동학농민전쟁을 시작하고 끝까지 이끌었던 농민군 지도자들은 교조신원운동이던 전라도 금구집회를 주도한 동학의 지도자들이었다. 농민군들은 전쟁기간이나 집강소 시기 내내 동학의 종교적 수행을 계속했고, 전쟁에 가담한 농민들을 지속적으로 동학에 입도시켰다. 농민군은 동학수행을 통해 평등과 도덕과 상부상조의 연대를 실천하는 근대적 사회성을 형성해 가고 있었다. 이를 기반으로 농민군들은 '권귀(權貴)'들에 의해 독점되고 농단되는 조정을 개혁하고자 했으며, 집강소를 중심으로 주민이 직접 참가하는 민주적 정치질서를 형성하고자 하였다.

물론 동학농민군이 추진한 정치개혁은 불철저했고, 성격도 모호하였다. 특히 중앙정치에 대한 개혁구상은 매관매직을 일삼는 권신을 축출하는 것이 전부일 정도로 빈약하였다. 그러나 집강소 운영을 통해 농민군은 민주적인 주민자치를 형성하고 발전시켰다. 집강소 자치의 경험은 농민군 지도부로 하여금 중앙정치의 개혁을 보다 구체화하도록 만들었다. 단순한 '권귀의 축출'을 넘어 모든 신분의 차별을 철폐하고 주민자치기구인 집강소를 인정하는 정치체제를 수립하는 방향으로 정치개혁을 추진하게 만들었다. 그렇게 보면 동학농민전쟁은 농민군이 근대적 사회성과 동시에 그들이 기꺼이 충성할 수 있는 평등하고 민주적인 새로운 사회체제를 형성해 간 역사적 사건이었고, 그 점에서 대중운동의 형태로 전개된 근대적인 민족주의 운동의 시초였다고 할 수 있다. 동학농민전쟁이 이러했기 때문에 이를 배경으로 갑오개혁은 신분제를 폐지하고 근대적인 정치개혁과 사회개혁을 추진할 수 있었다.

2. 독립협회운동과 만민공동회

1) 독립협회운동

독립협회의 설립 1895년 조선사회는 급격한 변동을 겪고 있었다. 일본의 개입으로 동학농민전쟁이 좌절된 상황에서 갑오개혁이 확대됨으로 말미암아 사회 전면에서 근대화를 둘러싸고 큰 혼란이 야기되었다. 보수 유생층의 반발은 갑오개혁이 진행될수록 확대되었다. 그런 가운데 일본의 중국침략을 견제하는 열강의 압력(삼국간섭)이 본격화되어 일본은 중국에서는 물론이고 조선에서도 세력이 약화되었다. 이

틈을 이용해 조선의 왕실은 러시아에 접근하는 방식으로 일본의 영향력을 배제하려 하였다.

일본은 이러한 난국을 타개할 목적으로 민비를 살해하는 만행을 저질렀고, 이로 말미암아 전국에서 일본과 친일내각을 상대로 한 의병봉기가 일어났다. 의병봉기가 한참이던 1895년 2월 고종이 러시아공사관으로 피신하였다. 이로 말미암아 친일내각이 붕괴하고, 일본을 대신하여 러시아의 영향력이 급속히 커졌다. 열강들은 고종이 러시아의 보호를 받고 있는 약점을 이용하여 경쟁적으로 철도부설권·광산채굴권·산림 채벌권·군사기지획득 등을 빼앗아 갔다.

독립협회는 이와 같이 외세에 의해 주권이 유린되고, 경제적 이권이 무더기로 탈취되던 시기에 조선의 독립을 지키고자 창설되었다. 독립협회를 창립하는 데 중심적인 역할을 한 인물은 갑신정변에 가담했다 미국으로 망명한 서재필이었다. 서재필은 문호개방 이후 국내에서 성장한 신지식층과 힘을 합쳐 『독립신문』을 발간하고 독립협회를 설립하여 근대적인 민족운동을 전개하였다.

주권수호운동과 민권운동 독립협회의 활동은 주권수호운동과 민권운동으로 전개되었다. 주권수호운동은 열강에 의해 훼손된 주권을 회복하고, 열강에게 이권을 양여하는 것을 반대하는 대중운동으로 전개되었다. 독립협회는 주권국가의 위엄을 되찾기 위해 국가체제를 종래의 왕국에서 황제국으로 격상하고, 칭제건원(稱帝建元)하는 운동을 전개하였다. 이러한 운동의 일환으로 청국에 대한 종속관계를 청산할 것을 주장하고, 대중적인 모금활동을 통해 독립문·독립회관·독립공원 등의 상징물을 조성하였다. 또한 독립협회는 청일전쟁 이후 열강들이 경쟁적으로 탈취하려 한 철도부설권·광산채굴권·산림 채벌권·군사기지 및 조차지 등을 양여하지 못하도록 반대하는 운동을 전개하였다. 독립협회의 주권수호운동은 고종이 러시아 공사관에서 환궁하여 대한제국을 선포하고 광무개혁을 추진할 수 있게 하는 뒷받침이 되었다.

다른 한편 독립협회는 미완에 그친 갑오개혁을 계승하여 근대국가를 만드는 활동을 전개하였다. 갑오개혁은 국가체제나 제도면에서 조선사회를 근대국가로 개혁하는 일에 주력하였다. 그에 비해 사회개혁은 비록 문벌과 반상차별 폐지, 노비법 혁파, 연좌제 폐지 등을 추진했지만 법제적인 차원의 형식적 개혁 이상이 못 되었다. 독립협회는 형식적인 차원에 머물렀던 사회개혁을 민권운동을 통해 실질적인 개혁으로 확대, 발전시켜 근대적 국민을 형성하고, 그 힘에 의거해 주권을 회복하고 조선을 근대국가로 개혁하는 과제를 추진하려 하였다.

독립협회는 천부인권사상을 근거로 국민의 생명과 재산권을 보호하는 민권운동을 전개하였다. 민권운동은 전제군주제와 양반지배층의 부당한 권력남용과 수탈에 맞서 국민의 인권과 생존권을 확보하는 운동이었다. 독립협회는 민권운동으로 참형제도와 연좌법의 부활을 저지하는 운동을 전개하여 성사시키기도 하였다.

독립협회의 민권운동은 국민의 정치참여를 제도적으로 보장하는 의회설립운동으로 전개되었다. 의회설립운동은 갑오개혁에서 내각의 자문에 응하고 법률을 심의하고 제정하는 기관으로 설립된 중추원을 개편하여 상원으로 기능하도록 강화하는 것이었다. 그 구체적 방안은 중추원 의관을 50명으로 하되 절반은 관선, 절반은 민선으로 선출하되 민선의관 25명을 독립협회 회원에서 충원하는 것이었다.

독립협회는 주권수호운동과 민권운동을 『독립신문』을 이용한 언론운동과 대중 토론회와 만민공동회 등을 통해 전개하였다. 독립협회는 이 운동을 전개하면서 먼저 국민들에게 서구의 근대사상에 입각해 이 운동의 의의와 필요성을 알리고 각성시키는 활동에 주력하였다. 그런 다음 각성된 국민들을 조직하여 주권수호운동과 민권운동을 전개하였다. 독립협회는 서구근대사상에 입각해 근대독립국가를 만드는 운동과 그 주체가 되는 근대적 국민을 형성하는 운동을 통일적으로 추진하였다.

2) 만민공동회

관민공동회 독립협회운동의 민족주의적 성격을 특히 잘 보여주었던 것이 만민공동회운동이었다. 만민공동회는 독립협회가 국정개혁을 실현하기 위해 일으킨 대중운동이었다. 만민공동회는 먼저 관민공동회로 시작되었다. 독립협회는 연좌제와 참형제도를 부활시키려는 대한제국을 상대로 끈질긴 투쟁을 전개해 이를 저지하고 보수파 각료를 퇴진시키는 성과를 내었다. 보수파 각료를 대신해 상대적으로 진보성향이 강한 대신이 입각하자 독립협회는 정부로부터 국정개혁을 약속받기 위해 대신들을 참석시킨 가운데 1만 명의 민중이 참여한 관민공동회를 개최하였다.

관민공동회에서는 지식인·학생·부인·상인·승려·백정 등 각계각층이 참여하여 국정개혁에 대한 자신들의 주장을 당당하게 밝혔고, 그 의견들은 '헌의 6조'로 수렴되었다. '헌의 6조'는 ① 외국에 의존하지 말고 관민이 합력하여 전제황권을 공고히 할 것, ②광산·철도·석탄·산림의 개발 및 차관·차병(借兵)과 외국과의 조약은 각부 대신과 중추원 의장이 합동으로 서명하지 않으면 시행되지 못하게 할 것, ③전국의 재정은 모두 탁지부에서 관할하여 정부의 다른 기관이나 사회사(私會社)가 간섭하지 못하게 하고 예산과 결산을 인민에게 공포할 것, ④중죄인을 공판에 회부하되 피고가 자복한 후에 재판할 것, ⑤칙임관은 황제가 정부의 과반수 동의를 받아 임명할 것, ⑥ 장정을 실천할 것 등이었다. '헌의 6조'는 관민공동회에 참석한 관료들의 동의를 받았고, 나아가 황제로부터도 그 실시를 약속받았다.

만민공동회운동 관민운동회의 경험은 만민공동회운동으로 이어졌다. 대한제국은 독립협회의 건의를 수용해 중추원을 실질적인 의회로 개편하는 작업을 진행시켰다. 그러나 이러한 개혁에 위협을 느꼈던 보수세력들은 이러한 기도가 공화정부 수립을 목표하는 것이라고 황제를 설득하여, 독립협회를 강제 해산하고 중심인물 17명을 체포하였다.

사태가 이렇게 급변하자 여기에 항거하는 독립협회 회원과 수천명의 서울시민이 경무청 앞에서 만민공동회를 개최하였다. 만민공동회는 독립협회의 부활과 '헌의 6조'의 실시를 요구하면서 이후 20일 동안 대중투쟁을 이어갔다. 만민공동회의 이러한 투쟁에 동조해 종로의 시전상인들은 철시투쟁을 전개하였다. 그러나 만민공동회에 대해 정부는 보부상들로 조직된 어용단체 황국협회를 동원해 폭력을 행사하는 등 갖은 탄압을 가했다. 이로 말미암아 만민공동회는 해체되고, 독립협회운동도 막을 내렸다.

독립협회운동과 만민공동회운동은 비록 서울 지역에 집중되었던 한계는 있었지만 문호개방 후 20여 년간에 걸쳐 성장한 근대적 정치세력과 신지식인층이 중심이 되어 서구의 근대사상에 입각해 민중을 근대적인 독립국가를 형성하는 국민으로 각성시키고 결집시켰으며, 그 힘에 의거해 대한제국을 근대국가로 개혁하고자 하였던 민족운동이었다. 독립협회는 대한제국에 의해 강제로 해체되었지만, 이 운동에서 성장한 신지식층들은 을사조약 이후 전개된 국권회복 계몽운동에서 주도적인 역할을 담당하였다.

3. 국권회복을 위한 의병전쟁과 계몽운동의 전개

1) 일제의 통감정치와 의병전쟁

을사조약과 통감정치 러일전쟁을 시작하고 이어서 일본은 대한제국에게 한일의정서 체결을 강요하였다. 한일의정서(1904. 2. 23)의 핵심 조항은 "대한제국 정부는 대일본제국 정부를 확신하고 시설의 개선에 관한 충고를 받아들인다"는 것이었고, 그 조항은 대한시설강령(1904. 5. 31)으로 구체화되었다. 대한시설강령은 일본군대의 한국주둔, 일본의 한국 외교 감독, 한국 재정 감독, 철도부설 중심의 한국 교통기관 장악, 한국 통신기관 장악, 농업・임업・광업・어업 등 각 산업부문에서의 척식계획 등 6개 항목으로 구성되었다. 이 시설강령을 실천하기 위해 일본은 제1차 한일협약의 체결을 강요했다(1904. 8. 22). 제1차 한일협약에는 대한제국이 재정고문와 외교고문을 채용하고 중요한 외교안건에 대해 일본과 협의하도록 강제하는 내용이 담겼다.

한편 일본은 러시아와 러일전쟁을 마무리하는 종전협상을 진행하면서 한국에 대한 지배를 미국으로부터 인정받는 '태프트・가쯔라 비밀협약'(1905. 7. 29)을 맺었고, 또한 영국과도 제2차 영일동맹(1905. 8. 12)을 체결해 한국에 대한 지배를 승인받았다. 곧 이어 러일전쟁을 종결하는 포츠머스조약(1905. 9. 5)을 체결하여 러시아로부터도 한국에 대한 지배를 승인받았다.

열강으로부터 한국을 보호국화하는 승인을 얻게 되자 일본은 1905년 10월 27일 보호조약안을 확정짓고, 대한제국의 내부대신 이지용, 군부대신 이근택, 법부대신 이하영, 학부대신 이완용, 농상공부대신 권중현 등 을사오적의 협력을 받아 고종에게 '한일협상조약'('을사보호조약')의 체결을 강요하였다(1905. 11. 17). 이 '보호조약'의 핵심은 일본이 대한제국의 외교권을 완전히 박탈하고, 황제를 내알할 수 있는 권한을 지닌 일본인 통감을 설치하는 것이었다. 이로써 대한제국은 외교권은 물론이고 통치권의 대부분을 일본인 통감에게 넘기게 되었다.

사태가 이 지경에 이르자 고종은 헤이그에서 개최된 만국평화회의에 밀사를 파견해 '보호조약 '이 강제로 체결되었음을 알리려 했으나 열강의 방해로 성공하지 못했다. 일본은 이를 문제 삼아 고종을 퇴위시키고 순종을 즉위시키면서 '한일신협약' 즉 '정미7조약'을 강요하였다(1907. 7. 24). 이 조약에 의해 종전의 '고문정치'는 '차관정치'로 바뀌었다. 일본 통감은 대한제국 고등 관리의 임면에 대해 동의권을 확보하였고 일본인을 한국 관리에 임명할 수 있었으며, 사법권을 장악하였고, 한국군대를 해산시켰다. 이로써 일본은 대한제국의 정부를 완전히 장악하였고, '합방'을 위한 형식적인 절차만 남겨 놓게 되었다.

항일의병전쟁 러일전쟁 개전 이후 일본이 빠른 속도로 대한제국을 '보호국화'하자 이에 항거하는 국권회복운동이 전국에서 거세게 일어났다. '을사보호조약'의 체결이 강요되자 이에 반대하는 유생층들의 자결과 상소가 줄을 이었고, 전국에서 유생층이 주도하는 의병항쟁이 일어났다.

제일 먼저 의병전쟁의 기치를 내걸었던 것은 강원도 원주의 원용팔이었고, 그 뒤를 이어 충청도 홍주의 민종식, 전라도 태인의 최익현, 경상도 영천의 정용기 등의 유생들이 의병을 일으켰다. 이들 의병 부대는 수백 명의 군사로 관아를 공격하였다. 항일의병전쟁에는 평민층도 적극적으로 가담하였다. 평민출신 의병장이었던 신돌석은 경상도 영해에서 봉기해 3천여 명의 군대를 조직해 항일전쟁에 나섰다. 이외에도 홍범도·김수민 등이 평민 출신 의병장으로 이름을 날렸다. 평민 출신의 의병장이나 지도부는 갈수록 증가하였는데 1908년과 1909년에 걸쳐 일본군이 조사한 전국 의병장과 그 부장 255명의 출신을 보면 양반유생 출신은 25%인 64명이었음에 비해, 75%가 농민·사병·화적·사냥꾼·광부·장교 출신이었다.

의병전쟁은 1907년 일본이 대한제국 군대를 강제로 해산하면서 더욱 확대되었다. 해산된 군인의 일부가 의병군에 가담함으로써 의병전쟁은 더욱 확대되고 고조되었다. 이에 고무된 의병부대는 서울 진격을 목적으로 연합전선을 형성하였다. 이인영을 13도 총대장으로 하고, 허위를 군사장으로 하여 관동·교남·관서·호남·호서·진동·관북 등 전국의 의병대장이 인솔하는 1만여명의 병력이 서울 진격을 위해 양주에 결집하였다. 그러나 서울 진격은 지휘부의 취약성과 전력의 열세로 실패하였다. 의병 참가자의 수는 1908년과 1909년에도 계속 증가하였고, 일본군과의 전투회수도 늘어났다.

의병전쟁은 매우 격렬하게 전개되었다. 1906년부터 1911년까지 6년 사이에 의병들이 일본 경찰을 제외한 정규 일본군과의 접전 횟수만 2,800여회에 이르렀고, 참가 의병의 연인원수는 14만명이었고, 그 가운데 사상한 의병수는 5만여명에 달했다. 일본군의 무자비한 토벌이 계속되자 더 이상 국내에서 활동이 어렵게 된 의병부대의 일부는 만주지방으로 옮겨가 항일투쟁을 계속하였다.

2) 국권회복을 위한 계몽운동

애국계몽운동 일본의 침략으로 국권이 급속히 침해되는 상황에서 국권회복을 목표로 한 계몽운동이 활발히 전개되었다. 계몽운동을 이끌었던 최초의 단체는 1904년에 결성된 보안회였다. 보안회는 '황무지 개척'을 구실로 한 일본의 토지약탈계획에 대해 반대 투쟁을 전개하였다. 일본은 대한제국에 압력을 가해 보안회를 해체시켰다.

보안회가 해체되자 이를 대신해 헌정연구회가 조직되었고, 다시 일본의 압력으로 헌정연구회가 해체되자 이를 계승해 대한자강회(1906)가 결성되었다. 대한자강회는 교육개발과 식산흥업, 외세배격 등을 표방하고, 전국에 25개 지회를 두고 월보를 간행하고 연설회를 개최해 민족의식을 고취하였다. 대한자강회는 헤이그 밀사 사건을 구실로 강요된 '정미7조약'에 대해 대대적인 반대운동을 전개하였고, 이에 일제는 대한자강회를 강제로 해산시켰다.

대한자강회 회원들은 다시 천도교 세력과 합세하여 대한협회(1907)를 조직하였다. 대한협회는 교육과 식산흥업을 통한 국권회복을 주장하며 전국에 70여개 지회를 두고 신지식인·전직관료·지부·부민·상인층 등 수 만 명을 회원으로 결집시켰다. 그러나 대한협회는 점차 일본의 '보호정치'를 문명지도로 인식하고 일본이 맹주가 되는 동양평화론에 동조하는 방향으로 기울었다.

한편 대한협회와 같은 시기에 신민회가 비밀리에 조직되었다. 신민회는 민족의식과 독립사상의 고취, 청소년을 위한 교육기관 설치, 상공업체의 운영을 통한 국민적 부력(富力)의 증진, 공화주의 정체 수립 등을 목표로 내걸었다. 신민회에는 언론인·종교인·군인·실업인 등을 결집하였고, 비타협적 계몽운동과 실력양성운동을 주장한 안창호와 무장저항운동을 주장한 이동휘 등이 중심을 이루었다. 신민회는 그 목표의 실천을 위해 평양에 대성학교와 태극서관·자기회사를 설립하였고, 만주와 시베리아 등지에 해외독립운동기지 건설을 위해 노력하였다.

계몽운동 단체들의 주된 활동은 회보 발행·연설회·토론회였고, 이를 통해 회원들을 상대로 근대적인 민족의식을 고취하는 계몽운동을 전개하였다. 나아가 계몽운동은 신문발행과 학교설립 등을 통해 각 분야에서 국민을 계몽하고 국권을 회복하는 실력양성운동을 광범위하게 전개하였다. 계몽운동이 간행을 주도하였던 신문으로는 『황성신문』·『대한매일신보』·『제국신문』·『만세보』·『대한민보』 등이 있었다. 이 신문들은 일본의 식민지화 계획을 폭로하고 대항하는데 앞장섰고, 국민을 계몽하고 민족의식을 고취하였다. 특히 영국인 배델이 사장으로 있었던 『대한매일신보』는 양기탁·신채호·박은식 등이 필진으로 활약하면서 항일계몽운동에서 큰 영향력을 발휘하였다.

이와 함께 계몽운동은 민간 유지들을 설득해 사립학교를 설립하는 운동을 전개하였다. 그리하여 합방 직전의 통계에 따르면 전국에서 무려 2,082개의 사립학교가 설립되었다. 사립학교에서는 한글과 한자를 가르치고, 계몽운동가들이 저술한 『을지문덕전』·『강감찬전』·『이순신전』 등 외적을 물리친 영웅들의 전기를 가르치면서 민족의식을 일깨우고 애국심을 고취하였다.

계몽운동은 1904년 이후 일부 지식인층이 중심이 되어 전국적으로 전개되었다. 계몽운동은 언론과 교육을 통한 국민계몽과 식산흥업으로 일제의 침략에 대항하고 국권회복을 위한 실력을 양성하고자 하였다. 그러나 계몽운동의 주도층 가운데에는 일본의 침략에 타협하는 자가 적지 않았다. 가장 큰 계몽운동단체였던 대한협회의 경우 일본인을 고문으로 두었고, 그 주류가 일본의 '보호정치'를 문명지도로 인식하고 일본이 맹주가 되는 동양평화론에 동조하였다. 이러한 한계로 말미암아 이 단체의 활동은 점차 문화 분야의 계몽운동으로 기울고 상대적으로 국권회복을 위한 정치운동은 매우 약했다. 이들은 당시 치열하게 전개되고 있던 의병전쟁에 대해서도 비판적이었다. 이들과는 달리 『대한매일신보』와 비합법 비밀조직이었던 신민회 등은 의병운동을 적극적으로 평가하고, 비타협적 국권회복투쟁을 전개하였다.

제3절 일제의 식민지 지배와 민족해방운동의 발전

1. 일제의 식민지 지배와 민중수탈

1) 일제의 한국 강점과 식민지 동화정책의 강요

한일합병과 무단통치 일제는 식민지 지배를 통해 한국을 일본의 일부로 병합하고 동화시키고자 하였다. 일제의 식민정책은 내지 연장주의(內地 延長主義, 內地 準據主義)에서 내선일체(內鮮融化, 內鮮一體, 皇國臣民化)로 확대, 심화되면서 한국을 일본제국주의에 통합하는 방향으로 전개되었다. 일제의 식민지 동화정책은 두 방향으로 전개되었다. 하나는 한국의 민족운동을 폭력적으로 탄압하고 민족의식이 발전하지 못하도록 사상적 통제를 강화하는 것이었다. 다른 하나는 한국인을 일본 천황의 '충량(忠良)한 신민(臣民)'으로 육성하여 일본인의 품성을 갖게 만드는 것이었다.

이를 위해 일제는 먼저 합방 직후 '조선총독부 경찰관서관제(警察官署官制)'를 공포하여 헌병경찰제도를 실시하였다. 일본군 조선주둔 헌병사령관이 경무총감을 맡게 하고 각도의 일본군 헌병대장이 경찰부장을 겸임하게 하였다. 합방 전 도시 중심으로 배치되었던 헌병은 농촌 지방에까지 분산 배치되었고, 순사 주재소, 순사파출소가 전국 방방곡곡에 설치되었다. 일제는 이와 더불어 2개의 정규사단을 한국에 파견하여 용산과 나남에 본부를 두고 전국 중요 도시에 연대병력 내지 대대병력을 배치하였고, 진해와 영흥만에는 해군기지를 설치하였다.

다른 한편 일제는 민족의식을 고취해 왔던 언론활동과 교육활동을 탄압하였다. 일제는 통감부 시기에 이미 '신문지법' (1907. 7) '신문지규칙'(1908. 4)을 만들어 민족 언론을 통제하기 시작했고 합방이 되자 『황성신문』, 『대한매일신보』 등 신문 전체를 폐간시켰다. 또한 계몽운동 잡지들을 폐간시키고, 1910년 8월에는 '집회와 취제에 관한 건'을 공포하여 애국계몽운동의 모체가 된 대한협회 · 서북학회 등 각종 단체를 해산시키고 일체의 정치적 집회를 금지하였다.

일제는 민족교육을 실시했던 학교들에 대해서도 탄압을 가했다. 조선총독부는 '조선교육령', '사립학교령', '서당에 관한 훈령' 등을 공포하여 많은 사립학교를 폐쇄하였다. 그 결과 1908년 5천여 개에 달하던 사립학교가 1910년 8월에는 1,900여개로 감소하였다. 나아가 일제는 학교마다 일본인 교사를 배치하고 교육칙어에 따라 한국인을 일본천황의 '충량한 신민'으로 육성하는 식민지 교육을 실시하도록 강요하였다.

'문화정치'와 민족분열책 일제의 민족운동에 대한 탄압과 동화정책은 거족적인 항일투쟁이었던 3 · 1운동을 계기로 더욱 강화되었다. 3 · 1운동 직후 조선총독부는 '문화정치'를 표방하고 헌병경찰제를 보통경찰제도로 전환시켰다. 그러나 '문화정치'로의 전환이 폭력통치를 후퇴시킨 것은 아니었다. 헌병경찰을 폐지했으나, 헌병을 경찰로 전환시킨 것에 불과하였고, 경찰관서나 경찰의 수를 1910년대에 비해 3배 증가시켰다. 또한 사회주의운동과 민족운동을 탄압하기 위해 1925년에는 치안유지법(治安維持法)을 제정하였고, '특고형사(特高刑事)'와 사복형사·밀정 등을 동원하여 민족운동에 대한 감시와 탄압을 강화하였다.

이와 함께 일제는 친일세력을 조직적으로 육성하여 민족운동을 분열시키고 민족의식을 왜곡하는 통치정책을 실시하였다. 3·1운동 직후 부임한 사이또오(齊藤實) 총독은 조선인 관리·귀족·양반·유생·부호·실업가·교육가·종교가 등을 친일파로 양성하는 정책을 실시하였다. 그 정책은 각계각층에서 친일적 인물을 양성하는 것이었다. 일제는 그들을 이용해 친일단체를 조직하고 친일여론을 조성하며, 독립운동가를 적발하고 그들에 대한 정보를 수집하고, 나아가 독립운동을 파괴하며 독립운동가를 포섭하고 변절하도록 설득하려 하였다.

그러한 가운데 일제에 의해 포섭된 이광수는 친일의 정치적 입장을 대변하는 민족개조론을 발표하였다. 이광수는 한국인의 민족성을 "허위되고 공상과 공론만 즐겨 나타(懶惰)하고 서로 신의와 충성이 없고, 일에 임하여 용기가 없고, 극히 곤궁"하다고 개탄하고, 민족성을 개조하기 위해서는 정치운동의 색채를 띠지 않는 교육의 진흥, 산업의 발전, 민중의 진작 등 민족개조운동에 우선 매진해야 한다고 주장하였다. 이광수의 민족개량주의는 1920년대에 타협적 민족주의자들이 전개한 참정권운동·자치운동·문화운동·물산장려운동의 이론적 기반이 되었다. 그러나 이러한 운동은 민족해방운동의 발전에 기여했기 보다는 오히려 일본의 의도대로 민족해방운동전선을 혼란시키고 친일파의 폭을 넓히는 결과를 가져왔다.

침략전쟁동원정책과 민족말살 일제의 식민지 통치체제는 1931년 이후 식민지 파시즘체제로 바뀌어 갔다. 1929년의 대공황을 계기로 일본 제국주의는 침략전쟁을 통해 대내외적 위기를 해결하려 하였고, 그에 따라 식민지 파시즘체제가 구축되어 갔다. 식민지 파시즘체제로의 재편은 군사력과 경찰력의 증강에서 시작되었다. 일본군 1개 사단이 조선에 증파되었고, 경찰력도 만주사변 직후에는 2만 229명으로, 다시 태평양전쟁 발발 직후에는 3만 5,239명으로 증가되었다. 일본은 증가된 경찰력을 동원하여 민족운동 일체를 금지시키고 철저한 사상통제를 실시하였다. 또한 민족해방운동가를 감시할 목적으로 1936년 12월에 조선사상범보호관찰령(朝鮮思想犯保護觀察令)을 만들었고, 태평양전쟁을 준비하면서 조선사상범예방구금령(朝鮮思想犯豫防拘禁令, 1941)을 공포하고 아울러 '야마또쥬꾸(大和塾)'를 만들어 '사상범'으로 지목된 사람을 모두 가입시켜 '사상전향'을 강요하였다.

한편 일제는 이러한 정책과 동시에 조선인을 황국신민으로 동화시키는 내선융합정책을 강화하였다. 1930년대 전반의 동화정책은 농촌진흥운동으로 전개되었다. 농촌진흥운동은 대공황기에 고조되고 있던 조선의 혁명운동을 탄압하기 위해 실시되었다. 농촌진흥운동은 농가생활 전반을 개선한다는 명목으로 일제의 침략전쟁 수행에 부합하는 정치적, 사상적 동원체제를 수립하는 지배정책이었다. 조선총독부는 농촌진흥운동의 성격을 일본 천왕에 순종하는 정신운동 내지 사상운동으로 설정하고, 그 구체적 방침으로 일본 국경일에 일장기(日章旗) 달기, 국세(國稅)의 우선 납부, 색의(色依) 착용, 총독부 시정에 협조 등을 강조하였다.

조선총독부는 일제의 침략이 중일전쟁으로 나아가자 민족말살정책을 실시하는 등 동화정책을 극대화하였다. 조선총독부는 한국인들에게 "우리는 대일본제국의 신민(臣民)이다", "우리들은 합심하여 천황폐하에게 충성을 다한다"는 내용의 「황국신민서사(皇國臣民誓詞)」를 외우게 하였다. 또한 학교교육에서 조선어를 폐지하고 소학교 학생들에게도 일본어의 상용을 강제하고 조선어를 사용하면 벌을 받게 하였다. 나아가 한국인의 성과 이름을 일본식으로 바꾸게 하는 창씨개명(創氏改名)을 강요하였다.

또한 일본인 어용학자들이 날조한 동조동근사상(同祖同根思想)을 내세워 일본의 조상신(祖上神)이라는 '아마떼라스 오오미카미(天照大御神)'의 신주(神主)를 조선인 가정에도 걸어놓고 예배하게 하였고, 일본 신사(神社)에도 정기적으로 참배하도록 강요하였다.

조선총독부의 교육정책도 1930년대 후반기 이후에는 철저하게 '황국신민화(皇國臣民化)'교육으로 전환되었다. 일본은 중일전쟁을 도발한 직후 조선교육령을 개정하였다(1938. 3.). 개정된 교육령은 황국신민화를 더욱 철저히 하고 전쟁동원을 강화할 목적으로 '국체명징(國體明徵)·내선일체(內鮮一體)·인고단련(忍苦鍛鍊)'을 조선 교육의 3대 강령으로 내세웠다.

태평양 전쟁 시기로 접어들면서 민족의식 말살과 전쟁동원을 위한 '황국신민화' 교육은 극에 달하였다. 신사참배를 거부하는 기독교 계통의 학교를 전부 폐교시켰고, 조선인 교원을 추방하였다. 전문학생·중학생은 물론이고 소학생 까지 각종 토목공사와 송탄유(松炭油) 채집에 동원하였고, 인문교육기관을 군수기술자 양성을 위한 실업교육기관으로 개편하고, 전문·대학생을 학도병으로 강제 지원시켰다.

2) 수탈을 위한 식민지 개발과 민중경제의 빈궁화

토지조사사업 일제는 민족운동을 탄압하고 동화정책을 실시하여 한국민을 식민지 지배에 순응하도록 강요하였다. 일제는 이와 같은 지배를 앞세워 한국사회를 일본 제국주의의 경제적 식민지로 재편하는 경제정책을 실시하였다.

일제는 조선을 강점한 이후 식민지 경제체제를 확립하기 위해 토지조사사업을 실시하였다. 조선총독부는 합방 직후부터 1918년 말까지 전국의 토지에 대해 소유권·토지가격·지형 및 지목 등을 조사하고, 근대적 소유권을 확립하였다. 조선총독부는 그 과정에서 경작농민들이 가지고 있던 부분소유권으로서의 도지권(賭地權)을 아무 보상 없이 일거에 소멸시켰다. 또한 궁장토(宮場土)·역둔토(驛屯土)·목장토(牧場土) 등을 전부 총독부의 소유지로 편입시켰고, 궁방에 투탁(投托) 혹은 혼입(混入)되어 있던 농민의 토지에 대해서 그 소유권을 인정하지 않았다. 그로 말미암아 강제적인 행정조정이 무수히 이루어졌음에도 불구하고 약 10만 건에 달하는 소유권 분쟁이 일어났다.

조선총독부는 토지조사사업을 통해 막대한 총독부 소유지를 확보함과 아울러 안정적인 지세징수기반을 마련하여 식민지 지배에 필요한 경제적 기반을 확보하였다. 이 사업을 통해 조선총독부는 총 18만 1천여 정보의 토지를 소유할 수 있게 되었고, 1910년 600여만엔에 불과하던 지세(地稅)는 1918년에는 1,156만 9천여원으로 증가하였다. 또한 식민지 수탈에 적합한 지주제도를 확립하였고, 특히 조선에 진출한 일본인의 토지소유를 급격히 증가시키는 결정적 계기를 마련하였다. 일본인의 농장경영자수는 약 10배, 투자액은 5배 이상, 면적은 약 4배 증가하였다.

산미증식계획과 농민몰락 1920년대에 조선총독부는 산미증식계획을 실시하였다. 제1차 세계대전에 편승해 일본 자본주의가 급성장하였다. 이에 따라 농민이 대거 이농하여 도시노동자가 되었고, 그로 말미암아 쌀 부족현상이 초래되어 1918년 일본의 전국 각 도시에서는 '쌀 폭동'이 일어났다. 이에 조선총독부는 일본의 쌀 부족 문제를 해결하기 위해 조선에서 산미증식계획을 실시하였다.

조선의 산미증식계획은 지주의 이익을 최대한 보장하는 방향으로 추진되었다. 토지개량사업은 대지주들이 중심이 되어 각지에 수리조합을 설치하고 농민들을 강제 가입시켜 저수지를 축조 또는 정비하는 방식으로 추진되었고, 농지개간사업은 일본인 대농장회사가 국유미간지나 간석지 등을 불하받은 뒤, 조선 농민을 동원하여 개간하는 방식으로 진행되었다. 조선총독부는 지주들에게 소작료를 인상할 수 있게 보장하고, 수리조합비를 소작농이나 영세 토지소유자에게 전가할 수 있게 하였다. 그리하여 일본인 대지주와 조선인 지주는 이 계획에 편승해 토지소유를 급속히 확대하였다.

반면 자작농과 심지어 일부 소지주들조차도 과중한 수리조합비를 감당하지 못해 토지를 팔고 소작농으로 몰락하였고, 수리조합비에 더해 금비부담까지 떠안게 된 소작농민은 더욱 빈궁해져 지주의 고리대에 묶인 채무노예 상태로 전락하였다. 결국 자작농은 자소작농으로, 자소작농은 완전한 소작농으로, 소작농은 화전민(火田民) 내지 세궁민(細窮民)으로 몰락해갔다. 1920년과 1932년을 대비하면 자작농은 5만 3천호, 자소작농은 27만 5천호가 감소하고, 대신 순소작농은 46만 3천호가 증가하였다. 세궁민은 1926년에 이미 총인구의 약 11%인 약 215만 명에 달했고, 걸인도 1만명을 넘었다. 다시 1931년이 되면 세궁민은

520만 명으로, 걸인은 16만명으로 증가하였고, 소작농민의 75%가 부채를 지고 있었다.

이농한 농민의 다수는 일본·만주·시베리아의 노동시장으로 잡역부나 막노동꾼으로 흘러들어 갔다. 일본의 노동시장으로 흘러가는 인구는 1930년대에 년 10만명을 넘었고, 그들은 일본인 노동자 보다 훨씬 낮은 임금과 민족적 차별대우를 받으면서 육체노동으로 연명하였다. 만주, 연해주 지역으로는 1930년대까지 150만에 달하는 조선농민이 이주하였고, 그들의 90%가 소작농민으로 살아갔다.

농촌진흥운동과 식민지공업화정책 1930년대가 되면 한국에 대한 일본의 수탈정책은 더욱 다면화되고 강화되었다. 조선총독부는 1932년에 시작된 농촌진흥운동을 개시하였다. 농촌진흥운동은 경제적으로는 농가경제의 안정이라는 명분하에 개별 농가를 상대로 노동 강화·근검절약·경영다각화 등을 강요함으로써 침략전쟁에 필요한 농산자원을 최대한 증산하는 것을 목표로 하였다. 조선총독부는 특히 면화·양모·아마 등의 전략자원을 농촌진흥운동을 통해 증산시켰다. 결국 농촌진흥운동은 결국 농가경제를 안정시키는 정책이 되기보다 도리어 농업과 농민에 대한 수탈을 더욱 강화하는 정책이 되었다.

그로 말미암아 소작농민의 비율은 1928년 44.9%에서 1936년에는 51.8%로 늘어났고, 같은 기간에 순수 화전농가가 3만 4천호에서 7만 5천호로 증가하였고, 농업노동자로 전락한 농가도 11만 7천호로 늘어났다. 만주나 일본으로 이주한 조선인도 2.6배나 증가하였다.

한편 일본은 대공황의 위기 속에서 활로를 모색하던 일본 독점자본에게 유리한 투자시장을 확보해 주고 아울러 농업지대인 만주지방을 효율적으로 지배·수탈하기 위해 조선에서 공업화 정책을 추진하였다. 일본의 독점자본은 1920년 회사령이 철폐되면서 조선에 진출하기 시작하였고, 1920년대 후반이 되면 미쯔이, 미쯔비시, 노구치재벌 등이 화학공업·전기공업·광업·철도업 등에 자본을 투자하여 기업을 설립하였다.

조선총독부는 1930년대에 들어 더욱 적극적으로 공업화 정책을 추진하였다. 조선총독부는 중요산업통제법(1931.4)이 한국에는 적용되지 않는다는 점을 내세워 적극적으로 독점자본을 유치하였고, 한국으로 진출하는 기업에 대해서는 전력공급, 공장용 부지, 노동력 통제 등에서 특혜를 제공하였다. 이를 계기로 열광적인 공업화 시기라 부를 만큼 일본의 독점자본은 대거 한국으로 진출하였다. 그 위에 1937년 일제가 중국침략을 본격화하면서 병참기지화 정책을 추진하게 됨으로 말미암아 이후 이들의 자본투자는 비약적으로 확대되었다.

열악한 노동조건과 노동자수탈 이에 따라 한국에서도 노동자가 빠르게 증가하였다. 병합 당시 한국의 공장노동자수는 2천 5백명 정도에 불과했다. 그러나 1919년에는 4만 2천여명으로 증가하였고, 다시 1928년에는 8만 8천여명으로 늘어났다. 1930년대에 조선공업화정책이 추진되면서 공장노동자수는 급속히 증가하여 1940년에 이르면 23만명, 1945년에는 59만명에 이르렀다. 이외에도 1930년대 이후에는 광산노동자, 토건노동자, 운수노동자, 농·임·수산업노동자 등도 급속히 증가하였다. 그리하여 1944년말의 통계에 따르면 전체 노동자수는 212만여명에 달했다.

노동자는 이와 같이 도시인구에서 기층민을 이룰 정도로 급속히 증가하였지만 그들의 생활상태는 극도로 비참하였다. 노동자들은 일본 노동자들이 받았던 임금의 절반에 해당하는 저임금을 받았다. 일본

노동자들의 임금 또한 저임금이었으므로 한국 노동자들이 받았던 임금은 최저 생계비에 훨씬 미달하는 기아임금이었다. 기아임금은 여성과 유소년 노동자일수록 더욱 심각했다. 일제는 자국에서는 1916년부터 공장법을 실시하였다. 공장법은 아동의 취업을 금지하고, 연소자와 부녀자의 취업시간을 제한하고 야간업무를 금지하는 등 노동자 보호를 주요 내용으로 하였다. 그러나 일제는 이 법을 조선에서는 실시하지 않았다. 이로 말미암아 자본가들은 조선에서 미성년 노동자와 여성을 대거 고용하고서도 아무런 보호조치를 하지 않았고 기아임금의 절반에도 못 미치는 낮은 급료로 노동력을 착취하였다.

노동시간도 극도로 장시간이었다. 1937년의 조사에 의하면 하루 9시간 이하를 노동하는 노동자는 전체 노동자 가운데 6%에 불과하였고, 대부분이 12시간 이상을 노동했으며 심지어 군수공장에서는 14~16시간 노동하였다. 대부분의 공장은 휴일이 없었고, 아무런 노동보호시설이 없었으며, 간이 의료시설 갖춘 공장은 고작 전체의 12%에 불과하였다. 대부분의 노동자가 기아임금을 받고 노동자 보호시설이 없는 작업장에서 휴일 없이 장시간 노동에 시달리게 됨으로 말미암아 그들의 건강상태는 단기간에 극도로 악화되었다. 한국인 노동자들은 일제 강점기 내내 인권을 부정당하고 최소한의 보호도 받지 못한 채 식민지 초과이윤을 실현하는 자본축적의 도구 혹은 소모품으로 착취당했다.

침략전쟁총동원정책 일제는 중일전쟁을 도발하고 국가총동원법을 제정하고 침략전쟁수행에 필요한 노동력을 한국에서 대거 징발하였다. 먼저 일제는 조선청년을 전쟁에 강제로 동원하기 위해 육군특별지원병령(1938.2)을 공포하였다. 그리하여 일본측의 교묘한 술책과 전쟁하 농촌 피폐에 못 견딘 조선청년들이 "살길을 찾아" 일본군에 '지원'하였고, 그 수는 1943년 까지 약 1만 8천명에 달했다. 태평양 전쟁이 막바지에 이르자 일본은 지원병 제도를 징병제(1944)로 바꾸었고 패전까지 약 20만명을 징집하였다.

일본은 또한 전쟁에 대량의 조선인 노동력을 동원할 필요가 있자 모집(募集)·징용(徵用)·보국대(報國隊)·근로동원·정신대(挺身隊) 등을 강요하였다. 1939년부터 1945년까지 1백만명이 훨씬 넘는 한국인들이 강제로 징용되어 금속광산·토건공사·군수공장의 노동자로 투입되었다. 또한 12세에서 40세까지 수십만 명의 여성들이 강제 동원되어 군수공장에서 노동했고, 그 가운데 일부는 군위안부로 징발되어 중국과 남양지방의 전쟁지구로 보내졌다.

2. 민족해방운동의 발전

1) 1910년대 민족해방운동과 3·1운동

3·1운동 일본에 의해 강제 '합방'이 이루어지기 직전 의병운동과 애국계몽운동의 일부 세력은 조선 내에서 저항운동이 더 이상 전개되기 어렵다고 판단하고 만주, 연해주 등지로 망명하여 국외 독립군기지를 건설하였다.

서간도로 망명한 신민회 회원들은 자치기관으로 경학사와 부민단을 설치하고, 무관교육기관으로 신흥학교를 설립하였다. 또한 의병운동 계열과 애국계몽운동 계열이 합작하여 블라디보스토크 신한촌에 권업회와 대한광복군 정부를 세웠고, 북간도에 간민교육회와 명동학교, 정동중학교 등의 민족교육기관과 무관교육기관인 대전학교를 설립하였다.

그러한 가운데 1919년 국내에서는 3·1운동이 폭발하였다. 토지조사사업과 회사령으로 대표되는 1910년대의 일본의 식민통치는 농민들에게 가장 큰 타격을 주었고, 민족자본가층과 지주층에게도 적지 않은 제약이 되었다. 이로 말미암아 농민 · 노동자는 말할 것도 없고 중소지주 · 민족자본가 등 각계각층에서 일본에 대한 저항의식이 높아갔다. 여기에 윌슨의 민족자결주의를 이용해 독립을 이루려는 일부 학생 · 종교인 · 지식인들이 독립선언서를 발표하고 만세시위를 일으키자 곧바로 전국적 · 전민족적인 3 · 1운동이 일어나게 되었다.

민족자결주의와 관련한 독립운동이 먼저 시작된 것은 상해 · 미주 · 토쿄 등지에서였다. 상해에서는 1918년 11월에 여운형 · 김규식 · 장덕수 등이 중심이 되어 미국과 파리강화회의를 겨냥한 독립운동을 시작하였고, 미국에서도 같은 해 12월에 이승만이 중심이 되어 미국대통령에게 3개항의 독립청원서를 제출하였으며, 일본 토쿄에서는 1919년 2월 조선인 유학생 학우회가 중심이 되어 민족대회소집 청원서와 독립선언서를 발표하였다.

이러한 해외의 움직임이 손병희 · 최린 등의 천도교측 인사들과 이승훈 등 평안도 기독교계 인사들에게 전해졌고, 이들을 중심으로 독립선언서가 준비되면서 고종의 인산일 무렵인 3월 1일 정오를 기해 서울 · 평양 · 진남포 · 안주 · 의주 · 선천 · 원산 등지에서 동시에 만세시위가 일어났다.

3 · 1운동의 발전과정은 크게 3단계로 나누어진다. 제1단계는 민족대표 33인 혹은 48인이 독립선언서를 발표하고 이 운동을 일으킨 단계다. 이 단계의 주체가 된 민족대표들은 애국계몽운동계의 국내세력이었던 신지식인층과 종교인, 그리고 민족자본가층 및 일부지주층으로 구성되었다.

3 · 1운동의 제2단계는 민족대표의 독립선언에 이어 청년 · 학생 ·

교사 등 지식인, 도시 노동자 및 상인층에 의해 만세운동이 전국 주요 도시로 확산된 단계이다. 이러한 확산에 주도적 역할을 담당한 것은 학생과 지식인들이었다. 지식인·학생들은 경기도 부천의 혈성단, 대구의 혜성단, 조치원청년당과 같은 비밀결사를 조직하여 격문과 유인물을 제작 유포하면서 도시에서 시위를 주도하였다. 여기에 상인들은 철시로 동참하였고, 노동자들은 독자적으로 세력을 규합하여 격렬하게 시위투쟁을 전개하였다.

제3단계는 이 운동이 주요 도시로부터 전국 각 농촌지방으로 확산된 단계이고 시기적으로는 3월 하순 이후이다. 무단적인 식민통치에서 가장 큰 피해를 입었던 농민들은 민족대표와 도시의 만세시위에 촉발되어 주로 장터에 집결하여 만세시위를 벌였다. 농촌 시위에서는 조선후기 농민봉기 때 등장하였던 횃불시위와 산상봉화시위가 다시 벌어졌고, 지역을 옮겨 다니면서 봉기를 유도하고 지역적 연계를 꾀하는 만세꾼도 등장하였다. 또한 농민들이 시위 전면에 나서면서 투쟁은 만세시위에서 경찰관서나 헌병분견소 군청 일본인 상점이나 농장 등을 습격하는 공세적인 폭력투쟁으로 발전하였다.

3·1운동이 이와 같이 거족적인 민족운동으로 발전하자 국외 동포사회에서도 이에 동조하는 운동이 일어났다. 국외의 3·1운동은 만주, 연해주, 미국 등지에서 전개되었다. 만주에서는 서북간도의 조선인들이 중심이 되어 만세시위를 넘어 무장대를 편성하여 국내로 진공하려는 운동이 전개되었고, 연해주에서는 3월 17일 대한국민회의 주최로 독립선언과 시위운동을 벌였고, 미국에서는 경제적 모금운동을 중심으로 파리강화회의의 선전활동을 지원하였다.

한편 일본은 3·1운동에 대해 시종 폭력적으로 탄압하였다. 그리하여 공식집계만으로도 7,500여명이 시위도중 피살당했고, 1만 6천여명이 부상당했으며, 무려 4만 6천여명이 검거되었다. 또한 49개처의 교회와 학교, 715호의 민가가 불태워졌다.

3·1운동은 대한제국의 부활을 목적으로 하는 복벽주의 운동을 청산하고 공화주의적인 민족운동이 전면화시키는 계기가 되었다. 그 결과 공화제 형태의 대한민국임시정부가 상해에 수립될 수 있었고, 국내의 사회운동에서도 사회주의 사상이 도입될 수 있는 기반이 마련되었다. 다음으로 3·1운동은 이후 전국 각지에서는 청년회·소작인조합·노동조합 등 대중조직이 활발히 결성되는 등 노동자·농민·청년 등의 민중이 민족해방운동의 주체로 성장하는 계기가 되었다. 나아가 3·1운동은 외교독립론을 실험하는 무대가 되었으며, 또한 민중혁명론·독립전쟁론의 현실적 근거를 제공하였고, 일본의 식민통치정책의 변화를 초래하여 타협적 민족부르주아지들이 실력양성론·독립준비론 나아가 민족개량주의를 들고 나오는 계기를 마련하는 민족운동을 분화시키는 계기가 되기도 하였다.

2) 1920년대 민족해방운동의 성장과 분화

임시정부 수립 3·1운동이 일어나자 이전부터 제기되어 왔던 정부 수립운동이 본격화되었다. 정부의 수립은 분산적으로 전개되고 있던 민족운동을 총괄하는 총본부의 역할을 위해 반드시 필요한 것이었다. 정부 수립운동은 연해주의 블라디보스토크, 중국 상해, 서울 등 세 지역에서 동시적으로 추진되었고, 이 세 지역의 운동을 하나로 통합하는 운동이 전개되어 1919년 9월 상해에서 공화주의와 3권 분립의 원칙에 기초한 헌법이 공포되고 11월에 대한민국임시정부가 출범하였다.

임시정부는 정보와 자금의 수합업무를 위해 국내에 연통제를 실시하고, 연락업무를 위해 교통국을 설치하였고, 선전활동의 일환으로 『독립신문』을 발간하였다. 또한 민족의 독립을 위해 외교활동에 역점을 두었다. 임시정부의 외교는 국제연맹으로부터 독립을 보장받고 그것에 가입하는 것을 일차적 목표로 하였다. 그러나 그것이 불가능해지자 중국・미국・영국・소련 등 각국으로부터 개별적 승인을 받고자 노력하였다.

국외의 무장투쟁 만주・연해주 지역에서는 합방 직후부터 이주한 한인사회에 기반을 두고 독립운동단체가 결성되어 독립군을 양성하고 있었다. 이렇게 양성된 독립군은 3・1운동이 일어나자 전열을 정비하여 1919년 하반기부터 일제히 국내 진공을 목표로 한 독립전쟁을 개시하였다.

홍범도가 지휘하는 대한독립군은 혜산진・갑산・만포진 등 국경지방의 일본군 수비대를 공격하고, 추격하는 일본군을 봉오동에서 공격하여 400여 명을 살상하는 큰 전과를 올렸다(봉오동전투). 1920년 10월 일본군이 1만 5천명의 대부대를 만주로 출동시켜 독립군의 집결지였던 청산리 일대를 공격하였지만 홍범도, 김좌진, 최진동 등이 이끄는 독립군 연합부대는 아홉 차례에 걸친 격전을 통해 연대장을 포함한 일본군 1,200명을 사살하는 승리를 거두었다(청산리전투).

청산리 전투 후 독립군은 소련의 지원을 얻어 장기항전을 준비할 목적으로 북만주 밀산을 거쳐 연해주의 자유시로 이동하였다. 그러나 자유시에서 적군에 협조해오던 한인부대인 자유대대・사할린부대와 군사지휘권을 둘러싼 분쟁에 휘말려 수백명의 독립군이 죽고 포로가 되는 '자유시사변(自由市事變)'을 겪었다.

자유시사변 이후 만주로 귀환한 독립군세력은 만주지방에 잔류했던 세력과 합류하여 이후 남만주지방에서 참의부(1923)와 정의부(1924)를, 북만주 일대에서 신민부(1925)를 구성하였다. 이들 삼부는 모두 동포사회의 인적, 물적 자원을 기반으로 행정부와 입법부 · 사법부를 갖춘 자치정부로 발전하면서 사관학교를 설립하고 교포사회의 농촌청년들을 독립군으로 양성하였다.

부르주아 민족운동 국내에서는 부르주아 민족주의자들이 실력양성론에 입각한 문화운동을 전개하였다. 문화운동은 3 · 1운동 직후 활발히 전개된 청년회운동, 신교육운동, 물산장려운동 등 문화적, 경제적 실력양성운동을 총칭하는 것이었다.

청년회운동은 청년을 대상으로 강연회 · 토론회 · 야학강습회 등을 통해 인격수양과 풍속개량을 권장하고, 실업을 장려하였다. 신교육운동은 보통학교, 고등보통학교, 민립대학을 설립하는 운동으로 전개되었고, 물산장려운동은 총독부의 일본인 중심의 산업정책에 대항해 민족자본 · 민족기업을 육성하는 토산품 애용운동으로 전개되었다.

그러나 신교육운동은 총독부 당국이 학교 설립요건을 강화하고 다른 한편 모금운동이 부진함으로 말미암아 성공하지 못했고, 물산장려운동도 민족자본의 취약한 생산력과 타협적인 정치적 입장으로 말미암아 민족운동의 성격이 크게 약화되었다. 그리하여 1920년대 초반 국내 운동을 주도한 부르주아 민족운동은 1920년대 중반을 넘으면서 급속히 퇴조하였다.

사회주의 농민 · 노동운동 1920년대에는 농민 · 노동자 · 청년 · 여성 등 민중이 일본식민정책에 항거하여 민족운동을 전개하였다. 농민들은 지주제가 강화되는 데 저항해 소작조건을 개선하는 운동에 나섰고, 노동자들도 임금인상과 노동조건을 개선하기 위한 조직화에 나섰다.

농민 · 노동운동은 초기에는 일부 자연발생적으로 조직된 경우도 있었으나 사회주의 사상을 가진 청년과 지식인들이 적극적으로 참여하면서 계급성을 강하게 표방하는 대중운동으로 성장하였다. 농민 · 노동운동의 조직화 과정은 단위조직과 지역 혹은 전국조직을 병행적으로 결성하는 방식으로 진행되었다. 그리하여 소작조합이나 노동조합이 조직되기 시작한 지 3년만에 전국조직인 조선노농총동맹(1924)이 출범하였다. 조선노농총동맹은 "노동자 · 농민계급을 해방하여 완전한 신사회의 건설을 기한다", "단결의 위력으로써 최후의 승리를 전취할 때까지 자본가계급과 투쟁한다"는 강령을 내걸었고, 그 산하에 260여 개의 소작조합과 노동조합을 거느렸으며, 회원수가 5만 3천여명에 이르렀다.

1920년대에는 대중운동의 발전과 불가분의 관계를 가지면서 사회주의 운동이 발전하였다. 사회주의 사상을 도입하고 확산시키는 데 중심적 역할을 한 것은 지식인 · 청년 · 학생층이었다. 사회주의운동의 기반이 확대되자 1925년 4월에 코민테른에서 파견된 김재봉을 책임비서로 하는 제1차 조선공산당과 박헌영을 책임비서로 하는 고려공산청년회가 비밀리에 조직되었다. 조선공산당의 창당은 계급적인 사상운동이나 경제운동 차원에 머물렀던 사회주의운동을 사회주의적 민족혁명운동으로 발전시키는 중요한 계기가 되었다. 조선공산당은 농민 · 노동운동이 추구하는 목적을 일제 · 자본주의 · 지주제를 타도하는 사회주의적 민족혁명과 결합시키는 체계적이고 구체적인 강령을 제시하였다. 또한 농민운동과 노동운동을 구별하고, 그 각각을 차별적으로 발전시키면서 노농동맹을 형성하는 합리적 방안도 제시하였다.

조선공산당은 1928년 코민테른의 지시로 해체될 때 까지 4번에 걸친 탄압과 재건을 되풀이하면서 1926년에는 순종의 국장을 기하여 6·10 만세 운동을 준비하였고, 신간회의 결성을 주도하였으며, 노동총동맹, 농민총동맹, 청년총동맹 등의 대중단체를 지도하였다. 또한 「조선민족해방운동에 관한 테제」를 채택하여 조선의 혁명노선을 이론적으로 체계화하였다. 그러나 1920년대의 사회주의 운동은 소수의 지식인이나 청년·학생이 중심이 되고 노동자·농민의 참여가 오히려 소수였다. 그로 말미암아 격심한 파쟁을 되풀이 하고 대중 속에 폭넓게 뿌리내리지 못하는 한계를 보였다.

3) 민족협동전선운동의 전개

민족유일당 운동 3·1운동 이후 민족운동이 확대되는 가운데 분화가 심화되어 가자 민족해방운동전선을 통일할 필요성 또한 높아졌다. 이에 1920년대 중반경부터 중국·만주지역에서는 민족유일당을 건설하려는 운동이 전개되었고, 국내에서는 신간회가 결성되었다.

중국에서 민족유일당 운동은 1926년 한국독립유일당 북경촉성회의 결성을 시작으로 하여 이후 상해·남경·무한·광동 등지로 확대되어 갔다. 한편 만주지역에서도 정의부·참의부·신민부가 이 운동에 호응하여 활발한 통합운동을 벌여나갔다.

이러한 노력으로 비록 민족유일당을 건설하는 데에는 이르지 못했으나 다양한 민족운동단체들을 혁신회의와 국민부의 양대 세력으로 통합하였다. 혁신회의 계통은 동북만주 지역을 통합하여 한국독립당과 한국독립군을 조직하였고, 국민부 계통은 남만주 일대의 독립운동 세력을 규합하여 조선혁명당과 조선혁명군을 조직하였다.

신간회 운동 국내에서의 통합운동은 사회주의운동이 코민테른의 통일전선전술을 수용하여 1925년 경 "타협적 민족운동은 절대 배척하고, 혁명적 민족운동과는 협동을 기한다"는 입장을 표명하면서 본격적으로 준비되기 시작하였다. 그 이듬해 3월 조선공산당의 강달영은 천도교 구파의 권동진, 조선일보의 안재홍과 회합하여 중국국민당 형태의 민족단일당을 결성하기로 합의하였고, 그러한 노력에 기반해 1927년 2월에 신간회가 창립되었다.

신간회에는 신석우·안재홍·홍명희 등 민족주의계, 이갑성·이승훈 등 기독교계, 권동진 등 천도교 구파, 한용운 등 불교계, 한위건 등 사회주의계 등 민족운동의 거의 모든 세력이 참여하였다. 신간회는 "① 우리는 정치적 경제적 각성을 촉구함, ②우리는 단결을 공고히 함, ③ 우리는 기회주의를 일체 배격함"을 강령으로 채택하였고, 서울에 중앙본부를 두고 지방에 약 140개소의 지회를 설치하였다.

신간회에는 노동·농민·청년·학생운동에서 활동하였던 대중운동가를 위시해 약 4만명에 달하는 민족운동가들이 가입하여 전민족적 항일 협동전선을 구축하고자 노력하였다. 신간회는 조선공산당은 물론이고 조선노동총동맹·농민총동맹·청년총동맹 등의 집회가 금지된 조건아래서 조선인에 대한 착취기관철폐, 일본인의 조선 이민 반대, 타협적 정치운동 배격, 식민지 교육정책반대와 조선인 본위의 교육제도 실시, 사회과학·사상연구의 자유보장 등을 주장하면서 노동파업·소작쟁의·동맹휴학 등을 지도하였다.

한편 조선총독부는 신간회의 간부를 구속하고 집회를 금지시키는 등 신간회를 해체시키기 위해 대대적인 탄압을 가하였다. 1929년 신간회가 광주학생운동을 전국적인 민족운동으로 확산시키고자 '민중대회'를 준비하자 조선총독부는 돌연 집행위원장 허헌을 위시해 90여명에 이르는 간부와 활동가를 체포하였다. 이를 계기로 신간회에는 합법운동을 강조하면서 천도교 신파와 관련을 갖는 등 자치운동으로 방향전환을 모색하는 인물들이 새로 구성되는 신간회 간부진에 침투하게 되었고, 그로 말미암아 운동노선을 둘러싸고 신간회는 심각한 내분에 빠지게 되었다.

이러한 가운데 사회주의 계열은 신간회를 해소하고 노농대중을 무산계급단체로 결집시켜야 한다는 주장을 조직적으로 제기하였고, 이 해소안을 논의하기 위한 신간회 전체대회가 1931년 5월 서울에서 개최되었다. 그 대회에서 신간회를 계급운동을 강화하는 새로운 조직으로 해소할 것이 결의되었지만 일제가 새로운 조직의 결성을 불허하였고, 그리하여 해소대회는 결국 해체대회로 막을 내리고 말았다.

4) 1930년대 혁명적 농민·노동조합운동과 국외의 항일무장투쟁

혁명적 농민·노동조합운동 1929년 미국에서 시작된 세계대공황은 일본 경제에 심각한 타격을 주었다. 이로 말미암아 조선에서는 농산물 가격이 일본에서 보다 더욱 폭락하고 지주들의 농민수탈이 강화되어 수십만의 농가가 파산하여 만주, 일본 등지로 일자리를 찾아 떠났고, 불경작동맹·추수거부동맹·아사동맹 등이 속출하고 대규모 소작쟁의가 도처에서 폭발하였다.

이 시기에 코민테른은 이러한 상황을 혁명적 위기로 인식하고 조선의 사회주의자들에게 기존의 인테리 중심의 조선공산당을 해체하고 직접 노동자·농민계급 속으로 들어가 혁명적 대중조직을 결성하는 방향으로 운동노선을 전환할 것을 지시하고 있었다. 이에 따라 1930년대에는 혁명적 농민조합운동과 혁명적 노동조합운동이 급속히 발진하였다.

혁명적 농민조합·노동조합운동은 선진적인 농민·노동자를 중심으로 대중투쟁조직을 만들고 이를 통해 경제투쟁과 정치투쟁을 발전시키는 민족혁명운동이었다. 사회주의세력은 혁명적 노동·농민조합운동을 통해 노동자·농민·학생층에 기초한 아래로부터의 통일전선을 형성하고, 이를 토대로 해산된 조선공산당을 재건하려 하였다.

혁명적 농민조합운동은 전국 220개 군·도 가운데 80여개에서 전개되었고, 이에 연루되어 일제에 검거된 농민만 2만여 명에 이르렀다. 혁명적 농민조합운동은 특히 함경남·북도와 강원도, 전라남도에서 활발히 전개되었다.

한편 혁명적 노동조합운동은 함흥·청진·원산·서울·평양·신의주·부산·마산·여수·목포·광주 등 대도시를 중심으로 전개되었다. 혁명적 노동조합운동 또한 1931년부터 5년 동안에만 관련사건만 70여 건이 발생하고 연루자가 1,759명에 이를 정도로 활발히 전개되었다.

혁명적 농민·노동조합운동은 1935년 코민테른 제7회 대회가 인민전선전술을 채택하고, 중일전쟁을 계기로 일본이 파쇼적 탄압을 강화하는 상황을 맞아 급속히 약화되었다. 그러한 가운데 일부 지역에서는 인민전선전술을 수용하여 노동조합운동과 농민조합운동을 새롭게 발전시키기도 하였다.

국외 항일무장투쟁 1930년대에 만주지역에서는 항일 무장투쟁이 활발히 전개되었다. 1930년대 초반의 농업공황으로 재만 조선인의 경제상태가 극도로 궁핍해진 것과 일본이 만주를 침략한 것이 무장봉기의 직접적인 계기가 되었다. 조선인들은 중국 대중과 연대하여 일제와 친일적인 중국군벌·지주세력을 몰아내고 만주지역에서 민족의 생존권과 자치권을 확보하기 위해 투쟁하였다.

이러한 항일 무장투쟁에서 조선인 공산주의자들은 두드러진 활약을 보였다. 이들은 코민테른의 일국일당(一國一黨) 원칙에 따라 중국공산당 만주성위원회로 들어가 활동하였다. 이 위원회 산하 동만(東滿) 특별위원회에는 1931년 2월 현재 570명의 당원이 있었는데, 그 중에 520명이 조선인이었다. 이들 공산주의자는 일본의 만주침략을 전후해 소규모 무장유격부대를 창설하고 조선인이 많이 거주하고 있는 연길·화룡·왕청·훈춘 등지에 여러 개의 유격근거지(소비에트)를 창설하였다. 그러나 이러한 활동은 이 지역의 중국 공산주의자들의 반민생단 투쟁을 전개하는 등 경직된 계급노선을 취함으로 말미암아 확대되지 못하고 소강상태에 빠졌다.

재만한인조국광복회 1933년 이후 중국 공산당이 노선을 수정하여 인민혁명전술을 수용하게 되면서 조선인유격대의 항일투쟁도 다시 활기를 띠었다. 중국공산당은 인민혁명전술에 따라 인민혁명정부와 동북인민혁명군을 건설하고 일제에 반대하는 각계각층의 투쟁역량을 결집하는 활동을 전개하였다. 인민혁명정부는 소비에트와는 달리 지주토지를 몰수하는 정책을 폐지하고 2·8제 소작원칙을 세워 농민과 반일지주의 대립을 완화하면서 항일투쟁에 주력하였다. 이러한 방침에 따라 만주지역에서 활동하였던 조선인 항일유격대는 1935년 9월부터 동북항일연군으로 개편되었고, 이 부대의 활동을 기반으로 1936년 5월에는 재만한인조국광복회가 결성되었다.

조국광복회는 광범위한 반일 민족통일전선을 실현하여 진정한 한인의 독립적 인민정부를 수립할 것, 일본과 매국적 친일분자의 재산·토지를 몰수하여 독립운동 경비로 할 것, 민족적 공·농·상업을 발전시킬 것, 언론·출판·집회·결사의 자유를 전취하고 모든 정치범을 석방할 것 등 10대 강령을 발표하고, 민족운동세력을 광범히 결집하고 일제 행정기관과 친일단체에도 침투하여 활동하였다. 또한 국내로 정치공작원을 파견해 함경북도 북부 일원 및 평안북도 북부, 흥남·함흥·원산 등지에 조직망을 구축하고, 1937년 2월에는 갑산의 공산주의자들과 한인민족해방동맹을 결성하였다. 조국광복회 국내조직은 만주의 항일유격대의 활동을 뒷받침하기도 하였다. 1937년 6월 김일성이 이끄는 항일유격대의 보천보 습격사건이 대표적이었다. 그러나 조국광복회는 혜산사건으로 불리는 1937년과 1938년의 두 차례의 검거로 그 조직의 대부분이 무너졌다.

5) 통일전선운동의 발전과 건국준비

반전항일투쟁 혁명적 농민·노동조합운동은 일제의 무자비한 탄압과 코민테른의 전술변화로 1935년 이후 급속히 자취를 감추었지만, 중일전쟁 이후에도 민중의 생존권 투쟁과 반전투쟁은 줄기차게 계속되었다.

노동자들은 1937년~40년 사이에 430여건의 노동쟁의를 일으켰고, 1937년의 진남포 정련소 파업과 1938년의 해주 화약공장의 노동자 탈주사건이나 단풍철도 건설에 동원된 2천여명 노동자의 집단 탈주사건은 생존권 수호투쟁을 넘어 일제의 전쟁수행에 직접적인 타격을 주었다. 농민들은 공출에 항거하여 곡물을 숨기거나 수집 농산물에 불을 지르기도 하였고, 공출독려원을 구타하였다.

청년·학생들도 징용·징병에 저항하여 산속으로 도망하였고, 보다 적극적으로는 항일무장부대에 가담하거나 산속에서 초보적인 무장대를 편성해 일제에 대항하기도 하였다. 지리산으로 도피하였던 70여 명의 청년들은 보광당(普光黨)을 조직하고 주재소를 습격하는 활동을 벌였다.

국내의 민족통일전선운동 민중들의 광범한 저항을 결집하려는 노력도 새로운 형태로 전개되었다. 국내의 공산주의자들은 중일전쟁이 발발하자 전술을 변화시켜 일제와 파시즘에 반대하는 전민족적 통일전선을 결성하기 위해 노력하였다. 그러한 활동을 대표할만한 것으로는 이주하를 중심으로 한 원산그룹의 통일전선 결성운동과 1939년에 전투적 공산주의자동맹을 결성한 청진 공산주의자의 활동, 그리고 박헌영 · 이관술 · 김삼룡 등이 결성한 경성콩그룹의 활동이 있었다.

한편 여운형은 1944년 8월에 건국동맹을 결성하였다. 건국동맹은 " 一. 대동단결하여 거국일치로 일본제국주의 세력을 구축하고 조선민족의 자유와 독립을 회복할 것. 一. 반주축제국과 협력하여 대일 연합전선을 형성하고 조선의 완전한 독립을 저해하는 일체의 반동세력을 박멸할 것. 一. 건설부면에 있어서 일체 시정을 민주주의 원칙에 의거하고, 특히 노동대중의 해방에 치중할 것"을 강령으로 내걸고, 민족주의자와 사회주의자를 막론하고 친일분자와 민족반역자를 제외한 모든 반일세력을 결집하기 위해 활동하였다.

건국동맹은 충청남북도를 비롯한 전국 10개도의 책임자를 임명하여 지방조직을 갖추어가는 한편, 경기도 용문산에서 농민동맹을 조직하였다. 그 주요 활동은 징용 · 징병을 거부하기 위해 호적부를 소각하고, 각 지방에서의 반일투쟁을 전개하고, 전쟁물자의 수송을 방해하기 위해 철도를 파괴하고, 징용 · 징병의 기피 알선하는 것 등이었다. 또한 후방교란과 노농군의 편성을 계획하였고, 이를 위해 공산주의자협의회와 연계하여 군사위원회를 조직하기도 하였다.

건국동맹은 국내의 해방운동세력 사이의 통일전선을 실현해 가는 한편, 국외 해방운동 세력과의 통일전선을 모색하기도 하였다. 이를 위해 최근우를 북만주지방에, 이영선 · 이상백 · 박승환 등을 북경과 연안 등지에 파견하였고, 연안의 독립동맹과는 1945년 국치일(8. 29.)에 연안에서 전조선 민족대회를 개최할 것을 합의하였다.

국외의 민족통일전선운동과 건국준비 국외에서도 민족운동세력들이 통일전선을 형성하는 운동을 활발히 전개하였다. 1930년대 전반 민족혁명당과 한국국민당으로 분립되었던 중국관내의 민족운동세력은 중일전쟁을 계기로 다시 통합운동을 전개하는 한편 조직적인 무장투쟁을 모색하였다.

민족혁명당은 1937년 12월 한구(漢口)에서 민족해방운동자동맹, 조선청년전위동맹, 조선혁명자연맹 등과 함께 조선민족전선연맹을 결성하여 중국 관내 좌익전선의 통일을 이루었다. 이 연맹은 조선혁명을 민족혁명이라 선언하고 통일전선 또한 계급전선이나 유럽식 인민전선이 아니라 민족전선이라 천명하였다. 이에 따라 진정한 민주주의 독립국가 건설, 언론 · 출판 · 집회 · 결사 · 신앙의 확실한 보장, 일본 제국주의자와 매국적(賣國敵)의 일체 재산 몰수, 근로대중의 생활 개선, 남녀 평등 등을 강령으로 채택하였다.

조선민족전선연맹은 1938년 10월에 그 군사조직으로 조선의용대(朝鮮義勇隊)를 조직하였다. 조선의용대는 조선의열단이 운영했던 조선혁명간부학교 졸업생을 중심으로 중국 국민당 정부의 원조를 받아 창립되었다. 조선의용대는 중국 국민당 정부군 부대에 분산 배속되어 정보수집 · 반전선전 · 투항권고 · 포로 심문 · 후방교란 등의 활동을 전개하였다.

한편 한국국민당은 중일전쟁이 발발하자 중국 관내의 우익전선을 통일하는 운동을 전개하였다. 한국국민당은 1935년에 조소앙이 결성한 한국독립당과 1937년 이청천이 조직한 조선혁명당을 연합하여 1937년 8월에 한국광복운동단체연합회를 발족시켰다.

중국관내의 민족운동세력이 크게 좌익과 우익의 통일전선체인 조선민족전선연맹과 한국광복운동단체협의회로 결집하자, 이 두 단체를 통일시키려는 운동이 추진되어 전국연합진선협회(全國聯合陣線協會)가 성립되었다. 이에 따라 장차 건설될 독립국가의 모습도 구체적으로 드러났다. 그것은 전국민의 보통선거에 기초한 민주공화국의 수립과 언론·출판·집회·결사의 자유 보장, 친일파·민족반역자의 처단 및 소유재산의 몰수, 대생산기관의 국유화와 토지문제의 해결, 8시간 노동제의 실시, 남녀평등과 의무교육제의 실시 등으로 집약되는 것이었다.

민족해방운동전선을 정치적으로나 군사적으로 통일해야 할 필요성은 일본제국주의의 패망이 가까워질수록 더욱 절실해졌다. 이에 따라 통일전선운동은 더욱 진전되었고, 그 결과 정치적으로는 1940년 임시정부가 중경에 정착하자 1941년 조선민족전선연맹 쪽의 인사들이 여기에 대거 합류함으로써 통일전선정부의 성격이 강화되었다. 군사적으로도 중국공산군 지역으로 옮겨가고 남은 조선의용대원이 1942년 5월에 임시정부의 한국광복군에 편입되어 군사력의 통일이 이루어졌다.

한국광복군은 중국군의 일원으로 편성되어 대일전쟁에 참여하기도 하였고, 영국군 부대에 배속되어 일본군에 대한 대적방송·문서번

역 · 포로심문 · 비라제작 등에 종사하였으며, 중국주둔 미국 전략첩보 기구인 OSS와 합작으로 국내투입 유격훈련을 받기도 하였다. 그러나 광복군의 군내진격은 일본의 항복으로 실현되지 못했다.

한편 20만 조선인이 거주하였던 화북지역에서는 무정을 중심으로 한 공산주의자들이 주도하여 1941년 화북조선청년연합회와 조선의용대 화북지대를 결성하였다. 이 연합회는 "전화북 조선청년을 단결시켜 조국광복의 대업에 참가시킬 것, 일본제국주의 아래 있는 조선통치를 전복하여 독립되고 자유로운 조선 민족의 공화국을 건설할 것" 등을 강령으로 내세우고 대한민국임시정부, 동북청년어용군, 한국독립당, 조선민족혁명당, 조선민족해방투쟁동맹, 재미국 조선 각 혁명단체들에게 연대를 표하고 모든 반일세력의 일치단결을 실천하고자 노력하였다.

그 결과 이 연합회는 1942년 7월에 김두봉을 주석으로 하는 본격적인 민족해방운동단체인 화북조선독립동맹으로 발전하였다. 독립동맹은 스스로를 하나의 지방단체로 규정하고, 반일통일전선의 확대 · 강화를 강령으로 내걸었다. 또한 화북지역에 거주하는 조선인을 조직하는 한편 임시정부와 통일전선을 결성하기 위해서 노력하고 국내의 여운형의 건국동맹과 연계를 추진하였다.

독립동맹의 발족과 함께 조선의용대 화북지대는 독립동맹 산하의 조선의용군으로 개편되었다. 이들은 태항산 지역에서 중국공산군 팔로군과 합동작전을 펼치며 대일전에 참가하였고, 대적선전 · 후방공작 등에서 활동하였다.

제4장 현대사회

제1절 남북분단과 한국전쟁

1. 건국운동과 남북분단

1) 자주적인 건국운동과 미·소의 점령정책

건국준비위원회 1945년 8월 15일 일본이 연합군측에 항복함으로써 우리 민족은 일본의 지배에서 풀려나게 되었다. 그러나 그것이 곧 해방을 의미하지는 않았다. 일본의 항복을 전후해 한반도에는 미군과 소련군이 북위 38도선을 군사분계선으로 하여 남북에 점령군으로 진주하였고, 군정 통치를 시작하였다. 따라서 8·15는 엄밀히 말하면 우리민족에게 미·소의 군정을 종식시키고 자주독립국가를 건설하는 과제를 안겨준 것이었다.

이 과제의 실현에 앞장 선 것은 건국준비위원회였다. 8·15 직전 조선총독 측으로부터 행정권 이양 교섭을 받은 여운형은 정치범과 경제범의 석방, 3개월간의 식량 확보, 조선인의 정치활동 및 청년·학생·노동자·농민의 조직 활동에 대한 불간섭 등을 약속 받고, 자신이 결성한 건국동맹을 모체로 8월 15일 건국준비위원회를 발족시켰다.

건국준비위원회는 당면 목표를 치안의 확보, 건국사업을 위한 민족 역량의 일원화, 교통·통신·금융 대책 및 식량대책 등에다 두고, 좌우익 인사를 고루 포섭하면서 중앙정부 역할을 담당할 행정기구를 갖추어갔고 청년·학생 2천여 명으로 건국치안대를 조직하였다. 또한 각 지방에 지부조직을 적극적으로 확대하여 8월 말이 되면 북의 회령에서 남의 제주도에 이르기까지 거의 모든 시·군에 건국준비위원회 지부의 성격을 띤 인민위원회가 설치되었다.

건국준비위원회는 그 발족 당초에 송진우 계열의 우파세력 일부를 포섭하지 못하여 8·15 당시의 국내 정치세력의 총합체가 되지 못했고, 또 전국적으로 성립된 지부와 중앙 사이에 긴밀한 관계를 형성하지 못하는 한계를 지녔다. 그러나 여운형 등의 중간좌파, 안재홍 등의 비타협적 민족주의 우파, 이강국·최용달 등의 좌익세력 등이 폭넓게 참가한 일종의 '상층 통일전선체'로서 전체 국민의 지지를 받으면서 정치적 공백기에 국내 정치와 치안을 담당하였다.

건국준비위원회의 기구와 영향력이 커감에 따라 그 내부에서는 주도권 장악을 둘러싼 좌익과 우익 사이의 분열과 대립이 일어났다. 그 경쟁에서 주도권을 장악하게 된 좌익은 9월 6일 긴급히 전국인민대표자대회를 소집하여 조선인민공화국의 성립을 선포하고, 아울러 좌우익 인사를 망라하는 중앙정부의 각료 명단과 정강 및 27개조의 시정방침을 발표하였다. 조선인민공화국의 강령과 시정방침은 자주독립국가 건설, 봉건 잔재세력의 일소와 민주주의의 실현, 민족반역자의 토지 몰수, 노동자 농민 및 대중생활의 급진적 향상, 의무교육제도 실시 등이었다. 이러한 내용은 당시 좌우익을 막론하고 대부분이 당연히 채택되어야 할 것으로 인식하였고, 중경 임시정부가 1941년에 발표한 건국

강령과도 기본적으로 공통되는 것이었다. 건국준비위원회가 충분한 준비 없이 서둘러 '인민공화국'으로 전환하게 된 것은 임박한 미군의 진주에 대비해 어떤 형태로나마 정부가 있어야 이들의 직접통치를 받지 않을 것이라 전망하였기 때문이다.

조선인민공화국이 선포되자 지방의 건국준비위원회 지부는 인민위원회로 개편되었다. 인민위원회에는 건국준비위원회와 마찬가지로 명백한 친일파를 제외한 각계각층이 참여하였고, 그 조직 상황을 보면 1945년 11월 현재 한반도 전체에서 13개 면을 제외한 전 지역에서 읍·면, 도(島)·군, 시, 도 단위의 인민위원회가 조직되었다. 인민위원회는 일본인과 친일 민족 반역자의 재산을 빼앗아 관리하고 치안을 유지하는 등 많은 지역에서 통치기능을 행사하였다.

미·소의 점령정책 자주적인 건국운동이 이와 같이 전개되고 있는 가운데 미군과 소련군은 남북에 진주하여 군정에 착수하였다. 한반도에 먼저 진주한 것은 소련군이었다. 소련은 한반도에 자국에 대해 우호적이고, 장래의 공격기지가 되지 않을 국가가 수립되기를 희망하였다. 따라서 한반도 전체가 아니라면 최소한 소련이 군사적으로 점령한 지역에서만이라도 사회주의 내지 친사회주의적인 국가를 수립하고자 하였다.

그 목표에 따라 북한에 진주한 소련군은 처음에는 조선총독부 체제를 그대로 이어받아 북한의 치안을 유지하려 하였다. 그러나 얼마 지나지 않아 도처에서 활동하고 있는 인민위원회가 '거의 대부분 노동자와 농민 출신'으로 구성되어 있음을 파악하게 되었다. 이에 소련군은 행정권을 인민위원회에 넘겨주고 별도로 소련군 사령부에 민정부를 설치하여 영향력을 행사하는 간접통치방식으로 전환하였다.

소련군은 인민위원회를 강화하면서 인민위원회를 이끄는 조선공산당 지도부가 소련의 한반도정책을 차질 없이 대행할 수 있도록 통제하였다. 조선공산당에서 북조선분국을 독립시키고 김일성과 항일유격대 세력이 이를 장악하게 하였고, 인민위원회가 북조선분국의 지휘를 따르도록 통제하였다.

이와는 대조적으로 남한에 진주한 미군은 인민위원회를 부정하고 직접 통치를 실시하였다. 미국은 한반도에 서구식 자유민주주의에 기반을 둔 친서방국가, 즉 장기간 소련의 지배에 맞설 수 있는 자유민주주의 국가의 수립을 점령의 목표로 삼았다. 미국의 입장에서는 인민위원회가 이러한 목표를 추구하는 데 결코 유리하지 않았다. 미군은 인천에 상륙한 다음날로 군정의 실시를 공포하고, '조선인민공화국'과 대한민국임시정부 등 한국인의 정권기관을 전면적으로 부정하고, 각급 인민위원회와 치안대를 강제 해산시켰다.

대신 미군정은 한국 통치를 위해 일제의 식민지배에 협력하였던 친일 관료·식민 경찰·군인 등 반민족적 인사를 군정 산하 행정기관에 다시 고용하였다. 또한 친미적이거나 영어를 구사할 줄 아는 지주출신의 보수적 인사들을 행정고문이나 군정 관리로 임명하였다. 미군정은 이들이 한반도에서 지배적인 정치세력이 될 수 있도록 적극적으로 지원하고 보호하였다.

미군정은 치안유지법을 없애는 등 부분적으로 새로운 정책을 실시하기도 하였지만 신문지법과 보안법 등 일제가 식민통치를 위해 만들었던 많은 악법과 통치기구를 온존시켰다. 경제정책에서도 막대한 국공유재산과 일본인 재산을 몰수하여 군정청에 귀속시켰지만, 다른 재산에 대해서는 소유권을 인정하였다. 이로 말미암아 반봉건적인 지주

소작제도가 유지되어 70퍼센트 이상의 농민이 일제하와 다름없이 경제적 빈곤과 무권리 상태에 놓여 있었다.

2) 모스크바 삼상회의의 결정과 미·소 군정의 대처

모스크바 삼상회의와 신탁통치문제 1945년 8월 15일 이후 북위 38도선을 경계로 남북에 미군과 소련군이 진주하였다. 그러나 38선은 일본군의 무장해제를 위해 임시로 남북을 분할한 경계선에 지나지 않았다. 따라서 연합국들은 한반도 문제를 처리하기 위해서 별도로 협의를 진행해야 했다. 그 협의를 위해 개최된 것이 1945년 12월의 모스크바 삼상회의였다.

미국·영국·소련의 3국 외상들이 참가한 이 회의에서 한국의 독립에 관한 방침이 결정되었다. 그 결정의 주요 내용은 미·소 양군사령부의 대표자들로 공동위원회를 설립하고, 공동위원회와 한국의 민주적 정당·사회단체들이 협의하여 임시민주정부를 수립한 후, 최고 5년간의 4개국 신탁통치 또는 후견을 실시하는 것이었다. 그러나 이 결정은 미국의 입장에서 보면 한반도에서 자신의 이해를 관철시키기에 결코 유리한 방안이 못되었다.

모스크바 삼상회의의 결정은 그 핵심 내용인 독립보장과 임시민주정부 수립을 생략한 채 '소련은 신탁 통치 주장, 미국은 즉시 독립 주장'(『동아일보』1945.12.27)이라는 왜곡된 형태로 국내에 보도되었다. 이로 말미암아 삼상회의의 결정을 신탁통치안으로 오해한 민중들은 격렬한 반대운동을 전개하였다. 나아가 한민당과 이승만은 소련이 신탁통치안을 제시했다는 왜곡보도를 근거로 반탁운동을 반공·반소운동으로 몰아갔다.

반탁운동에 앞장섰던 김구와 이승만은 각자가 이끌던 비상정치회의와 독립촉성중앙협의회를 합작하여 비상국민회의를 조직하고 최고 정무위원회를 구성하였다. 반탁운동에 호의적이었던 미군정은 2월 14일 비상국민회의를 모체로 미군정 안에 이승만을 의장으로 하는 남조선 국민대표 민주의원을 결성하고 입법기관의 기능을 담당하게 하였다. 이와 같은 반탁운동을 통해 친일세력들은 '반소 반공'의 기치를 내걸고 극우적인 민족주의 정치세력으로 변신하였고, 이승만은 그들을 자신의 지지 세력으로 결집시켜 정치기반을 확대해 나갔다.

다른 한편 모스크바 삼상회의의 결정에 대해 조선공산당과 인민당 등은 처음에는 반대의사를 표명했으나 그 결정안의 구체적 내용을 파악하고는 태도를 바꿔 이를 지지하였다. 이들은 당시의 국제정세로 보아 미・소의 협조 없이는 자력만으로 독립국가를 건설할 수 없다고 보았고, 따라서 삼상회의의 결정을 받아들여야 한다고 판단하였다. 조선공산당과 인민당, 조선민족혁명당, 천도교 청우당 등 진보정당과 삼상결정을 지지하는 각종 대중조직은 우익이 반탁세력을 망라해 국민대표 민주의원을 결정하자 이에 대응해 '민주주의민족전선'을 결성하였다.

미소공동위원회의 결렬과 남북분열 삼상회의의 결정에 따라 제1차 미소공동위원회가 1946년 3월 26일 서울에서 열렸다. 이 회의의 의제는 조선의 정당과 사회단체와 협의하여 임시정부를 수립하는 것이었다. 미소공동위원회에 임하는 미국과 소련의 입장은 매우 대립적이었다. 이 위원회에서 어떤 정당과 사회단체를 협의대상으로 결정하느냐에 따라 미국과 소련의 이해가 달라졌기 때문이다. 이 위원회에서 소련은 모스크바삼상결정을 반대하는 단체와 친일파를 협의대상에서 제외할 것을 주장하였고, 미국이 여기에 반대하여 결국 제1차 공동위원회는 결렬되었다.

미소공동위원회가 결렬되자 이승만을 중심으로 하는 우익세력의 일부는 남한 단독정부 수립운동을 펴나갔다. 미군정은 1946년 5월 15일 정판사 위조지폐사건을 발표하였고, 9월 6일에는 조선공산당 지도부에 대한 일제 검거령을 발표하는 등 남한 내의 좌익세력을 검거하고 탄압하였다.

미군정의 탄압이 강화되자 조선공산당은 대규모 대중투쟁을 통해 미군정에 압력을 가하고 미소공동위원회를 재개시켜 임시민주정부 수립을 실현한다는 '신전술'로 전환하였다. 신전술은 9월 총파업으로 전개되었다. 9월 총파업은 조선공산당 등 좌익이 주도하였고, 미군정에 불만을 품고 있던 민중이 가세하여 전국적으로 확산되었다. 총파업은 9월 24일 미군정의 감원 및 일급제 정책에 반대하여 부산 철도노동자 7천명이 파업한 것을 시작으로 출판·교통·체신·전기 부문 등으로 확대되었다. 9월 총파업에 참가한 노동자는 남한 전역에서 26만명을 넘었고, 서울에서는 1만 6천여명의 학생이 동맹휴업으로 여기에 동조하였다.

9월 총파업이 진행되는 가운데 10월 1일 대구에서 경찰이 시위대에 총격을 가해 사망자가 발생하였다. 이것이 도화선이 되어 시위는 순식간에 폭동으로 전화하였고, 이후 한 달여 동안 남한 전역에서 쌀 공출 폐지, 토지개혁의 실시, 극우테러 반대 등을 요구하는 10월 항쟁이 전개되었다. 10월 항쟁에 참여한 사람은 200만명이 넘었고, 3만명이 체포되었으며, 1천여명 이상이 목숨을 잃었다. 미군정과 경찰은 이 항쟁을 진압하면서 좌익에 대한 공세를 전면화하였고, 그로 말미암아 남쪽의 좌익세력은 큰 타격을 입었다.

한편 소련의 군정 하에 있었던 북에서는 제1차 미소공위의 개최를 전후해 전면적인 토지개혁과 민주적인 사회개혁을 단행하였다. 소군정은 1946년 2월 8일 북조선 임시인민위원회를 구성하고, 3월에는 토지개혁을 실시하였다. 토지개혁은 일본인과 민족반역자의 토지, 5정보 이상을 소유한 조선인 지주의 토지를 무상으로 몰수하여 농민에게 무상으로 나누어 주는 것이었다. 이 개혁은 빈농과 농업노동자가 중심이 된 마을 단위의 농촌위원회가 담당하였고, 20여일 만에 몰수와 분배를 완료하였다.

또한 1946년 6월에는 8시간 노동제를 규정한 노동법령을, 7월에는 여성에 대한 봉건적 착취를 금지한 남녀평등권 법령을 공포하였다. 8월에는 중요산업에 대한 국유화 조치를 실시하여 북한 전체 산업기관의 90퍼센트에 달하는 주요 산업기관이 국유화되었다. 북한의 개혁은 급진적이고 철저하게 수행되었다. 그 과정에서 친일파나 민족반역자는 전부 숙청되었고, 중소지주・부농・중소상공업자들도 세력을 잃었다. 대신 김일성이 이끄는 조선공산당 북조선분국이 확고한 정치적 기반을 구축하게 되었고, 사회 전반에서 사회주의적 성격이 강화되었다.

이러한 가운데 1946년 7월 하순 북의 최고지도자 김일성과 박헌영은 모스크바로 스탈린을 방문하여 향후 진로에 대해 협의하였다. 그 자리에서 스탈린은 미소공위를 통해 임시정부를 수립하는 3상회의 결정은 성사될 수 없으므로 북에서라도 지역혁명을 완수하고 단독정권을 수립해야 한다는 구상을 전달하였다.

제1차 미소공위가 결렬되고 이와 같이 남북의 분열이 심화되어 가자 김규식・안재홍・김병로 등의 민족주의자들은 모스크바삼상결정에 반대하던 종전의 입장을 버리고 여운형・백남운 등과 손을 잡고 좌우합작운동을 전개하였다. 이들은 좌우합작위원회를 결성하고 좌익과 우익의 주장을 절충 혹은 조화시킨 좌우합착 7원칙을 발표하였다.

그 내용은 신탁통치문제는 남북을 통한 좌우합작으로 통일임시정부를 수립한 이후에 결정하는 것으로 하고, 중요산업은 국유화하되 토지개혁은 '체감매상(遞減買上)'으로 하여 지주의 이익을 어느 정도 보장하고, 농민에 대한 토지분배는 무상으로 하고, 친일파·민족반역자 처벌문제는 입법기구를 통해 처리한다는 것이었다.

그러나 좌우합작운동은 남한 단독정부 수립을 추구하였던 이승만의 방해와 민족주의자들과의 협력을 경시하던 조선공산당의 편협한 대응에 부딪쳐 아무런 성과를 내지 못하고 말았다.

3) 남북에서 분단국가의 수립

미소공위의 결렬과 한국문제 유엔이관 미·소의 상이한 점령정책으로 북에서는 사회주의 세력이 지배권을 장악한 반면 남에서는 9월 총파업 이후 사회주의 세력이 전면적으로 탄압을 받고 대신 이승만을 중심으로 하는 우익이 급속히 세력을 확대해갔다. 이러한 가운데 1947년 5월 제2차 미소공동위원회가 열렸다. 그러나 제2차 미소공동위원회도 성과 없이 끝났다. 이에 미국은 모스크바 삼상결정을 파기하고 한반도 문제를 유엔으로 이관시켰다. 미국의 전략은 소련과의 협력노선을 포기하고 대신 유엔을 이용해 남에 친미적인 단독정부를 수립하여 소련을 봉쇄하는 쪽으로 전환되었다.

이승만을 중심으로 하는 우익세력의 일부도 조선 문제의 유엔이관과 남한 단독정부 수립을 주장하였다. 이승만은 1946년 12월에 직접 미국으로 건너가 단독정부 수립을 강력히 주장하고 조선 문제의 유엔

토의와 미국의 조선정부수립 원조를 요청하였다.

1947년 11월 5일의 유엔총회에서는 한국임시위원단의 감시 하에 인구비례에 의한 남북총선거를 실시할 것이 결의되었다. 1948년 1월 23일 북이 한국임시위원단의 방문을 거부하자 미국은 남한만의 선거실시안을 다시 유엔에 제출하였고, 이 안은 2월 26일의 유엔 소총회에서 통과되었다.

한편 이 시기에 북에서도 단독정부를 수립하는 움직임이 구체화되고 있었다. 1946년 7월 스탈린의 지역혁명구상이 북의 지도부에 전달되면서 단독정부를 수립하는 움직임은 속도를 높여갔다. 그해 11월에는 도・시・군 인민위원회 선거가 정식으로 실시되었다. 1947년 2월에는 북조선 도・시・군 인민위원회 대회가 개최되어 최고주권기관인 인민회의를 구성하고 입법기관과 행정기관을 분리하였다. 또한 이 대회에서는 북한 단독의 계획경제정책도 수립되었다. 제2차 미소공위가 결렬되고 한국문제가 유엔으로 이관되자 북의 지도부와 소군정은 단독정부수립을 위한 준비에 더욱 박차를 가했다. 그리하여 1948년 2월에는 인민군을 창건하였고, 조선임시헌법의 초안을 발표하였다.

남북분단 반대운동 미소공위 결렬이후 남북이 분단되는 방향으로 나아가자 단독정부에 반대하고 통일정부를 수립하려는 운동이 일어났다. 좌우합작운동을 전개해왔던 김규식은 여운형 암살 이후 중도파 세력을 규합하여 좌우익 편향을 배제하고 민족의 자주노선을 표방하며 '민족자주연맹'을 결성하고 단독정부 수립에 반대하는 활동을 전개하였다. 김구 또한 이승만이 단독정부 수립운동을 본격화하자 한민당과 결별하고 김규식과 노선을 같이 하면서 북쪽의 김일성・김두봉에게 남북요인회담을 제의하는 서신을 보냈다. 또 유엔 조선위원단에게 남북협상 방안을 제시하고, 남한 단독정부 수립을 반대하는 성명「3천만 동포에게 읍고(泣告)함」을 발표하였다.

북은 김구와 김규식의 제안에 대하여 1948년 3월 25일 남한 단독선거에 반대하는 남북한의 모든 사회단체 대표들이 평양에 모여 연석회의와 요인회담을 갖자고 제의하였다. 김구와 김규식은 북의 제의를 받아들여 4월 말에 입북하였고, 출발에 앞서 독재정치 배격, 민주주의 국가 건설, 독점자본주의 경제제도 배격과 사유재산제도의 승인, 전국적 총선거를 통한 통일중앙정부 수립, 외국에 대한 군사기지 제공 반대 등을 내용으로 하는 '협상 5개원칙'을 발표하였다.

남북 제정당・사회단체연석회의는 1948년 4월 19일부터 26일까지 평양에서 개최되었고, 남북의 정당・사회단체・종교・문화・청년단체 대표들이 참가하였다. 회의에 이어 4월 27일부터 30일까지 남북의 정치지도자들이 참석한 요인회담이 열렸다. 회담에 참가한 정치지도자들은 미・소군의 즉시 철수, 전조선 정치회의 소집, 민주주의 임시정부 수립, 통일조선 입법기관 선거, 남한 단독선거 결과 불인정 등을 결의하였다. 서울로 돌아온 김구와 김규식은 남북협상 경위와 합의사항을 설명하는 공동성명을 발표하고 남한의 5・10선거를 거부했다.

단독정부 수립을 반대하는 민중의 투쟁도 치열하게 전개되었다. 1948년 2월 7일에는 남조선노동당의 지도에 따라 노동자와 학생・농민 등 147만여 명이 단독선거에 반대하여 전국적인 총파업과 대규모 가두시위를 전개하였다. 민중의 투쟁은 5월 10일의 총선거 때까지 남한 각지에서 계속되었다. 남조선 노동당의 지도하에 파업, 동맹휴학, 시위, 경찰서・관공서와 투표소 습격 등 격렬한 선거반대투쟁이 벌어졌다. 그 과정에서 1948년 4월 3일 제주도 민중이 봉기하였다. 남한 단독선거 반대, 미군철수, 극우테러 반대 등의 구호를 내걸고 시위를 벌이던 제주도민을 미군정과 극우청년단체가 가혹하게 탄압하면서 투쟁은 무장봉기로 확대되었다. 이 항쟁은 1년 넘게 지속되었고, 3만 명이 넘는 제주도민이 경찰과 극우청년에게 살해당하였다.

분단정부의 수립 분단정부 수립에 대한 반대운동에도 불구하고 남에서는 5월 10일 군경의 삼엄한 감시 하에 단독정부 수립을 위한 총선거가 실시되었다. 이 선거에는 참여하지 않은 정치세력이 많아서 주로 이승만과 한민당 세력이 당선되었다. 이렇게 구성된 제헌국회는 헌법을 제정하고, 이승만을 초대 대통령으로 선출하였다. 1948년 8월 15일에 대한민국 정부의 수립이 선포되어 분단국가인 대한민국이 성립되었다.

북에서도 단독정부를 수립하기 위한 절차가 신속히 진행되었다. 5·10선거로 남에서 단독정부 수립이 본격화되자 북은 6월 29일에 제2차 남북 제정당·사회단체 지도자협의회를 개최하였다. 이 협의회는 남의 국회를 비법적 조직체로 규정하고 '조선민주주의인민공화국' 중앙정부를 독자적으로 수립할 것을 결정하였다. 이어서 1948년 8월 25일에 북의 각 시·군에서는 최고인민회의 대의원 선거를 실시하고 동시에 남에서도 비밀선거를 추진하여 총 527명의 대의원을 선출하였다. 제1차 최고인민회의는 9월 2일에 개막되었고, 9월 8일에는 헌법을 채택하고, 김일성을 수상으로 선임해 내각 구성을 위임하였다. 그리하여 9월 9일 김일성을 수상으로 하는 '조선민주주의인민공화국'이 수립되었다. 남에 이어 또 하나의 분단국가가 북에 수립된 것이다.

남북에 두개의 분단정부·분단국가의 수립이 분명해지자 통일정부 수립운동을 벌였던 김구와 김규식은 1948년 7월 19일 "시기와 지역과 수단방법에 있어서 차이가 있을지언정 반조각 국토 위에 국가를 세우려는 의도는 일반인 것이다. 그로부터 남한 · 북한은 호상 경쟁적으로 국토를 분열하여 민족상잔의 길로 나아갈 것이다"는 공동성명을 발표했다. 그들은 남북에 수립된 두 개의 국가를 분단국가로 비판하고, 분단은 민족상잔을 초래하고 말 것이라 우려하며 한국전쟁을 예견하였다.

2. 한국전쟁과 분단체제의 형성

1) 한국전쟁의 전개와 분단의 공고화

남북 분단정부의 대립 남북에 분단국가가 수립되면서 남북한 사이에는 정치적, 군사적 긴장이 고조되었다. 이승만 정권은 친일세력을 기반으로 미국에 의존해 수립되었고, 정부 출범이후에도 단독정부 수립에 저항하는 민중과 무력적으로 대치하고 있었다. 이에 비해 북한의 김일성 정권은 소련의 후원 하에 친일세력을 청산하고 토지개혁과 사회개혁을 추진해 민중의 전폭적인 지지를 받았으며 이승만 정권을 무너뜨리고 통일을 달성하겠다는 목표를 내세우며 출범하였다. 따라서 남한의 이승만 정권에게는 북한 정권의 존립 자체가 정통성과 안정성을 위협하는 요인이 되었다.

이승만 정권은 성립초기에 정치 · 경제적으로 매우 불안하였다. 1949년의 경우 정부세출의 60%가 적자였고, 미군정 말기에 비해 물가가 2배로 올랐고, 공업생산액도 감소하였다. 1950년에 실시된 5 · 30 선거에서도 총 의석수 210석 중 이승만을 지지한 세력은 고작 30여석에 불과하였다. 또한 이승만 정권 수립에 저항하였던 유격부대의 무장투쟁도 지리산 · 오대산 · 태백산 · 제주도 등을 중심으로 계속되었다. 이러한 위기를 타개할 목적으로 이승만 정권은 북진통일을 강력히 주장하고 미국의 지원을 요구했으며, 국방장관이 나서 통일전쟁을 일으켜 "점심은 평양에서 저녁은 신의주에서" 먹을 것이라 호언했다.

분단국가의 통일은 북한에게도 절실한 과제였다. 김일성 정권은 북한의 단독정부 수립을 "한반도 전체의 해방을 위하여 민주 세력의 기지"를 건설한 것으로 규정하였고, 이 민주기지를 강화하여 빠른 시일 내에 남조선을 해방하고 통일을 달성할 것이라 천명하였다. 김일성 정권은 이 노선을 실현하기 위해 소련과 경제·문화협정(1949.3) 및 군사비밀협정을 맺고 6개 보병사단과 3개 기계화 부대, 전투기 150대를 지원받았다. 또한 마오쩌뚱이 이끄는 중화인민공화국과 비밀협정을 맺어 중공군에 참가하고 있던 약 5만 명의 조선인 전투 병력을 인민군에 편입시켰다. 그리고 1949년 6월에는 "미군철퇴와 조국통일을 위한 투쟁에 전 인민을 총궐기시켜야 한다"고 선동하며 남북의 민주주의 민족전선을 합쳐 조국통일민주주의전선을 결성하였다. 또한 남한에서 전개된 유격투쟁을 지원하기 위해 오대산 지구를 인민유격대 제1병단으로, 지리산 지구를 제2병단으로, 태백산 지구를 제3병단으로 편성하였다.

이러한 상황에서 1948년 12월 12일 유엔은 남북한에서 미군과 소련군의 철수를 결정하였다. 이 결정에 따라 북한에서 소련군이 먼저 철수하였고, 미군도 1949년 6월에 철수하였다. 미국은 군대철수에 대비해 한미상호방위협정을 체결하고, 약 500명의 군사고문단을 남겨 두었으며, 연간 1천만 달러의 군사원조를 제공할 계획을 마련하였다. 양국 군대가 철수하면서 남북 사이에 호전적인 분위기는 더욱 고조되었다. 그 이전부터 시작된 38도선에서 남북한 군대간의 무력충돌은 더욱 빈번해졌고, 전면적인 무력충돌로 발전할 가능성이 높아졌다.

한국전쟁의 전개과정 남북의 첨예한 대치상황에서 북한은 1950년 6월 25일 새벽 남한을 향해 전면적인 전쟁을 개시하였다. 김일성은 개전 다음날 방송을 통해 이 전쟁의 목적을 이승만 정권의 타도와 조선민주주의인민공화국 기치 하에 조국통일을 달성하는 것이라고 주장하였다. 북한군은 월등한 화력을 앞세워 나흘 만에 서울을 장악하고 남진을 계속하여 3개월 만에 부산 등 낙동강 일대를 제외한 남한의 모든 지역을 점령하였다. 북한군은 점령지역에서 조선노동당과 인민위원회를 조직하고, 토지개혁과 노동법령을 실시하고, 친일파와 민족반역자를 숙청하였다.

전쟁이 시작되자 미국은 즉각 군대를 파병하였고, 유엔도 유엔군의 파견을 결의하였다. 미군이 주력인 유엔군은 9월 15일 인천상륙작전을 성공시키고 대반격을 개시하여 10월 초순에는 38선을 돌파하였고, 북진을 계속해 압록강까지 나아갔다. 유엔군이 북진하자 자국의 안전에 위협을 느낀 중국은 1950년 10월 19일 인민지원군을 한국전에 파견하였다. 중국군이 참전하면서 전쟁은 마침내 사회주의 연합군과 유엔군이 전쟁을 벌이는 국제전쟁으로 확대되었다. 중국군의 공격으로 유엔군은 일시 서울 이남까지 퇴각하였지만, 다시 전열을 정비하고 북진하여 이후 3년여를 38선을 사이에 두고 밀고 밀리는 공방전을 펼쳤다.

전쟁이 교착상태에 빠지자 1951년 6월 23일 유엔주재 소련대사가 휴전을 제안하였고, 이 제안이 받아들여져 7월 10일 개성에서 미국·유엔과 북한·중국 사이에 휴전회담이 시작되었다. 유엔군측은 양군의 접촉선을 휴전선으로 할 것과 전쟁포로의 자유송환을 제시하였고, 공산군측은 38도선을 휴전선으로 하고 전쟁포로는 제네바협정에 따라 송환할 것을 주장하였다. 휴전회담은 양측의 주장이 팽팽하게 대립하면서 거의 2년여를 끌었고, 미국은 휴전회담을 유리하게 끌고 가기 위해 북한 전역에 엄청난 폭격을 가했다. 결국 휴전협정은 현재의 전선을 휴전선으로 하고, 포로는 자유 송환하는 것을 주된 내용으로 하여 1953년 7월 23일에 조인되었다. 이로써 3년여에 걸친 6·25전쟁은 끝이 났다.

남북분단의 고착화 한국전쟁은 8·15 해방 후 대립적인 두 개의 국가가 남북에 수립됨으로 말미암아 발생하였다. 전쟁은 북한에 의해 무력통일·혁명통일의 방법으로 시작되었고, 인천상륙작전 이후 국군과 연합군도 무력통일을 시도하여 압록강까지 북진을 하였다. 그러나 북한과 남한 그 어느 쪽도 통일에 성공하지 못하고, 엄청난 희생만 치른 채 휴전선을 경계로 다시 대치하게 되었다.

한국전쟁의 피해는 엄청났다. 남북한 합하여 약 300만 명의 사상자와 360만 명의 부상자가 발생했고, 엄청난 수의 이재민과 전쟁고아, 천만 명에 달하는 이산가족을 낳았다. 대대적인 폭격으로 한반도 전체가 초토화되었고, 특히 미군의 폭격이 집중된 북한에서는 공업 및 농업 생산시설의 70퍼센트 이상이 파괴되었다.

이러한 희생에도 불구하고 한국전쟁은 도리어 남북한의 통일을 더욱 어렵게 하는 국제적 조건을 조성하였다. 전쟁을 마무리 지은 협정은 종전협정이 아니라 휴전협정이었고, 그 당사자도 미국을 위시한 유엔군사령부와 북한·중국이었다. 남한은 군작전권을 미국에 이양하여 휴전협정의 당사자가 되지 못했다. 이로 말미암아 이제 통일은 더 이상 남한과 북한만의 문제가 아니라 냉전체제로 대립하는 적대적 국가들이 개입하는 국제적인 문제로 전화되었다.

이러한 조건 하에서 전쟁 이후 남한에 대한 미국의 영향력은 절대적으로 확대되고 구조화되었다. 미국은 전쟁 중에 이승만 정권으로부터 한국군의 작전권을 이양 받고 한미상호방위조약을 통해 전후에도 이를 보장받았으며, 미군을 다시 남한에 주둔시키면서 막강한 정치적, 군사적 영향력을 행사할 수 있게 되었다. 또한 대량의 원조물자를 제공해 전후 복구를 주도하면서 남한의 재정 및 산업을 자신의 의도대로 통제할 수 있었다.

미국은 전쟁을 전후해 1948년부터 1961년까지 원면·밀·보리 등 농산물과 소비재를 중심으로 하여 약 100억 달러에 달하는 원조물자를 지원하였다. 원조물자는 '한미경제합동위원회'의 감독 아래 국내시장에 방출되었고, 그 판매대금은 대부분 주한미군과 한국군의 무기·군사장비 구입비로 지출되어 다시 미국 독점자본의 수중으로 들어갔다. 전후 한국경제는 연평균 정부 총수입의 73%를 원조물자의 판매수입으로 조달할 정도로 미국의 원조에 크게 의존하였다. 이러한 상황이었으므로 전후 남한의 국가운영이나 통일문제에서 미국은 절대적인 영향력을 행사할 수 있었다.

다음으로 한국전쟁은 남북한 사이에 분단과 적대감을 더욱 심화시키는 계기가 되었다. 남북한 사이의 분단은 남북의 정권이 전시의 비상상황과 전쟁이 가져다 준 적개심과 피해의식을 이용해 반대세력 내지 반체제세력을 제거하고 각각의 지배체제를 강화함으로 말미암아 더욱 심화되었다. 남한에서는 이승만정권이 반공이데올로기로 다른 모든 이념을 압도하면서 독재체제를 강화하여 친미적인 자본주의 사회로의 이행을 확고히 하였다. 한편 북한에서는 김일성 정권이 전쟁과정에서 경쟁세력을 모두 제거하고 단일 지도체제를 확립하면서 사회주의의 구축을 서둘렀다. 그리하여 남한과 북한은 완전히 이질적인 사회로 발전하면서, 적대적으로 대치하는 가운데 서로의 존재를 국가안보의 위협요인으로 삼아 민주주의를 억압하고 독재 및 국민동원체제를 강화해가는 분단체제를 형성하였다.

2) 전후 남한의 극우반공체제 구축과 원조경제

이승만정권의 반공독재 이승만은 8·15 해방 후 미국의 이해를 대변할 정치지도자로 미국의 특별한 지원을 받으며 귀국하였고, 귀국 후에는 미군정의 보호와 전폭적인 지원을 받으며 친미적인 우익세력을 결집해 대한민국을 건국하고 초대 대통령이 되었다. 이승만은 친미 반공국가의 건설을 위해서 남한만의 단독정부 수립을 추진하였고, 우익의 중심세력을 형성했던 친일파들을 비호하고 이들을 기반으로 삼아 정권을 장악하였다.

그로 말미암아 정치적 기반이나 정통성이 취약했던 이승만 정권은 한국전쟁이 일어나자 전시상황을 적극적으로 이용해 반체제세력을 폭력적으로 제거하고 반대세력을 탄압하면서 극우 반공체제를 강화해 갔다. 그와 병행해 이승만은 전쟁의 와중에서 장기독재를 목표로 민주헌정을 유린, 파괴하는 개헌을 강행하였다.

이승만은 먼저 식민지 시기 관료, 경찰, 판·검사 등 친일전력을 가진 인물들과 미국의 원조에 기생하여 새로 성장한 자본가들을 중심으로 자유당을 결성하고, 경찰력과 관제 청년단체를 대폭 확충하여 독재정치의 물리적 도구로 삼았다. 이를 기반으로 군경을 동원하여 국회를 삼엄하게 포위한 가운데 재선을 위해 대통령 직선제와 양원제를 골간으로 하는 '발췌개헌안'을 강제로 통과시켰다. 이 개헌으로 대통령에 재선된 이승만은 1954년에 다시 자유당을 앞세워 영구집권을 위한 개헌을 추진하였다. 그 개헌안은 초대 대통령에 한해 3선 제한을 철폐할 것을 주요 골자로 하는 것으로 자유당은 사사오입이라는 변칙적인 방식으로 이를 통과시켰다(사사오입개헌).

조봉암과 진보당 사사오입 개헌안이 통과되자 혁신세력과 민주국민당은 개헌무효운동을 전개하면서 이승만 정권에 반대하는 단일야당을 결성하려 하였다. 단일야당의 결성은 내부의 이념적 불일치로 실패하였지만, 그러한 가운데서 조봉암이 중소상공업자와 도시서민층을 대변하면서 1956년 대통령선거에 출마하였다. 조봉암은 정치의 혁신, 계획성 있는 경제정책의 구현, 민주주의 승리하의 평화적 남북통일 등을 공약으로 내걸고 이승만과 대결해 200만표 이상을 득표하였다. 조봉암이 제시했던 평화통일론은 이승만이 반공이데올로기와 북진통일론을 독재의 수단으로 악용하고 있던 상황에서 국민들로부터 많은 호응을 얻었다.

조봉암은 대통령선거의 여세를 몰아 1956년 진보당을 창당하였다. 진보당은 조봉암의 선거공약을 강령으로 하고, 1957년에는 평화통일안을 더욱 구체화하여 남북한 정치·사회단체들이 참여하는 '전한국위원회'를 설치하고, 중립국 대표로 구성되는 국제 감시위원회의 협력을 얻어 남북총선거를 실시한 후 유엔군을 단계적으로 철수시킬 것을 주장하였다.

진보당의 약진에 위협을 느낀 이승만 정권은 1958년 1월 진보당이 반공 국시(國是)를 위반하였다 하여 불법화하고 당수인 조봉암과 박정호 등을 간첩으로 몰아 사형에 처하였다. 또한 같은 해에 신국가보안법을 제정하여 반공이데올로기를 더욱 강화하였다. 이 법은 국가기밀과 정보의 개념을 정치·경제·사회·문화 분야 등 국민생활의 거의 모든 영역에 까지 확대 적용한 것으로 혁신세력과 진보적 언론을 억압하고 국민의 기본권을 제약하였다.

원조경제의 귀결 이승만 정권은 원조물자를 자신에게 충성하는 기업가나 상인 모리배에게 특혜적으로 배당하였다. 그들은 배당받은 원조물자를 정부 고시 가격을 무시하고 독점 판매하여 엄청난 이득을 보았다. 그로 말미암아 한편에서는 소수의 예속적 자본이 급속히 성장하였지만 한국전쟁 이후 성장해오던 중소기업은 대거 몰락하였고, 대다수의 국민은 또한 비싼 값으로 원조물자를 구매하는 피해를 입어야 했다.

그러한 가운데 1950년대 말부터 미국은 무상원조를 유상원조로 바꾸면서 원조액을 대폭 삭감하였다. 그로 말미암아 경제는 일거에 불황으로 빠져들었고 물가는 크게 올랐다. 소비재 산업의 가동률은 30퍼센트를 겨우 상회하는 수준으로 떨어졌고, GNP 성장률도 1957년 8.7퍼센트에서 1960년 2.1퍼센트로 떨어졌다. 중소기업은 대거 몰락하였고 총실업자수가 400만 명을 넘어서는 등 민중의 생활은 극도로 곤궁해졌다.

3) 전후 북한의 권력재편과 사회주의로 이행

김일성 정권의 권력집중과 전후복구사업 한국전쟁을 거치면서 북한의 권력체제는 김일성계의 단독 집권으로 재편되었다. 북한 정권은 수립될 당시 권력분포는 김일성계 외에도 남로당계, 소련계, 연안파, 갑산파 등이 당이나 내각에 안배되어 있었다. 그러나 김일성계는 전쟁을 치르고 전후 복구를 하는 과정에서 다른 계파를 제거하였다. 1950년 10월에 먼저 소련계를 제거하였고, 1953년에는 전쟁실패의 책임을 물어 남로당계를 숙청하였고, 1956년에는 전후 복구방식을 두고 이견을 보였던 연안파를 제거하였다.

경쟁자를 제거하고 권력을 강화한 김일성 정권은 1954년부터 전후 복구와 민족경제 확립을 목표로 한 경제재건사업을 추진하였다. 이를 위해 1954년부터 '경제부흥 5개년 계획'을 실시하였고, 이어서 1957년부터는 '제1차 5개년 계획'을 실시하였다. 북한은 이러한 경제계획을 통해 중공업을 우선하고 경공업을 병진시키는 방향으로 추진하였다. 북한은 경제개발에 필요한 자원을 소련과 중국이 제공한 경제원조로 조달하는 한편 '천리마운동'(1957)과 '3대혁명운동'[1](1958)을 전개해 주민들의 생산노동참여를 독려하였다. 그 결과 1954년부터 1960년에 이르는 기간에 연평균 20퍼센트에 달하는 경제성장을 이루었고, 1960년 현재 전체 경제에서 중공업이 차지하는 비중이 70퍼센트에 이르렀다.

김일성 정권은 전후 경제재건과정에서 농업의 협동화를 추진하였다. 북한에서는 1946년 토지개혁을 실시하여 소경영 위주의 농업이 발달하였는데, 농업협동화는 이를 사회주의 경영으로 개혁하는 정책이었다. 농업협동화는 개별 소경영을 폐지하고 협동농장을 만드는 것으로 1953년부터 시작되어 1958년에 완료되었다. 이와 더불어 북한에서는 개인수공업과 상업을 협동화하는 정책도 추진하여 1958년에 완료하였다. 김일성 정권은 농업과 상공업을 사회주의적으로 개조하는 사업에서도 천리마운동을 전개하였다.

이와 같은 경제정책을 통해 북한은 조기에 전후 경제재건에 성공하였고, 경제영역 전반을 사회주의적으로 개조하는 사업을 완료하였다. 이 시기 북한의 정치·경제적 성과는 남한보다 훨씬 앞서는 것이었고,

---

1) 3대혁명운동은 사상, 기술, 문화에서 낡은 사회의 유물을 청산하고, 공산주의 사상과 기술, 문화를 창조하는 운동이다.

이러한 변화는 남한에서 평화통일론이 대두되는 배경으로 작용하였다.

제2절 분단체제하에서의 남북한사회의 발전과 통일정책

1. 군사정권의 개발독재와 경제성장

1) 4월 혁명과 군사쿠데타

4월 혁명과 민주당정권 이승만 정권이 장기독재와 경제 불황으로 급속히 지지를 잃어가는 가운데 1960년 제4대 정·부통령선거가 다가왔다. 이승만 정권은 이 선거에서 승리하려고 부정선거를 계획하였고, 이에 대처하기 위해 1960년 2월 28일 재야인사를 중심으로 공명선거추진위원회가 결성되었다. 같은 날 대구에서는 고등학생 수천명이 "학생을 정치 도구화하지 말라!" "학원의 자유를 달라!"고 외치며 부정선거에 항의하는 시위가 일어났다. 그러나 이승만 정권은 3월 15일의 선거에서 '40퍼센트 사전투표'와 3인조·5인조 투표, 개표조작 등 노골적인 부정을 대대적으로 저질렀다.

여기에 항의해 마산에서 시민과 학생이 선거 무효를 주장하는 시위를 벌였다. 부정선거 반대운동은 곧 전국 각지로 확산되었고 언론계·법조계·학계 등에서도 이에 동조하는 여론이 높아졌다. 4월 11일 마산에서 최루탄에 맞아 죽은 김주열의 주검이 발견되면서 이후 부정선거 규탄투쟁은 이승만정권을 타도하는 독재타도투쟁으로 발전하였다.

4월 18일 서울에서는 정치폭력배들이 시위를 벌이던 고려대생을 습격, 폭행한 사건이 발생하였다. 4월 19일에는 서울시내 10여개 대학생들과 시민·중고등학교 학생 등 수만명 시위대가 시내 중심가에 모여 재선거를 요구하면서 경무대로 향하였다. 당황한 경찰은 학생들에게 총격을 가하였고 그 결과 100여명이 사망하였다. 정부는 전국에 비상계엄을 내려 사태를 수습하려 하였다. 그러나 일시적으로 소강상태를 보이던 시위는 4월 22일 재야인사들이 이승만의 퇴진을 요구하고, 4월 25일에 "쓰러진 학생의 피에 보답하라!"고 외치며 약 300여명의 교수가 시위를 벌이면서 다시 거세게 일어났다.

사태가 이렇게 악화되자 미국은 태도를 바꾸어 이승만 정권에 대한 지지를 철회하고 그에게 대통령직에서 물러날 것을 권고하였다. 전국에서 대규모 시위가 계속되는 가운데 이승만은 4월 26일 부통령에 당선된 이기붕을 사퇴시키고, 3·15선거의 무효를 발표하였고, 그 다음날에는 자신도 대통령직에서 사임하였다. 이로써 12년 장기독재의 막이 내렸다.

이승만 정권이 물러난 후 허정을 수반으로 하는 과도정부가 구성되었다. 과도정부는 내각책임제 개헌·총선거 실시 등 4월 혁명에서 표출된 민주화 요구를 부분적으로 받아들였으나 부정선거 관련자의 처벌, 부정축재자 재산 환수 요구 등에는 관심을 보이지 않았다.

1960년 7월 29일 총선거를 통해 장면을 국무총리로 하는 민주당 정권이 탄생하였다. '비혁명적 방법에 의한 혁명과업의 완수'를 선언하였던 민주당 정권은 '유엔 감시하 남북한 총선거에 의한 통일, 부정선거 원흉과 발포책임자 처벌, 경제건설 촉진과 미국으로부터 최대의 원조 획득'을 당면과제로 제시하였다.

그러나 민주당 정권은 이러한 과제들을 대부분 성실히 수행하지 않거나 포기해버렸고, 더욱이 진보세력의 통일운동을 탄압하고 민중의 요구를 '사회혼란'운운하며 반공법과 데모규제법을 제정하는 등 반공 이데올로기를 더욱 강화하려 하였다. 또한 파탄상태에 있던 경제상황도 호전시키지 못하였다.

민주화운동과 자주통일운동 4월 혁명으로 이승만 장기독재체제가 무너지자 노동운동·농민운동을 비롯한 각계각층의 대중운동이 활성화되었다. 노동운동에서는 노동조합의 민주화운동과 신규노조의 결성운동, 노동조건의 개선을 위한 파업투쟁이 활발히 전개되었다. 4월 민중항쟁 이후 전국에서 노동조합의 민주화가 확대되고 신규노조의 결성이 300여개 이상에 달하면서 대한노동총연맹은 영향력을 상실하고 전국노동조합협의회가 노동운동의 주도권을 장악하였다. 교원·은행원·기자 등 지식인들도 노동조합을 결성하였다. 특히 교원노조는 단순한 경제투쟁을 넘어 '학원의 정치적 중립 보장' '교권확립' '학원 민주화'를 요구하는 정치투쟁 차원의 운동을 전개하였다.

농민들은 수리조합과 지방행정기관의 민주화를 요구하는 운동을 전개하였다. 또한 한국전쟁 기간에 자행된 양민학살에 항의하는 운동도 일어나 피학살자유족회가 결성되었다.

민주화를 요구하는 민중운동이 각계각층에서 활성화되는 가운데 1961년부터는 통일운동이 발전하였다. 이와 관련해 북한은 1960년 8월 15일 외세를 배제한 남북총선거 실시를 주장하고, 그것이 불가능하면 우선 남북 간의 긴급한 문제를 해결하기 위한 과도적 조치로 남북연방제를 실시하자고 제안하였다.

이러한 상황에서 일부 진보적 지식인과 혁신세력은 민간 차원의 통일운동조직으로 혁신정당과 진보적 청년단체 및 사회단체가 참여하는 민족자주통일중앙협의회를 결성하였다. 이 단체는 자주적 평화통일을 주장하면서 통일운동을 노동·농민운동과 결합시켜 전민족적 대중운동으로 전개하고자 하였다. 민족자주통일중앙협의회는 1961년 3월 1일 대구에서 5만 명의 시민이 참석한 '통일촉진민중궐기대회'를 개최하였다.

통일운동이 대중적으로 확산되어 가는 가운데 대학생들은 5월에 민족통일연맹을 중심으로 남북학생회담을 제의하고, 그 추진기구로 '민족통일전국학생연맹 결성준비위원회'를 결성하였다.

5·16 군사쿠데타 4월 민중항쟁 이후 활발히 전개된 민중운동과 통일운동에 대해 현상유지세력을 대표하던 민주당 정권은 '반공임시특별법'과 '데모규제법'을 제정하여 민중운동과 통일운동을 억압하려 하였다. 그러나 이러한 대처는 민중들의 반발을 사서 효과를 내지 못했다. 이러한 상황은 현상유지세력에게 심각한 위기의식과 불안을 느끼게 하였고, 그러한 가운데 5월 16일에 박정희 등 일부 군인이 군사쿠데타를 감행하였다.

한국의 군부는 6·25 전쟁 이후 미국의 군사원조와 막대한 국방비 지출에 힘입어 가장 효율적으로 조직된 사회집단으로 등장하였다. 군대의 지휘부는 대부분이 미국군에 의해 훈련됨으로써 실질적으로 친미적인 집단이 되어 있었다. 미국이 한국에서 영향력을 행사할 때에는 언제나 이 군부가 강력한 뒷받침이 되었다.

2) 군사정권의 독재와 경제개발

군부의 권력독점과 한일회담 군사쿠데타로 정권을 장악한 군인들은 '군사혁명위원회'를 설치하고, 정치군사적으로는 미국 등 우방과 유대를 강화하면서 반공주의를 확고히 하고, 경제적으로는 민생고를 해결하기 위해 경제개발을 추진한다는 공약을 발표하였다. 이후 반공과 근대화는 박정희와 전두환으로 이어지는 군사독재 기간 내내 국정의 양대 지표가 되었다.

박정희는 군사혁명위원회를 국가재건최고회의로 바꾸고 의장에 취임하였고, 미국의 지지를 확고히 얻어내기 위한 방법으로 일본과의 관계개선 의지를 보이고 경제개발계획을 제시하였다. 한편 군사정권은 민정이양에 대비하여 정치활동정화법을 공포하여(1962. 3. 16) 모든 정치세력의 활동을 금지시켜 놓고, 탈법적인 방식으로 막대한 정치자금을 조성하는 한편 군사정권의 변형으로서 민주공화당을 비밀리에 사전 조직하였다.

이를 바탕으로 1963년 10월 15일에 대통령에 당선된 박정희는 미국과의 약속에 따라 한일회담을 추진하였다. 미국은 아시아에서 공산주의의 팽창을 저지하기 위해 미국·일본·한국으로 삼각동맹체제를 구축하는 정책을 추진하였고, 그 일환으로 한국에게 일본과 국교를 정상화할 것을 요구하였다. 박 정권은 이러한 정책에 부응하여 미국의 호의를 사면서 또한 이를 통해 경제개발에 필요한 자금문제를 해결하고자 하였다.

1961년 10월부터 시작된 한일회담은 비공개로 진행되었고, 최종적으로 마련된 협정내용도 굴욕적이었다. 일본은 과거의 식민지 지배에 대해 아무런 책임을 지지 않았고, '한일 재산 및 청구권문제'도 식민지 지배에 대한 피해 배상이 아니라 일본이 한국의 독립을 축하해 경제원조를 제공하는 형식으로 해결되었다. 이로 말미암아 한일협정에 대한 국민적 저항이 거세게 일어났다. 이에 박 정권은 서울 일원에 비상계엄(1964. 9. 3)을 선포하고 군대를 동원하는 방식으로 반대운동을 탄압하고 협정조인을 강행하였다.

다른 한편 박 정권은 미국의 요구에 따라 1964년부터 베트남 파병을 추진하였다. 박 정권은 베트남 파병을 통해 미국의 지지를 확보하고 아울러 그 보상으로 제공되는 경제원조와 전쟁과정에서 발생하는 건설·용역 등 특별 수요를 확보하여 경제성장을 촉진하려 하였다. 이렇게 시작된 베트남 파병은 1973년 3월까지 계속되었고, 파견된 병력의 연인원은 31만명에 이르렀다.

박 정권은 반공제일주의를 앞세우고 군대 동원으로 국민들의 저항을 탄압하며 자신들이 만든 민주헌정을 유린해 갔다. 나아가 박 정권은 정권을 연장하기 위해 1967년 국회의원 선거에서 부정한 방법으로 개헌 정족수를 확보한 다음 1968년에는 대통령 중임 제한규정을 개정하는 3선 개헌을 강행하였다. 3선 개헌에 대해 야당과 학생들은 물론 여당 안에서조차 일부 의원들이 반대하였다.

경제개발계획 군사정권은 물리적 탄압과 정보공작정치를 통해 권력을 강화하고, 이를 앞세워 국가주도로 경제개발계획을 추진하였다. 경제개발정책은 미국이 1950년대 후반부터 추진하였던 제3세계 지배전략에 부합하는 정책이었다. 또한 민생문제의 해결이라는 내부적 필요에 더해 분단체제 하에서 경쟁상대인 북한을 앞지르기 위한 수단이기도 하였다. 반공정책의 승패는 경제개발의 성패와 직결되어 있었다.

군사정권은 경제건설의 추진기구로 경제기획원을 설치하고, 1962년에 제1차 경제개발5개년계획을 수립하였다. 이 계획은 개발에 소요되는 자금을 국내자본 72퍼센트, 외국자본 28퍼센트의 비율로 충당하는 것이었고, 농업생산력의 증대를 우선으로 하여 전력·석탄·정유·종합제철·시멘트 등 수입 대체적 기간산업을 건설하여 자립경제를 수립하는 것이었다.

그러나 미국은 군사정권의 이러한 경제개발계획에 대해 반대하였고, 대신 외자중심 · 수출중심의 경제개발계획을 수립할 것을 요구하였다. 박 정권은 그 요구를 받아들여 원래의 계획을 전면 수정하여 외자에 의존하는 수출주도형 공업화전략을 수립하였다. 경제개발계획이 변경되자 미국 · 일본 · 영국 및 국제금융기구는 수백억 달러의 차관을 제공하였다. 박정권은 이 자본에 의존해 매년 10퍼센트 내외의 높은 경제성장을 이룩하였다. 경제개발계획이 추진되면서 석유 · 비료 · 화약 · 전자공업 등이 빠르게 성장하였고, 수출 공업화 전략에 따라 연평균 40퍼센트 내외의 높은 수출신장이 이루어졌다.

그러나 이러한 경제성장은 무역수지의 악화를 불러왔다. 원자재와 생산재의 대부분을 외국에서 수입하였기 때문이다. 1961년에 2억 7천만 달러에 달했던 무역적자는 1971년에는 10억 달러를 넘어섰다. 또한 수출위주의 공업화로 국가경제 전체의 무역 의존도가 극도로 높아져 국제 인플레이션, 국제 자원파동 및 국제적 불황의 영향을 국내경제가 즉각적으로 받게 되었다.

경제성장의 또 다른 문제는 정부 특혜에 의존해 재벌이 급성장한 반면 민중경제가 후퇴하여 빈부격차가 확대된 것이다. 외자를 이용하여 수출산업에 진출한 기업들은 정부의 재정 · 금융 · 조세 특혜와 '저곡가 - 저임금구조', 정부의 노동운동 탄압 등에 힘입어 단기간에 독점재벌로 성장하였다. 그러나 재래의 중소 토착공업은 몰락하였고, 수출산업과 내수토착산업 사이의 격차도 커졌다. 또한 농업부문의 성장률도 정부의 저곡가정책과 미국의 잉여농산물 수입으로 말미암아 정체하거나 하락하였다. 그 결과 몰락한 빈농층이 대량으로 도시에 유입되었고, 그 중 일부는 산업노동자로 흡수되었으나, 대부분은 실업·반실업 상태의 도시빈민으로 생계를 이어가야 했다.

3) 유신체제의 구축과 중화학공업화

유신체제의 구축 박정희정권은 경제개발정책이 초래한 모순과 군사독재연장에 따른 국민적 저항의 확대로 1960년대 말부터 심각한 위기를 맞았다. 외자에 의존하는 경제개발계획으로 외채의 상환부담이 커졌지만 차관으로 설립된 기업의 약 45퍼센트는 부실기업으로 전락해 있었다. 한편 경제개발 과정에서 소외되고 희생된 노동자·농민과 도시빈민의 저항이 격화되어 서울 평화시장 재단사 전태일의 분신(1970. 11. 13)과 경기도 광주단지 주민폭동(1971. 8)이 발생하였다. 이러한 상황에서 무리하게 3선 개헌을 강행하여 국민의 반발을 샀다. 그 결과 1971년에 실시된 국회의원 선거에서 야당은 이전 의석의 두 배를 얻는 약진을 보였다.

한편 1970년대 초반에는 국제정세도 급변하였다. 미국은 베트남 전쟁의 여파로 국내의 반전분위기가 고양되고 막대한 군사비 지출로 재정 압박이 커지자 한국에서 감군을 추진하였다. 아울러 미대통령 닉슨은 닉슨독트린을 발표하고 중국을 방문해 공산권과의 화해를 모색하였다.(1972. 2. 17) 닉슨독트린에 나타난 한반도 정책은 주한미군 철수와 군사원조를 앞세운 남북대화 종용, 그리고 '두개의 한국 정책'이었다. 미국의 대한정책변화는 반공안보논리를 주요한 수단으로 독재를 강화해 온 박정희정권에게 중대한 타격이 되었다.

박정희정권은 반공체제 유지와 경제개발계획에 닥친 이러한 위기를 유신체제의 구축으로 타개하려 하였다. 박정희 정권은 1971년 12월

6일 안보위기를 명분으로 국가비상사태를 선포하였고, 12월 27일에는 국회에서 이른바 날치기 방식으로 대통령에게 광범위하게 비상대권을 부여하는 '국가보위에 관한 특별조치법'을 통과시켰다. 박정희정권은 1972년 여름 전격적으로 남북적십자회담과 남북조절위원회공동위원장 회의를 성사시키고, 통일에 대비할 필요를 내세워 비상계엄을 선포하고 국회를 해산한 가운데 국민투표방식으로 1972년 12월 27일 유신체제를 수립하였다.

유신헌법은 초헌법적인 '긴급조치권'을 부여하는 등 일방적으로 대통령의 권한을 강화하고, 대통령의 선출을 통일주체국민회의에서 간선하도록 하고 중임제한을 철폐하여 영구집권이 가능하게 하였다. 또한 대통령에게 국회의원 3분의 1을 임명하는 권한을 부여해 입법부를 통제할 수 있게 했고, 국회의 국정감사권도 폐지하였다. 사법부에 대해서도 법관 임명권을 대통령이 갖도록 하였고, 대법원의 위헌 판결권을 헌법위원회로 이관시켰다. 이로써 3권 분립의 민주헌정은 완전히 파괴되고, 독재정권의 장기집권체제가 구축되었다.

유신정권은 이 외에도 체제유지를 위해 여러 가지 악법을 제정하였다. 노동법을 개악하여 노동 3권을 제한하였고, 구속적부심제도와 고문수사 규제조항을 폐지하여 고문수사를 합법화하고, 양심수의 수감기간을 연장할 목적으로 사회안전법도 제정하였다. 또한 초법률적 권한을 갖는 대통령의 '긴급조치'도 아홉 차례 발포하였다. 긴급조치는 유신헌법에 대한 부정・반대・비방 행위와 개정・폐지의 주장이나 발의・제안・청원 행위를 금지하는 내용으로 이를 어긴 사람에 대해서는 영장 없이 체포하여 군사재판에 회부하게 하였다.

유신정권은 독재체제의 수호와 경제개발을 위해 무차별적으로 인권을 유린하고 국민의 기본권을 부정하였다. 법률이 보장하는 노동운동조차 부정하고, 언론을 권력의 시녀로 전락시켰으며, 학교 교육을 체제 이데올로기의 세뇌장으로 변질시켰다. 중앙정보부와 경찰을 앞세워 사회 전체에 거대한 감시망을 구축하였고, 심지어 '민청학련사건'과 '인민혁명당 재건위' 사건을 날조해 8명의 무고한 시민을 사형시켰다. 이로 말미암아 국제사회로부터 '사법살인'을 자행하는 독재정권으로 비판받기도 하였다.

중화학공업화정책 유신정권은 독재권력을 앞세워 1970년대에는 중화학공업화정책을 추진하였다. 이 시기에는 미국의 제3세계 경제정책에 주요한 변화가 있었다. 미국을 위시한 선진자본주의 국가들은 이 시기에 세계적 불황에서 벗어나기 위해 기존의 중화학공업을 고이윤 고부가가치산업으로 대체하는 한편, 공해를 유발하고 에너지 소모가 큰 중화학공업 부문을 후진 개발도상국으로 이전하는 정책을 취했다. 유신정권은 미국의 세계경제 재편정책에 부응하는 방향으로 경제개발계획을 수정하고 적극적으로 수출중심의 중화학공업을 육성하였다.

박 정권의 중화학공업화정책은 1973년 5월 '중화학공업위원회'가 조직되면서 본격화되었다. 박 정권은 이후 1981년까지 제조업 총투자액의 64퍼센트를 중화학공업에 집중하고 세제상의 특혜도 부여하였다. 그 특혜를 독점하였던 것은 소수의 재벌자본이었다. 그 결과 1979년 10대 재벌의 총매출액이 국민총생산의 40퍼센트를 차지할 정도로 재벌의 경제력 독점이 증대되었다.

그러나 유신정권은 중화학공업화를 위해 '외국인 투자기업의 노동조합 및 노동쟁의에 관한 임시특례법'(1970)과 '국가보위에 관한 특별조치법'(1971) 등을 제정하는 등 노동운동을 폭력적으로 억압하였다.

유신정권은 어용노조만 허용하였고, 반공을 앞세워 합법적이었던 노동조합 민주화운동조차 탄압하였다.

그 결과 1970년대 말이 되면 중화학 공업은 그 생산액이 전체 제조업에서 50%를 상회할 정도로 급성장하였고, 국민총생산액 구성에서 공업생산액이 농업생산액을 앞지르게 되었다. 이에 따라 수출도 급신장하여 1971년 10억 달러였던 수출액은 1975년에는 50억 달러, 1977년에는 1백억 달러를 넘어섰고, 1979년에는 150억 달러에 이르렀다.

그러나 중화학공업화를 기축으로 한 경제성장은 민중들의 경제생활에는 거의 혜택을 주지 못했다. 이 시기 노동운동에 대한 탄압으로 노동자의 가계는 거의 개선되지 못했다. 농가경제 또한 수출공업 육성을 위한 저곡가 정책으로 몰락해 갔다. 농가경제의 몰락은 대량의 이농사태를 초래하였는데, 농가호수가 전체 가구수에서 차지하는 비율은 1960년 54퍼센트에서 1970년에는 42퍼센트로, 1980년에는 27퍼센트로 감소하였다.

또한 이 시기 중화학공업화는 소비재공업을 중심으로 지나치게 수출에 역점을 두고 추진되어 국내산업과의 연관성이 매우 취약하였다. 또한 정부 특혜를 노린 중복·과잉투자가 많았고, 따라서 부실기업이 속출하였다. 국제수지를 악화시킨 것도 큰 문제였다. 중화학공업화가 진행될수록 공작기계나 산업기계 및 원자재의 수입이 급증하였기 때문이다.

4) 신군부의 쿠데타와 독점자본의 강화

유신체제의 균열과 신군부의 쿠데타 유신성권의 독재는 민주화를 요구하는 국민적 저항을 불러왔다. 유신철폐 투쟁에 앞장선 학생들은

1974년에 '전국민주청년학생연맹'을 결성하였다. 각계각층에서 일어난 반독재 민주화운동은 1979년에 반독재 연합전선인 '민주주의와 민족통일을 위한 국민회의'를 출범시켰다. 유신체제에 대한 국민적 저항은 1978년 국회의원 선거에서 보다 뚜렷이 나타났다. 이 총선에서 야당은 여당보다 1.12퍼센트나 많은 표를 획득하였다.

1970년대 말 세계적인 불황은 무리하게 중화학공업화를 추진하고 있던 유신정권에게 심각한 경제위기를 안겨주었다. 물가가 급등했고, 도산하는 기업이 속출하였고, 노동쟁의가 격화되었다. 유신정권은 민주화 운동에 대해 물리적 탄압을 강화하는 방식으로 이 위기를 해결하려 하였다. 이로 말미암아 민주화운동을 하던 학생, 지식인, 노동자, 농민, 야당 정치인 등이 대거 구속되었고, 심지어 야당총재도 국회의원직에서 제명당하는 사태까지 일어났다.

이러한 상황에서 1979년 10월 15일 부산에서 대학생뿐만 아니라 노동자・일반시민・고교생들까지 가담하여 독재타도를 외치는 대규모 시위가 일어났다. 유신정권은 부산지역에 계엄령을 선포하고 군대를 투입해 반정부 시위를 진정시키려 하였다. 그러나 항쟁은 인근의 마산지역으로 확대되어 더욱 격렬한 양상을 띠며 전개되었다. 이러한 저항은 전국으로 확대될 조짐을 보였다. 그러한 가운데서 진압문제를 둘러싸고 권력내부의 분열이 일어나 10월 26일 대통령이 중앙정보부장에게 피살되는 '10・26사태'가 일어났다.

박정희의 죽음으로 유신체제가 동요하자 군부가 나서 권력을 장악하였다. 국군보안사령관 전두환은 박정희살해사건을 수사하면서 '하나회'라는 군부 안의 사조직과 박정희에 대한 충성심이 강한 노태우 등 일부 군 지휘관들로 '신군부'세력을 형성하였다. '신군부'세력은 1979년 12월

12일 쿠데타를 일으켜 군대를 장악한 다음 비상계엄상황을 이용해 권력의 핵심을 장악하였다. 이듬해 봄 계엄해제를 요구하는 민주화 운동이 전국적으로 전개되자 신군부는 5월 17일 비상계엄을 전국으로 확대하고 전면적인 정권 장악에 나섰다. 신군부는 계엄포고를 통해 모든 정치활동을 정지시키고, 주요 정치인을 체포하거나 가택에 연금하였다. 또한 언론・출판・보도・방송을 사전 검열하고, 대학을 휴교하고, '북괴'와 동일한 주장이나 용어 사용 및 선동 행위를 금지시켰다.

이러한 가운데 광주에서 '광주민주화투쟁'이 일어났다. 광주민주화투쟁의 발단은 계엄군으로 파견된 공수부대가 '5.17 비상계엄 확대조치'에 반대하는 학생시위대를 향해 무차별 유혈진압작전을 벌인 것이었다. 공수부대의 유혈진압작전은 다수의 사망자와 부상자를 발생시켰다. 이에 맞서 시민들이 파출소와 예비군 무기고를 습격해 무장하고 계엄해제, 책임자처벌, 민주화를 요구하며 저항하자 신군부 세력은 5월 27일 탱크를 앞세우고 공수부대를 투입해 무력으로 광주민주화투쟁을 진압하였다.

광주민중항쟁을 진압한 신군부세력은 5월 31일 전두환을 위원장으로 하는 '국가보위비상대책위원회'를 설치하고 입법・사법・행정의 3권을 장악하였다. 국가보위비상대책위원회는 10대 국회의원 231명 중 210명에 대해 정치활동을 규제했고, 모든 민주적인 대중조직을 해체하였고, 172개 정기간행물과 614개 출판사의 등록을 취소하고, 711명의 언론인과 86명의 교수, 611명의 교사, 8,663명의 공직자를 '숙정'이란 명목으로 강제 해직시켰다.

신군부의 독재와 산업합리화정책 신군부는 1980년 8월 16일 최규하를 대통령직에서 물러나게 하고, 8월 27일 통일주체국민회의에서 전두환을 제11대 대통령으로 선출하였다. 이로써 전두환 정권은 1970년대 말의 정치적 위기요인을 폭력적으로 제거하고 유신체제를 계승하였다. 미국은 전두환 정권을 적극적으로 지지하였다. 전두환이 대통령이 되자 미국의 레이건 정부는 전두환을 초청하여 지지를 표시하고, 주한미군도 철수하지 않을 것을 약속하였다.

전두환 정권은 군부, 특히 그 핵심이라 할 수 있는 국군보안사령부를 앞세워 권력을 강화해갔다. 보안사령부는 정권을 수립하는 과정에서 공직자 '숙정', 언론통폐합 등을 통해 핵심적 역할을 담당하였고, 여당인 민주정의당을 창당하는 주역이 되었다. 중앙정보부가 이름이 바뀐 국가안전기획부도 '김대중 등 내란음모사건'을 취급하면서 전두환정권 출범 초기에 약화되었던 기능을 회복하고 이후 관계기관대책회의 등을 통해 정치・경제・사회・문화 등 모든 분야에 걸쳐 정권유지의 핵심적 기관이 되었다. 전두환 정권은 민주화운동을 탄압하기 위해 전투경찰을 대폭 강화하였다.

전두환 정권은 유신정권의 중화학공업화를 계승하여 '산업합리화정책'을 실시하였다. '산업합리화정책'은 국가권력의 개입과 조정을 통해 무리한 투자, 중복투자로 초래되었던 1970년대 말의 중화학공업화의 모순을 해결하는 정책이었다. 산업합리화정책은 부실기업정리를 통해 재벌들을 더욱 비대하게 만들고 경제력 독점을 강화시켰다. 그 결과 독점재벌의 중소기업지배도 더욱 강화되어 중소기업은 독점기업체의 종속적인 하청업체로 전락해 갔다.

전두환 정권은 이에 더해 전면적인 경제개방화정책을 실시하였다. 미국을 위시한 선진자본주의 국가들은 1970년대 중반 이후 과학기술혁명을 기반으로 생산국제화 및 그에 따르는 금융국제화를 추진하였다. 전두환 정권은 미국의 이러한 개방요구를 적극 수용하였다. 전두환 정권은 1980년 9월 외자도입시행령을 개정하여 직접투자 제한을 받았던 업종을 완화하고, 외국자본의 투자비율도 100퍼센트까지 허용하였다. 또한 외국인투자에 대한 심의절차를 완화하고, 외국인 투자업종도 확대하였다. 이러한 개방정책으로 외국인 자본이 대거 국내산업으로 진출하였다. 또한 수입자유화정책을 대폭 확대하였다. 수입자유화는 국내산업, 특히 농업에 치명적인 타격을 주었다.

전두환 정권은 노동운동에 대해서는 '유신'정권 보다 더욱 폭압적으로 탄압하였다. 신군부는 계엄확대 직후 '정화'를 명목으로 많은 노조간부를 쫓아내고 민주노조를 파괴하였다. 나아가 전두환 정권은 노동법을 대폭 개악하였다. 노동조합의 형태를 기업별 노조로 한정시키고, 그 설립요건을 강화하였고, 지식인들이 노동운동에 개입하지 못하도록 제3자개입 금지조항을 신설하였다. 또한 직권중재제도를 확대하여 공익사업은 물론이고 일반사업에 까지 정부가 노동쟁의를 규제할수 있게 하였고, 국가 · 지방자치단체 · 국공영기업체 · 방위산업체에서는 일체 쟁의행위를 할 수 없게 하였다.

이러한 경제정책으로 경기는 서서히 회복되어 갔고, 중화학공업도 안정을 되찾아갔다. 그러나 수출산업중심의 대외종속적인 한국경제의 구조는 거의 개선되지 못했다. 중화학공업의 발달과 더불어 생산재 수입은 여전히 증대되었고, 그 생산은 국내 분업연관이 취약한 국제하청생산의 성격이 강했다. 즉 '기계설비 및 부품의 대일수입과 비내구소비재 및 내구소비재 등 완제품의 대미수출'이라는 산업구조가 근본적으로 개선되지 못했다. 또한 재벌경제는 단기간에 놀라운 성장을 보였던 것과는 대조적으로 민중들의 삶의 질은 거의 개선되지 못하였다.

따라서 계층 간의 경제적 불평등과 상대적 빈곤은 더욱 심화되어 갔다.

이러한 상황에서 1986년부터 3년간 한국경제는 저금리 · 저유가 · 저달러의 '3저호황'을 누리는 행운을 만났다. 이 기간에 재벌자본은 자동차 · 가전제품 · 기계 · 철강 등 중화학부문을 주력산업으로 하여 연간 12퍼센트의 높은 경제성장을 이룩하였다. 수출도 1970년대의 고도성장기의 수준으로 회복되었고, 경상수지도 사상최초로 흑자를 기록하였다. 국제적 조건의 변동에서 형성된 '3저 호황'은 한국경제가 중진국 경제로 도약하는 전기가 되었다.

2. 민주화운동의 발전

1) 1960년대의 민족 · 민주운동

한일회담반대투쟁과 민주화운동 1960년대의 민족 · 민주운동은 4월 혁명의 이념과 전통을 계승하며 발전하였다. 군사정권에 대항하는 민족 · 민주운동은 1964년 3월 24일 굴욕적인 한일회담에 반대하는 대규모 학생시위를 전개하였다. 굴욕외교반대투쟁은 이후 재야정치인 · 언론인 · 노동자 · 농민 등 광범위한 계층이 참가하는 전국적인 반외세 · 반정부 투쟁으로 발전하였고, 6월 3일 최고조에 달하였다. 박정희정권은 계엄령을 선포하여 반대운동을 무력으로 탄압하고 곧이어 '인민혁명당사건'을 조작하여 고양된 투쟁열기를 가라앉혔다.

한일회담 반대투쟁은 1965년 한일협정 체결이 구체화되자 다시 전국적으로 일어났고, 그 투쟁과정에서 "굴욕외교 반대" "양키여 침묵하라" "독재정권 해산하고 총선거 실시하라" 등의 구호도 등장하였다. 박정희정권은 서울지역에 위수령을 발동하고 각 대학에 휴업령을 내려 이를 탄압하였다.

독재에 반대하는 민주화운동은 1969년에는 3선개헌반대투쟁으로 전개되었다. 이해 1월부터 박정희정권은 영구집권을 위한 3선개헌을 추진하였고, 여기에 반대하여 야당·재야세력은 '3선개헌반대 범국민투쟁위원회'를 결성하였고, 6월에는 학생들의 반대투쟁이 전국적으로 확산되었다. 정부는 폭력적 진압과 조기방학, 휴교조치 등으로 학생시위를 탄압하고, 국회에서 변칙적으로 3선개헌안을 통과시켰다.

이러한 상황에서 박정희정권에 대한 민주화투쟁은 1971년에 들어 더욱 고조되었다. 이해 4월 학계·언론계·종교계·문화계 등의 민주세력은 박정희의 3선당선 저지를 위한 '민주수호국민협의회'를 결성하였다. 대학가에서는 학원통제를 목적으로 도입된 교련에 반대하는 투쟁이 벌어졌고, 한국기자협회는 언론사에 대한 정부기관원의 통제와 탄압에 항거하였다. 또한 사법부에서도 박정권의 사법권 침해사례를 폭로하고, 전국 415명의 판사 가운데 153명이 사표를 제출하는 사법권 수호 운동이 일어났다. 교수들 또한 교련반대운동에 대한 군대투입에 항의하여 '대학자주화선언'을 발표하는 등 사회민주화운동에 동참하였다.

노동운동의 성장 박 정권하에서는 국가주도로 경제개발이 추진되면서 노동운동도 발전하였다. 5·16쿠데타 후 군사정권은 일체의 노동운동을 금지하고 노동단체를 전부 강제 해산시켰다. 대신 국가재건최고회의는 1961년 8월 3일 '근로자의 단체활동에 관한 임시조치법'을 발표하여 군사정권의 경제개발 위주의 노동정책에 부합하는 어용 노동운동을 주도할 한국노총을 발족시켰다. 박정희 정권은 대기업의 노동조합 결성을 사전에 봉쇄하거나 파괴했고, 국가공무원과 교원 등의 노조 설립을 법률적으로 금지하였다.

그 결과 경제성장에도 불구하고 노동자의 생활상태는 개선되지 못했다. 1960년대 내내 제조업 분야 노동자 평균임금은 도시가계의 식료비에도 못 미쳤다. 노동조건도 열악하여 부녀노동자의 하루 평균 노동시간은 11.1시간이었고, 10시간 이상을 노동하는 여성이 전체부녀노동자 가운데서 55퍼센트를 넘었다. 산업재해와 직업병도 해마다 증가하여 산재환자가 1969년에는 3만 9천여 명으로 증가하였다.

이로 말미암아 불리한 여건 속에서도 노동쟁의는 꾸준히 발생하였다. 계엄령이 해제된 1963년부터 1971년말까지 연평균 103건에 15만 4천여명의 노동자가 노동쟁의에 참가했으며, 1960년대 중반에는 수출의 주종품목인 섬유・금속・화학 등 제조업분야에서 대규모 노동쟁의가 일어났다. 노동쟁의의 발생원인은 임금인상요구가 가장 많았고, 다음이 단체협약과 노동조합결성이었다.

1970년대 들어서면서부터는 수출주도형 고도성장정책에서 소외된 기층의 미조직노동자에 의해 노동운동이 발전하였다. 그 대표적인 예가 1970년 11월 13일 서울 평화시장에서 봉제노동자 전태일이 "근로기준법을 준수하라"고 외치며 분신자살한 사건이었다.

2) 유신체제하의 민주화운동

반유신민주화운동과 부마항쟁 박정희정권이 유신체제를 수립하자 유신독재에 반대하는 민주화 운동이 거세게 일어났다. 1973년에는 장준하 등이 중심이 되어 유신헌법의 개헌 내지 폐지를 주장하는 100만인 서명운동을 전개하였다. 박정희정권은 1974년 1월 '긴급조치 제1호'와 '제2호'를 발표하여 이 서명운동을 탄압하고 유신체제에 대한 반대를 금지하였다. 그러나 이러한 탄압에도 불구하고 학생들의 반유신투쟁은 계속되어 1974년에는 전국적 투쟁조직인 '전국민주청년학생연맹'이 결성되었다.

민주화투쟁은 노동운동과 농민운동으로도 전개되었다. 이 시기 노동운동 발전에 주체가 된 것은 '민주노조'들이었다. 민주노조들은 기존 노조들과는 달리 조합내 민주주의에 기반을 두고 조합원의 의사에 충실함으로써 정권의 집중적인 탄압을 받으면서도 조합원의 지지를 확대해갔다. 이를 기반으로 치밀한 준비한 과감한 쟁의를 통해 노동조건을 개선하는 한편 노동문제에 대한 사회일반의 관심을 높이는데도 기여하였다. 그 대표적인 것이 청계피복노조 · 동일방직노조 · 원풍모방노조 · 콘트롤데이타노조 · 반도상사노조 · YH노조 등이었다.

유신체제하에서는 지식인과 종교계도 노동운동에 적극적으로 참가하였다. 전태일 분신자살사건을 계기로 학생 · 지식인들은 노동문제에 관심을 쏟게 되고 노동자 의식을 향상할 목적으로 노동야학운동을 전개하였다. 1970년대 이후 본격적인 활동에 나서게 된 도시산업선교회와 카톨릭노동청년회도 노동자 회원을 모집하여 노동문제를 교육하고 민주노조 결성과 노동조건 개선활동을 적극 지원하였으며, 노동문제를 사회여론화하는 활동을 활발히 전개하였다.

또한 이 시기에는 농민들도 피해보상투쟁과 민주화운동을 전개하였다. 그 대표적인 예가 1976년 전라남도 함평에서 카톨릭농민회가 중심이 되어 정부와 농협을 상대로 벌인 '고구마피해보상투쟁'이었다.

각계각층에서 발전하였던 반독재민주화투쟁은 1974년 각계의 지도자들이 모여 민주회복국민회의를 결성하면서 공동전선을 형성하였다. 민주회복국민회의는 1976년 3월 1일 박정권의 퇴진을 요구하는 '민주구국선언'을 발표하였다. 유신정권은 이 선언에 서명한 20여명의 민주인사들을 체포하였고, 민주회복국민회의를 와해시켰다. 민주회복국민회의가 와해되자 1977년에는 보다 확대된 반독재공동전선으로 '민주주의와 민족통일을 위한 국민연합'이 결성되었다.

유신독재에 대한 반대투쟁은 1979년에 이르러 부마항쟁으로 폭발하였다. 10월 15일 부산에서는 학생 및 시민이 참여한 대규모 시위가 일어났고, 그 시위는 밤이 되자 폭력시위로 발전해 경찰서, 공화당사, 언론기관 등을 공격하였다. 유신정권은 10월 18일 부산지역에 계엄을 선포하고 군대를 투입하여 시위를 진압하였다. 그러나 인근의 마산지역에서 다시 학생과 시민이 참가한 대규모 민주화 시위가 폭발하였다. 마산의 시위는 부산에서보다 더욱 격렬해져 공화당사와 경찰서 및 관제 언론기관이 방화되었다. 시위는 다른 도시로 확산될 조짐을 보였고, 그러한 가운데 진압방법을 둘러싸고 권력내부의 분열이 일어나 10월 26일 대통령이 중앙정보부장에게 살해당함으로써 18년간 계속된 박정희 독재정권이 무너졌다.

3) 광주민주화투쟁에서 1987년의 6월 항쟁으로

광주민주화투쟁 '10·26사태' 직후 정부는 비상계엄을 선포하고 일체의 정치활동을 중단시키면서 유신헌법에 의거하여 대통령을 선출한 후 개헌을 하겠다는 기만적인 '정치발전일정'을 발표하였다. 여기에 맞서 1979년 11월 24일 각계의 민주세력들은 국민대회를 개최하고 통일주체국민회의에서 대통령을 선출하는 것을 중단하고 '진정한 국민적 합의에 기초'한 '민주 헌정을 조속히 출범시킬' 것을 요구하였다. 그러나 이러한 요구는 계엄령 위반으로 탄압을 받았고, 12월 12일에는 전두환을 중심으로 한 하나회 소속의 정치군인들이 쿠데타를 일으켰다.

1980년 봄 민주화운동은 폭발적으로 확대되었다. 사북의 동원탄좌 노동쟁의를 비롯해 서울·인천·부산 등지에서 임금인상과 어용노조의 민주화를 요구하는 쟁의가 발생하였다. '10·26사태'로 박정희 정권이 무너지자 1980년 봄에 무려 예년의 4배가 되는 407건의 쟁의가 발생하였다. 신군부의 정권장악을 경계하는 학생들의 민주화 시위가 확대되는 가운데 4월에는 서울시내 대학교수 361명이 '학원민주화성명'을 발표하였다. 5월 들어 학생을 선두로 하여 수십만의 시민들이 '유신철폐'와 '계엄해제'를 요구하는 거리 시위를 벌였고, 군사정권의 재등장을 반대하는 '지식인 134명 민주화선언'이 발표되었다.

민주화운동이 확산되자 신군부는 5월 17일 비상계엄령을 전국으로 확대하고 정권탈취에 나섰다. 5월 18일 전라남도 광주에서는 '5·17비상계엄 확대조치'에 반대하는 전남대학생들의 시위가 발생하였다. 시위 진압에 나선 공수부대는 착검한 상태로 유혈진압작전을 전개하면서 다수의 사상자를 내었고, 이에 분개한 일반시민들이 합세하여 학생 시위는 시민항쟁으로 발전하였다.

시위가 가열되자 계엄군은 전남도청 앞에 운집한 시민들을 향하여 무차별적으로 발포하여 많은 사상자가 발생하였다. 이에 시민들은 파출소와 예비군 무기고를 습격해 획득한 무기와 인근 자동차 공장에서 가져온 장갑차로 무장하였다. 주로 노동자·공사장 인부·구두닦이·넝마주이·접객업소종사원·부랑아·날품팔이·학생 등으로 구성된 시민군은 계엄군의 임시본부인 전남도청을 공격하여 계엄군을 광주외곽지역으로 물러나게 하였다.

계엄군이 후퇴하자 시민군은 관료·목사·신부·기업가 등 15명으로 구성된 '시민수습대책위원회'를 구성하여 계엄군과 원상복구와 사태수습을 위해 교섭을 벌였다. 그러나 이 수습활동은 성공하지 못했다. 이에 시민군은 5월 23일 '민주수호 범시민궐기대회'를 개최하여 비상계엄 철폐와 민주정부수립, 민주 인사 및 연행자 석방과 책임자 처벌 등을 위해 투쟁할 것을 결의하고, 시민수습대책위원회 대표와 학생수습대책위원회 대표가 참가하는 새로운 '수습위원회'를 결성하였다.

신군부는 5월 27일 새벽 3시를 기해 탱크를 앞세우고 4천 명의 병력을 동원해 진압작전을 실시하였다. 진압작전은 계엄군의 일방적인 공격으로 약 4시간 만에 끝났고, 그 과정에서 사망한 시민군은 계엄군 발표만으로도 148명에 달했다.

1980년대 전반의 민주화운동 광주민중항쟁 이후 전두환 정권의 탄압으로 민주화 운동은 일시적으로 소강상태를 보였다. 그러나 1983년 내외적 요인에 의해 유화국면이 조성되자 민주화 운동은 다시 소생하였다. 1983년 9월 '민주화청년운동연합'이 출범하고, 이어 12월에 '해직교수협의회', 1984년 3월에 '한국노동자복지협의회', 4월에 '민중문화운동협의회'와 '해직언론인협의회'가 조직되어 각 부문운동을 이끌었다. 또한 지방에서도 1984년 후반에 '전북민주화운동협의회', '전남민주청년운동협의회', '인천지역사회운동연합' 등이 결성되었다.

노동운동 또한 급속히 소생하였다. 1984년 이후 전두환 정권의 억압통치가 다소 완화되자 노동자들의 저항이 다시 활성화되었고, 민주노조가 재건되기 시작하였다. 이러한 가운데 초보적이나마 정치교육과 다른 노동단체나 사회단체와의 연대활동에 관심을 돌리는 노동운동이 발전하였다. 노동운동이 발전하면서 연대투쟁이 전개되기도 하였다. 1985년 민주노조의 중심이었던 대우어패럴노조 간부들이 구속되고 노조원들이 공장건물을 점거하고 농성에 들어가자 효성물산 · 선일섬

유 · 가리봉전자 · 부흥사 노조와 구로공단의 세진전자 · 롬코리아 · 남성전기 · 통일산업 노조 등이 이에 대항하여 일제히 연대투쟁을 전개하였다. 이 연대투쟁으로 노동자 30여명이 구속되었고 1천여 명이 해고되었다.

또한 1980년대 중반에는 반합법적 노동운동단체들이 조직되어 노동운동의 발전에 기여하였다. 1970년대의 민주노조에서 활동했던 간부들이 중심이 되어 한국노동자복지협의회(1984. 3)를 결성하였고, 한국기독노동자총연맹(1985. 2)도 창립되었다. 노동자들이 중심이 된 이 단체들은 단위조합의 노동운동을 뒷받침했을 뿐만 아니라 그 자체가 노동운동의 주체가 되었다. 이들 단체 외에도 노동운동을 사회변혁운동으로 발전시킬 것을 표방했던 서울노동운동연합 · 인천지역노동자연맹 · 안양지역노동3권쟁취위원회 등의 비합법 · 비공개 노동운동단체가 조직되어 활동하였다.

또한 농민운동도 발전하여 80여개 군에서 군단위 농민조직이 결성되었고, 전두환 정권의 수입개방과 소 값 폭락에 항의하여 1985년에는 소몰이투쟁(1985)을 전개하였다.

이들 단체를 중심으로 부문별 민주화 운동이 발전하자, 이를 연대시키는 조직으로 민중민주운동협의회와 민주통일국민회의가 결성되고, 이 두 단체가 합쳐 1985년 3월에는 민주통일민중운동연합(민통련)을 출범시켰다.

6월 항쟁 민주화투쟁은 1987년 1월 박종철군 고문치사사건이 터지면서 급격히 고조되었다. 이러한 가운데 전두환정권이 '4 · 13 호헌조치'를 발표하자 야당인 통일민주당과 민통련이 합세하여 '민주헌법쟁취 국민운동본부'를 결성하였다.

민주화와 개헌을 요구하는 시위가 확대되는 상황에서 6월 9일 연세대생 이한열이 경찰이 쏜 최루탄에 목숨을 잃는 사건이 발생하였다. 민주헌법쟁취 국민운동본부는 민주정의당이 노태우를 간선제 대통령 후보로 지명한 6월 10일을 기해 서울·광주·부산·대전·인천 등 전국 18개 도시에서 일제히 '4·13 호헌조치'철폐, 군사독재 타도, 민주헌법 쟁취, 미국의 내정간섭 반대 등을 요구하며 '6·10 국민대회'를 열었다. 이 대회는 학생과 일반시민이 적극적으로 호응하는 가운데 진행되었다. 6·10 국민대회는 이후 명당성당 농성투쟁으로 이어졌고, 이를 계기로 이후 서울·부산·대구·인천·광주 등 전국 10개 도시에서 다시 시위가 일어났다.

이후에도 민주화 투쟁은 더욱 확대되어 6월 18일에는 전국 14개 도시 247개소에서 20만 명이상이 참가하여 '최루탄추방대회'를 개최하였고, 6월 26일에도 전국 33개 도시와 4개 군·읍 지역 370개소에서 1백만 명이상이 참가하는 시위가 벌어졌다. 이 시위로 경찰서 2개소, 파출소 29개소, 민정당지구당 4개소가 파괴 또는 방화되고 수 십대의 경찰차량이 파손되었다.

이와 같이 민주화운동이 국민적 저항으로 발전하자 민주정의당 대통령 후보 노태우는 6월 29일 여야합의에 의한 대통령직선제 개헌, 공명선거 실시, 김대중의 사면 복권 및 시국관련사범 석방, 인권침해사례의 시정과 제도적 개선, 언론 창달, 지방의회 구성, 대학의 자율화와 교육자치의 실현 등을 주요 내용으로 하는 '6·29 선언'을 발표하였다. 이로써 전두환정권의 연장은 저지되었고 "호헌철폐, 직선제 쟁취"가 달성되었다.

6월민주화운동이 전두환정권의 연장을 저지하자 7월부터는 노동자

대중투쟁이 활발히 전개되었다. 전두환정권의 억압적 노동정책에 저항하는 노동자투쟁은 7월 5일 울산 현대엔진 노동자들이 노동조합을 결성하면서 시작되었다. 노동자투쟁은 이후 전국적으로 전업종으로 확산되어 9월 까지 계속되었고, 전국 약 4,000여 개 사업장에서 연인원 200여만 명의 노동자가 참가하는 노동운동사상 최대 규모의 투쟁이 되었다. 노동자들의 요구내용은 크게는 임금인상, 민주노조설립과 어용노조의 퇴진, 근로조건 개선 등이었다.

3. 1960~80년대 남한의 통일정책

1) 박정희 정권의 통일정책

박정권의 통일정책과 7·4공동성명 5·16쿠데타를 주도한 군사정권은 "반공을 국시(國是)의 제일로 한다"고 공표하고, 4월혁명 기간에 평화통일운동을 주도했던 '민족자주통일중앙협의회'(민자통)을 비롯해 혁신세력과 학생들을 체포하여 '혁명재판'에 회부하였다.

민정 이양 후 박정희 정권은 "유엔 감시하의 자유민주주의 원칙에 입각한 남북한 총선거안"을 통일정책으로 내걸었고, '선건설 후통일론'에 입각해 정치·경제·교육·문화 등 모든 분야에 걸쳐 승공태세의 확립을 강조하였다. 이후 박 정권은 인민혁명당사건(1964)과 통일혁명당사건(1968) 등을 통해 혁신세력을 탄압하면서 자주적인 평화통일운동을 철저히 억압하였다.

1960년대 말에서 1970년대로 넘어오는 시기에 국내외의 정세가 급변하였다. 미국은 닉슨독트린을 발표하고 남한에 군사력의 자립화와 북한과의 관계개선을 요구하였다. 박징희정권 또한 날로 확대되는 반독재투쟁에 대처할 돌파구가 필요하였다. 한편 북한도 세계정세의 변화에 대처하고, '푸에블로호 나포사건' 등으로 고조된 긴장사태를 완화시켜야 할 필요에서 남한의 모든 정당과 협상할 용의를 표시하였다. 이러한 상황에서 박정희정권은 북한과 대화를 추진하였다.

남·북한의 접촉은 1971년 9월 20일 개최된 남북 적십자회담을 통해 본격화되었다. 이후 1972년 7월 4일에 조국통일 3원칙을 담은 '남북공동성명'이 발표되었다. 남북한 당국이 합의한 조국통일의 3원칙은 첫째, 외세에 의존하거나 외세의 간섭을 받음이 없이 자주적으로 통일을 이루는 것, 둘째, 상대방을 반대하는 무력행사에 의거하지 않고 평화적 방법으로 통일을 실현하는 것, 셋째, 사상과 이념·제도 차이를 초월하여 하나의 민족으로서 민족적 대단결을 도모하는 것이었다. 남·북한은 이밖에도 남북의 긴장상태를 완화하고 신뢰회복을 위해 상호비방을 중지할 것, 민족적 연계와 이해를 증진하고 자주적 평화통일을 달성하기 위해 각 방면에서 교류할 것, 합의된 원칙에 기초해 통일문제를 해결하기 위해 '남북조절위원회'를 설치한 것 등을 공동성명에 포함시켰다. 7·4남북공동성명은 남과 북의 통일정책의 기본강령으로 자주·평화·민족대단결의 3원칙을 제시한 점에서 역사적 의의가 크다.

그러나 박정희정권은 공동성명 발표 이후 남북통일에 대비해야 한다는 구실로 '10월유신'을 선포하고 유신체제를 수립하였다. 남북접촉은 계속되었으나 통일을 위한 실질적 진전이 없는 가운데 박정희정권은 1973년 6월 23일 남북한의 교차승인과 유엔 동시가입을 주내용으로 하는 '평화통일 외교정책선언'(6·23선언)을 발표하였다. 이 선언에 대해 북한은 남북의 분단을 교착화하는 '두개의 조선정책'이라 비난하였다. 이후 김대중 납치사건이 발생하자 이를 구실로 북한은 대화중단을 발표하였고(8. 28) 남북은 다시 긴장된 대치상태로 돌아가고 말았다. 7·4남북공동성명은 실질적인 통일정책으로 구체화되지 못했고, 이를 추진한 남북한 당국에 의해 '유신'체제수립과 '사회주의헌법'제정의 수단으로 이용되었다.

2) 전두환 정권의 민족화합민주통일방안

전두환 정권의 통일정책 전두환 정권이 성립된 후 1980년 1월 북한이 남북총리회담을 제의하여 몇 차례의 실무접촉이 있었으나 의제협의 과정에서 합의를 보지 못하였다. 실무접촉이 중단된 후 북한은 10월 10일 새로운 통일정책으로 '고려민주연방공화국' 창설안을 발표하였다. 북한은 이 통일방안을 공표하면서 그 전제로 남한이 반공법·국가보안법을 폐지하고 모든 정당·사회단체를 합법화할 것과 아울러 정전협정을 평화협정으로 전환하고 미군을 철수시킬 것을 요구하였다.

남한은 즉각 '고려민주연방공화국'안의 허구성을 지적하고, 이에 대응해 1981년1월 22일 '민족화합민주통일방안'을 발표하였다. 이 민족화합민주통일방안은 남북대표로 가칭 '민족통일협의회'를 구성하고 이 '협의회'가 민족의 민주·자유·복지 이상을 추구하는 통일헌법을 기초하는 것이었다. 통일헌법은 남북한 전역에 걸쳐 민주방식에 따라 자유로운 국민투표를 통해 제정되는 것이었고, 그 헌법에 따라 총선거를 실시하여 통일국회·통일정부를 구성함으로써 통일을 완성하는 것이었다.

이 통일방안은 통일을 이룩할 때까지의 '실천조치'로서 '호혜평등의 원칙에 입각한 상호관계 유지, 평화적 방법에 의한 분쟁 해결, 상대방의 내부문제에 대한 불간섭, 휴전체제 유지에 의한 군사적 대치 해소'

등을 제시하였다. 남한 당국은 이 통일방안에 이어 남북간 자유통행을 위한 서울・평양간의 도로개설, 남북간 자유교역을 위한 인천항과 남포항의 상호 개방 등의 '20개 시범실천사업'을 발표하였다.

그러나 북한은 '민족화합 민주통일방안'을 거부하였다. 이와 같이 1980년대에 들어와서도 남・북한은 각각의 통일방안을 경쟁적으로 발표하였지만, 그것들이 남북의 상호관계성을 도외시하고 선전목적에만 치중하여 만들어졌기 때문에 통일을 위한 남북 당국의 실질적인 합의는 거의 이루어지지 못하였다.

'7・4남북공동성명'에서 보듯이 민중의 참여가 배제된 통일정책은 도리어 민족분단을 더욱 심화시키는 결과를 초래할 수도 있다. 민주수호국민협의회는 '7・4 남북공동성명'이 발표되자 성명을 통해 이러한 우려를 표명하였다. 그 성명은 남북 사이의 교류가 조국의 통일을 가져오기 위해서는 반드시 민족의 실체인 민중이 그 교류에 참여할 수 있도록 보장해야 하고, 만약 이것이 정권의 방편적 통일논의로 그치고 만다면 결국 민족분열은 영구화될 것이라고 지적하였다. 그러나 민중의 통일운동은 유신체제하에서는 물론이고 전두환 정권에서도 철저히 탄압을 받았다.

민중의 통일운동은 6・10민주화운동 이후 비로소 대중적으로 발전하기 시작하였다. 민주화운동은 1988년에 들어서면서 제24회 올림픽 남북공동개최운동을 전개하였다. 또한 학생들은 전국대학생대표자협의회(전대협)을 중심으로 '8・15 남북학생회담'을 제의하였고, 사회운동세력들은 '조국의 자주적 통일을 위한 민주단체협의회'를 결성하여 민중 주도의 통일운동을 전개하였다.

4. 1960~80년대 북한사회의 변화

1) 4대 군사노선의 채택과 주체사상의 확립

4대 군사노선 1960년대에 북한은 국가정책의 최우선 순위를 안보를 위한 국방정책에 두었다. 국방정책을 중시한 배경으로는 한・일협정이 체결되어 한・미・일 반공안보체제가 구축되고, 국군의 전력이 베트남 파병 이후 강화된 것이었다. 한편 소련과 중국이 중・소분쟁을 일으킬 정도로 관계가 악화되고, 소련에서 대두한 수정주의 노선과 중국에서 진행된 문화혁명이 김일성 정권에 대해 비판적이었던 것도 또 다른 배경이 되었다.

이러한 변화에 대처해 북한은 전인민의 무장화, 전국토의 요새화, 전군의 간부화, 전군의 현대화를 추진하는 4대 군사노선을 국가의 최우선정책으로 채택하고, 사회 전체를 병영화하는 작업을 추진하였다. 또한 이를 뒷받침하기 위해 군수공업의 발전에 국가자원을 우선적으로 투입하였다. 국방우선정책으로 1967년에서 1971년까지 국방비가 국가재정에서 차지하는 비중이 이전에 비해 30퍼센트 이상으로 높아졌다. 그러나 이로 말미암아 북한의 경제발전은 급속도로 둔화되어 1961년에 시작된 7개년계획은 목표치에 크게 미달하였다.

주체사상의 확립과 통일정책 북한은 김일성 정권과 노동당의 독재를 강화하고 사회전체의 사상적 결속을 높이기 위해 주체사상을 수립하고, 주체노선을 강조하였다. 정치에서의 자주, 경제에서의 자립, 국방에서의 자위를 강조하는 주체노선은 1960년대 후반부터 국가의 전영역에서 강조되기 시작하였다. 김일성을 우상화하고, 그의 가계를 성역화하는 작업도 추진되었다. 근대사와 현대사를 김일성이 이끄는 빨치산 활동을 중심으로 체계화하고, 우리나라 역사 전체를 조선인민의 입장과 계급적 입장에서 재정리하는 작업도 추진하였다.

1960년대의 북한의 통일정책은 이러한 정책들과 결합되어 수립되었다. 이 시기 북한은 겉으로는 평화적인 '남북연방제' 통일안을 내세웠다. 그러나 내면적으로는 남한에 '통일혁명당'을 조직하고 주체사상에 입각해 내부혁명을 일으키는 방안을 추진하였다. 이를 추진한 강경파들은 1968년에는 청와대를 습격할 목표로 무장군인들을 남파하였고, 그 이듬해에는 울진·삼척지역으로 무장게릴라를 침투시켰다. 또한 미국정보함인 푸에블로호를 나포하였고, 이듬해 4월에는 미국 정보기 EC-121기를 격추시켜 군사적 대립과 긴장을 고조시켰다.

2) 1970년대의 유일체제의 확립과 경제침체

유일체제의 확립 북한의 강경노선은 1970년을 전후하여 변화가 있었다. 4대 군사노선을 앞세운 강경노선은 경제건설과 대남정책에서 성과를 내지 못했고, 도리어 남한의 군사력을 강화시키는 역효과를 초래하였다. 김일성 정권은 그 책임을 물어 1969년부터 빨치산 출신의 강경파를 숙청하고 강경노선을 수정하였다. 이러한 노선 변화는 닉슨독트린의 발표와 미국과 중국이 외교관계를 수립하는 국제정세의 변화에 대처하기 위해서도 필요하였다.

김일성 정권은 강경파를 숙청하고 대신 실무형 관료와 혁명 2세대를 등용하였다. 또한 그 과정에서 김정일을 비롯해 김일성의 친인척을 권력의 핵심자리로 진출시켰다. 김정일은 1973년에 당을 장악하고 3대혁명소조운동을 지도하였다. 3대혁명소조운동은 청년엘리트들로 구성된 작은 지도그룹을 공장, 기업소, 협동농장에 파견하여 사상, 기술, 문화의 세 분야에서 혁명을 지도하는 운동이었다. 김정일은 수만 명의 청년 엘리트들을 이 운동에 동원하여 '주체사상'을 대중 속에 뿌리내리게 하였고, 나아가 이를 이론적으로 심화시키고 체계화하는 작업을 담당하였다. 이를 통해 김정일은 김일성 주석의 후계자로 부상하였다.

김일성 정권은 주체사상・수령유일체제를 강화하기 위해 1972년 12월에 기존의 '인민민주주의 헌법'을 '사회주의 헌법'으로 개정하였다. 그 개정의 핵심은 내각수상을 주석으로 바꾸고, 주석이 직할하는 '중앙인민위원회'가 행정, 입법, 사법의 모든 권한을 장악하게 하는 것이었다. 국가주석은 국가주권을 대표하는 국가수반으로, 행정과 군사 분야의 최고책임자일 뿐만 아니라, 자신을 선출한 최고인민회의에 대해서도 책임을 지지 않는 절대 권력을 지녔다.

통일정책의 전환 1970년대의 북한의 통일정책은 강경파가 숙청됨에 따라 변화를 보였다. 남한의 박정희 정권과 적십자회담을 개최하고 '7・4공동성명'을 발표하는 등 국제정세의 변화에 유연하게 대처하고 남한과의 물리적 충돌도 가급적 줄였다. 대신 북한은 베트남 전쟁의 추이를 주시하면서 미군철수를 최우선과제로 제시하고 '민족해방 인민민주주의 혁명'이 남한 내부에서 일어나도록 선동하고 고무하였다.

군사강경노선의 후퇴에도 불구하고 1970년대 북한의 경제는 침체를 벗어나지 못하였다. 북한은 이를 타개하기 위해 6개년 계획(1971~77)과 7개년 계획(1978~84)을 실시하고 인민경제의 주체화・현대화・과학화를 추진하였다. 또한 이를 위해 3대혁명붉은기쟁취운동을 대대적으로 실시하고 기업의 채산독립제도 일부 도입하였다. 그럼에도 불구하고 경직된 자립노선에 입각하여 폐쇄적으르 사회주의 경제를 운용하였기 때문에 기술혁신이 부족하였고, 중국과 소련으로부터 원조가 감소하고, 농업이 부진하였고, 권력과 석유가 부족하여 결국 연평균 경제성장률이 2퍼센트를 넘지 못하였다.

3) 김정일 후계체제의 공고화와 경제정책의 전환

김정일 후계체제와 연방제 통일안 1980년대의 북한 정치의 주된 흐름은 김정일의 후계체제를 공고히 하는 것이었다. 김정일은 중앙위원회의 정치위원이 되어 '당중앙'으로 불리면서 주체사상을 체계화하는 작업을 주도하면서 정치적인 영향력을 확대하였다. 나아가 김정일은 1990년에는 국방위원회 제1부위원장으로 선출되고, 이듬해 12월에는 조선인민군 최고사령관에 추대되면서 직접적으로 핵심적인 국가기관을 지도하는 최고위 지위에 올랐다.

북한은 남한에서 전두환 정권이 들어서자 1980년 1월 남북총리회담을 제의하였다. 몇 차례의 실무접촉이 있었으나 의제문제로 성사되지 못하자 10월에 새로운 통일정책으로 '고려민주연방공화국'창설안을 발표하였다.

연방제 통일안은 "북과 남이 서로 상대방에 존재하는 사상과 제도를 그대로 인정하고 용납하는 기초 위에서 북과 남이 동등하게 참가하는 민족통일정부를 내오고 그 밑에서 북과 남이 같은 권한과 의무를 지니고 각각 지역자치제를 실시하는 연방공화국을 창립하여 조국을 통일" 하는 방안이었다. 이 통일방안에 의하면 "연방 형식의 통일국가에서는 북과 남의 같은 수의 대표들과 적당한 수의 해외동포 대표들로 최고민족연방회의를 구성하고 거기에서 연방상설위원회를 조직하여 북과 남의 지역정부들을 지도하며 연방국가의 전반적 사업을 관할하도록 하는 것"이었다. 북한은 이 방안이 실현될 수 있는 전제로 남한의 반공법·국가보안법의 폐지, 모든 정당·사회단체의 합법화, 정전협정의 평화협정으로의 전환, 미군철수 등을 들었다.

남한은 북한의 연방제 통일안을 거부하였고, 대신 민족화합민주통일방안을 제안하였다. 북한은 남한의 통일방안을 거부하였고, 그리하여 남북간에 화해와 통일을 위한 실질적인 교섭은 진행되지 못했다.

1980년대의 북한 경제는 전반적으로 침체하였다. 이를 타개하기 위해 김정일은 1980년대에 '속도창조운동'을 주도하였다. 이 시기에 북한은 상대적으로 비중이 낮고 낙후했던 경공업부문을 발전시키기 위해 노력하였다. 또한 중국의 개방정책을 비판하던 입장에서 전환해 그 정책의 일부를 원용하려 시도하였다. 1984년 9월 외국기업과의 합작관련 조항을 규정한 합영법을 제정한 것이 그 대표적인 예였다.

그러나 1980년대 후반 동구와 소련의 사회주의 국가들이 차례로 무너지면서 북한은 국제적으로 고립되어 갔고, 이로 말미암아 만성적인 에너지와 자재 부족, 외채 누적, 설비 및 기술낙후 등이 심화되면서 결국 경제는 침체를 벗어나지 못했고 심지어 후퇴하기까지 하였다.

제3절 민주주의의 진전과 남북의 화해

1. 민주주의의 확대와 심화

정치개혁과 민주화의 확대 6월 항쟁으로 민주화운동에 참여했던 인사들이 석방·사면·복권되고, 헌법과 법률 등이 민주적으로 개정되었다. 여야는 6월 항쟁의 후속조치로 유신헌법을 폐지하고 새로운 헌법과 법률을 제정하였다. 새 헌법은 대통령을 직선제로 선출하며, 그 임기를 5년 단임으로 하였다. 국회의 국정감사권을 부활시키고, 법률의 위헌여부를 심사하는 헌법재판소도 신설하였다. 또한 유신체제하에서 제한된 국민의 기본권을 회복하고, 지방자치의 실시도 명문화하였다. 여야는 유신체제하에서 개악되었던 노동관계법도 개정하였다. 노동조합의 설립이 훨씬 수월하게 되었다.

새로 개정된 헌법에 따라 1987년 12월에 대통령 선거가 실시되었다. 대통령 선거에서는 민주화운동에서 힘을 모았던 김대중과 김영삼이 후보 단일화를 이루지 못하고 각각 선거에 출마하였다. 이로 말미암아 결국 민정당 후보로 출마했던 노태우가 유효표의 37퍼센트를 득표하여 대통령에 당선되었다. 노태우의 당선에는 민주진영의 분열에 더해 11월 29일 미얀마 앞바다에서 발생한 KAL858기의 폭파사건도 한 몫을 하였다.

새 헌법에 따라 1988년 4월에는 국회의원 총선거가 실시되었다. 총선은 17년 만에 부활된 소선거구제에 따라 실시되었는데 여당인 민정당이 과반수에 못 미치는 125석을, 세 야당이 합쳐서 164석을 차지하였다. 이른바 '여소야대'(與小野大)의 국회가 출현한 것이다.

야당이 다수를 차지한 국회는 유신체제하에서 제정된 여러 악법을 개폐하고, 전두환 일가의 5공 비리를 조사하고 처벌하는 활동을 전개하였다. 1988년 11월부터 국회는 '5·18광주민주화운동진상조사특위'와 '제5공화국정치권력비리조사특위'를 설치하고, 청문회를 열어 광주사태의 진상과 5공의 정경유착, 일해재단 비리, 1980년의 언론통폐합 진상 등을 규명하였다. 이러한 활동을 통해 신군부의 만행과 전두환 일가의 비리가 밝혀져 전두환은 설악산 백담사로 유배를 가고, 5공 실세들 또한 물러나게 되었다.

'여소야대'의 국회구성으로 국정운영이 어렵게 되자 노태우 대통령은 김영삼·김종필과 민정당·민주당·공화당의 합당협상을 벌여

1990년 2월 민주자유당(민자당)을 창당하였다. 3당 합당으로 보수성향의 민주자유당이 국회에서 과반을 차지하게 되고, 이로 말미암아 국회가 보수화되면서 민주화와 개혁이 타격을 입었다.

1992년의 대통령 선거에서는 민자당의 대통령 후보로 나선 김영삼이 민주당의 김대중 후보를 누르고 당선되었다. 김영삼의 대통령 당선은 지역주의에 힘입은 것이었다. 그러나 그의 당선은 1961년 5·16군사쿠데타 이후 최초로 민간에서 대통령이 배출되었다는 점에서 의의가 컸다. 김영삼 정권은 이를 중시하여 스스로를 문민정부로 표방하고 취임 초기부터 개혁을 강력하게 추진하였다.

김영삼 정권은 군부 내부의 정치 파벌을 제거하고, 보안사의 후신인 기무사의 권한을 축소하고, 군수물자 도입과 관련된 뇌물수수사건을 처벌하는 등 대대적인 군부 숙정작업을 단행하였다. 이러한 개혁으로 군은 마침내 민간정부의 통제를 받게 되었다. 이와 더불어 김영삼 정권은 박정희·전두환·노태우 정권에서 지역연고를 이용해 폐쇄적 인맥을 형성하고 주요 권력기관을 장악해 왔던 TK세력도 무력화시켜갔다. 나아가 김영삼 정권은 대통령 재임 당시 천문학적인 액수의 통치자금을 조성한 혐의로 전두환·노태우를 사법적으로 처벌하였다. 때를 같이해 국회는 '헌정질서 파괴범죄의 공소시효 등에 관한 특별법'과 '5·18민주화운동 등에 관한 특별법'을 제정하였다. 이 법에 의해 전두환·노태우를 비롯해 12·12쿠데타와 광주학살에 가담했던 14명이 내란수괴 등의 혐의로 체포되어 재판을 받았고, 전두환은 무기징역을 노태우는 17년 징역형을 선고 받았다.

김영삼 정권의 개혁은 공직자윤리법의 제정으로도 추진되었다. 공직자윤리법은 9만명의 공직자의 재산을 등록시키고, 그 가운데 고위공

무원의 등록재산을 공개하게 하는 법이었다. 이와 연계해 1993년 8월 대통령의 긴급재정경제명령으로 금융실명제를 전격적으로 실시하였다. 또한 김영삼 정권은 선거법도 개혁하였다. 공직자 선거를 깨끗하고 투명하게 만들기 위해 1994년에 공직선거 및 선거부정방지법과 정치자금법 개정법률, 지방자치법 개정법률 등을 제정하였다.

국가권력을 민주화하는 정치개혁이 이와 같이 추진되는 가운데 지방자치도 실시되었다. 지방자치는 1991년 3월에 시·군·구의 기초의회 의원을 선출하는 지방선거로 시작되었다. 그 해 6월 20일에는 특별시 등의 시와 도의 광역의회 의원을 선출하는 선거가 실시되었다. 이로써 1961년 5·16쿠데타에 의해 중단되었던 지방자치가 다시 부활하게 되었다. 지방자치는 1994년 기초 및 광역시·도의 자치단체장 선거가 실시되면서 본격적인 궤도에 올랐다.

사회민주화운동의 발전 국가권력의 민주화가 진전되면서 사회 각 부문에서 민주화를 확대하는 교육운동, 노동운동, 농민운동 등도 더욱 발전하였다. 전두환 정권의 극심한 교육통제에 저항해 시작된 교육민주화운동은 6월 항쟁 직후 민주교육추진전국교사협의회를 발족시켰고, 나아가 1989년에는 교육의 민주화와 인간교육의 실천을 표방하고 전국교직원노동조합(전교조)을 출범시켰다. 전교조에는 118개 시·군·구 지회, 566개 단위학교 분회 소속의 초·중·고 교사 2만여명과 474명의 대학교수가 가입하였다. 노태우 정권은 전교조를 불법조직으로 탄압하여 1989년 10월말까지 전국에서 1,500여명의 교사를 파면, 해임 혹은 직권면직으로 교단에서 쫓아내었다. 이러한 탄압에도 불구하고 교육현장과 국가권력을 상대로 한 교사들의 교육민주화 운동은 계속되었고, 결국 김대중 정권에 이르러 전교조는 합법화되고 해직교사들도 교단에 복귀하였다.

6월 항쟁 직후 거세게 타올랐던 민주노조운동도 단위노조의 결성이나 민주화를 넘어 전국적인 중앙조직을 건설하여 국가권력을 상대로 한 노동운동을 전개하였다. 민주노조운동세력은 1990년 1월 전국노동조합협의회(전노협)을 결성하였다. 전노협에는 6백여개의 단위노조와 20여만명의 조합원이 가입하였다. 전노협은 1995년 11월 전국민주노동조합총연맹(민주노총)으로 발전하였다. 결성 당시 민주노총에는 862개의 단위노조가 가입하였고, 그 조합원은 42만명에 이르러 기존의 한국노총과 어깨를 나란히 할 수 있는 전국적인 노동운동조직이 되었다. 민주노총의 조합원은 1998년에는 54만명으로 증가하였다. 노태우 정권이 공안정국을 조성해 민주노조운동을 불순한 운동으로 매도하는 등 탄압이 적지 않았지만 전노협과 민주노총은 노동현장과 노동정책을 민주적으로 개혁하고 노동자의 권익을 확대하는 노력을 지속적으로 전개하였다.

전두환 정권의 수입개방정책에 맞서 소몰이 시위를 벌였던 농민운동은 6월 항쟁이후 전국농민운동연합을 결성하고, 이를 확대 발전시켜 1990년에 전국농민회총연맹(전농)을 조직하였다. 전농은 쌀값보장·쌀전량매수쟁취투쟁을 전개하고 농산물개방반대투쟁에 힘을 모았다. 우리 농업을 지키기 위한 농민들의 투쟁은 1993년 12월의 우루과이라운드 타결을 앞두고 절정에 이르렀다.

한편 이 시기에는 시민운동이 새롭게 활성화되었다. 시민운동의 주요 영역은 여성운동, 환경운동, 인권운동, 경제정의운동, 사회개혁운동, 공권력감시운동 등이었다. 1970년대 또는 1980년대 초반부터 시작되었던 이들 영역의 시민운동은 6월 항쟁 이후 한국여성단체연합, 환경운동연합, 경제정의실천시민연합, 참여연대 등을 조직하고 본격적인 활동에 나섰다. 시민운동단체의 활동이 확대되면서 민주개혁에 능동적으로 참여하는 시민이 증가하여 민주적인 시민의식이 고양되었고, 노동·농민 등 민중운동단체들이 망라할 수 없었던 정치·사회영역의 민주개혁이 심화되었다.

2. 남북 화해의 진전

남북고위급회담과 남북기본합의서 6월 항쟁 이후 한반도에서 일어난 중요한 변화의 하나는 남북관계의 진전이었다. 6월 항쟁은 통일운동에 물꼬를 트는 계기가 되었다. 서울에서 올림픽이 개최되었던 1988년에 서울대 총학생회 회장단을 비롯한 학생단체들은 남북학생회담 개최를, 민족작가회의 등 7개 사회단체 등은 남북올림픽 공동개최를 북에 제안하였다. 이 제안에 북이 응답하자 5월 28일에는 천주교·개신교·불교 등 종교단체를 포함해 67개 사회단체가 남북 공동 올림픽과 6·10학생회담 성사를 촉구하는 선언문을 발표하였다. 그러나 남북 공동 올림픽과 학생회담은 노태우 정부의 반대로 성사되지 못했다.

대신 노태우 대통령은 7월 7일 '민족자존과 통일번영을 위한 특별선언'(7·7선언)을 발표하였다. 노 대통령은 이 선언을 통해 정치인·학생 등 여러 방면의 남북 동포들의 상호교류 추진과 이산가족의 서신거래, 상호방문 주선과 지원 및 남북교역을 위한 문호개방을 제안하였다. 아울러 우방 국가들의 비군사물자의 대북 교역을 반대하지 않고, 남북간의 소모적인 경쟁·대결외교를 종식하고 국제사회에서 협력할 것, 그리고 북의 미·일관계 개선에 협조할 용의가 있고, 한국 정부도 중국 등 사회주의국가들과 관계개선을 추구하겠다는 입장도 표명하였다. 노태우 정권은 이 선언을 발표한 이후 유고슬라비아, 헝가리, 폴란드, 소련, 중국 등 사회주의국가들과 차례로 수교를 맺었다.

노태우 정권은 이전의 정권들과는 달리 남북교류와 사회주의국가를 상대로 한 북방외교에 능동적으로 나섰다. 그렇게 할 수 있었던 배경은 1980년대 후반부터 본격화된 세계적인 사회주의체제의 붕괴와 3저 호황에 의한 한국경제의 성장 때문이었다. 이러한 변화로 사회주의 국가들은 더 이상 체제안보의 위협이 되지 못했고, 대신 한국의 기업들이 진출할 새로운 시장으로 떠올랐다. 북한 또한 그 시기가 문제일 뿐 동일한 변화를 겪게 될 것으로 예상하였다. 7·7선언은 이러한 국제정세의 변화와 한국경제 성장의 자신감을 배경으로 나온 공세적 북방정책이자 대북정책이었다.

한편 북한은 1980년대 중반부터 남·북간의 불가침 조약의 체결과 군비 축소 등 긴장 완화에 주안을 둔 통일방안을 계속해서 제시하였다. 그 대표적인 예로 북한은 1988년 11월 '자주적인 평화통일을 촉진하기 위한 방안'을 발표하여 무력 감축과 정치·군사적 대결을 완화하기 위해 남북고위급정치군사회담을 열 것을 제안하였다.

대북정책에서 입장을 선회한 노태우 정권이 북한의 제안을 받아들임으로써 남북고위급회담이 개최되었다. 제1차 회담은 1990년 9월에 개최되어 북의 연형묵 총리가 88명의 대표단을 이끌고 서울에 와 회담을 하였고, 10월에는 남의 강영훈 총리가 90명의 대표단을 이끌고 평양을 방문하였다. 이러한 노력으로 1991년 9월 17일에는 마침내 남북이 동시에 유엔에 가입하였다. 이어서 그 해 12월 13일에 서울에서 제5차 남북고위급회담이 개최되어 '남북 사이의 화해와 불가침 및 교류 협력에 관한 합의서'(남북기본합의서)를 채택하였다. 남북기본합의서는 남북이 상대방의 체제를 인정하고 존중하며 내정에 불간섭할 것을 분명히 하고, 남북불가침과 교류 협력에 관해 상세한 규정을 마련하였다. 남북기본합의서는 정부간 남북 화해를 진전시키는 구체적 지침을 마련했다는 점에서 의의가 컸다. 나아가 남북은 그해 12월 31일 남과 북이 핵무기를 시험・제조・저장・사용하지 않고 핵에너지를 오로지 평화적 목적에만 이용한다는 내용의 '한(조선)반도 비핵화에 관한 공동선언'도 발표하였다.

그러나 노태우 정권은 민간차원의 통일운동에 대해서는 철저히 탄압하였다. 7・7선언이 발표된 이듬해인 1989년 3월 문익환 목사가 통일문제를 협의하기 위해 방북하여 김일성주석과 회담을 가졌고, 6월에는 전대협대표로 임수경이 평양축전에 참석하였다. 노태우 정권은 이들의 방북을 국가보안법 위반으로 규정하고 탄압하였다. 나아가 이를 빌미로 남의 민족・민주운동 전반을 탄압하는 공안정국을 조성하였다.

남북화해 분위기는 김영삼 대통령 취임 이후에도 지속되었다. 그러나 1993년 말부터 미국의 언론들이 북핵문제를 보도하고, 1994년 5월 미국이 대북 전면전을 검토하면서 남북관계는 급속히 냉각되었다. 그해 6월 미국대통령을 역임했던 카터가 북한을 방문해 핵문제를 해결할 돌파구를 마련하였다. 이로써 북핵 위기가 진정되는 국면을 맞게 되자 김일성 주석은 남북정상회담을 제안했고, 김영삼 대통령이 이를 받아들임으로써 남북정상회담 개최가 합의되었다. 그러나 7월 8일 김일성 주석이 사망하여 정상회담은 무산되었다. 김일성 주석의 사망과 관련해 김영삼 정권은 조문단의 방북을 불허하였고, 일부 보수언론들이 조문 제안을 극렬히 비난하는 논설을 실어 조문파동을 일으켰다. 이로 말미암아 이후 남북관계는 다시 냉각되었다.

남북정상회담과 6·15공동선언 남북 화해는 이후 '햇볕정책'을 내세웠던 김대중이 대통령에 당선됨으로써 전기를 맞았다. 김대중 대통령은 남북의 화해와 협력을 진전시키기 위해 각별히 노력을 기울였다. 이를 배경으로 현대그룹의 총수였던 정주영이 1998년 6월 소 500마리를 트럭에 싣고 판문점을 거쳐 북한을 방문하였다. 정주영은 북의 당국자와 협의해 금강산 유람선의 운행을 발표하였다. 금강산 유람선 운행은 정주영이 그 해 10월에 다시 소떼를 이끌고 북한을 방문해 김정일 국방위원장을 면담함으로써 앞당겨지게 되어 그해 11월 18일에 개시되었다. 금강산 관광은 남북 화해 분위기를 고조시키는 데 크게 기여하였다.

이를 배경으로 김대중 정권은 김일성 주석의 사망으로 중단된 남북정상회담을 다시 추진하였다. 김대중 대통령은 2000년 6월 13일부터 15일까지 평양을 방문하여 김정일 국방위원장과 남북정상회담을 개최하였다. 이 정상회담은 남북분단 이후 반세기 넘게 대립으로 일관해 왔던 남과 북이 화해와 통일로 가기위해 개최한 최초의 역사적 회담이었다. 한반도의 평화문제에 주목해 왔던 세계의 언론도 이 회담에 비상한 관심을 보였다. 남북의 두 정상은 회담을 통해 '6·15 남북공동선언'을 발표하였다. 이 선언은 남과 북이 자주적으로 통일문제를 해결하고, 남측의 연합제안과 북측의 낮은 단계의 연방제안의 방향에 의거해 통일을 지향한다는 내용을 담고 있었다.

남북정상회담이 성사되면서 이후 남북관계는 화해 협력하는 방향으로 발전하였다. 그 해에만 세 차례 이산가족 방문단이 오갔고, 9월에는 비전향장기수 63명이 북으로 보내졌다. 남북의 끊어진 철로를 잇는 경의선 개통 기공식도 이루어졌다. 남북의 화해와 협력, 평화정착을 이루기 위한 김대중 대통령의 이러한 노력은 국제사회로부터 높게 평가되어 그 해 12월 김 대통령은 노벨평화상을 받았다.

3. 세계화의 도전과 과제

세계화와 금융위기 6월 항쟁 이후 한국사회에 변화를 가져 온 주요한 요인 가운데 하나는 미국, 영국 등 선진 자본주의 열강과 초국적자본이 주도하는 세계화였다. 세계화는 상품, 자본, 노동력이 국경을 넘어 자유롭게 이동하고 차별 없이 경쟁할 수 있도록 세계를 단일 시장으로 통합하는 것으로, 이를 가로막는 관세나 법제 등 개별국가의 장벽을 철폐하는 것을 주요 내용으로 한다. 세계화는 우루과이라운드의 타결과 세계무역기구(WTO)의 출범으로 본격화되었다.

한국은 1993년 12월에 '우루과이라운드' 협정을 타결 짓고, WTO의 회원국이 되었다. 이로써 우리나라는 상품, 금융, 건설, 유통, 서비스 등 모든 분야에서 외국자본에게 문호를 개방하게 되면서 본격적으로 세계화의 영향을 받게 되었다. 나아가 정부는 시장개방정책을 더욱 확대하기 위해 1996년 9월에 서방 선진국들의 경제협력개발기구(OECD)에 가입하였다.

정부는 국제적으로 대세가 된 세계화를 국내 산업의 경쟁력을 높이는 도전의 기회로 활용하려 하였고, 이를 위해 1995년 '세계화추진위원회'를 출범시켰다. 그러나 이러한 의지에 비해 시장개방에 대비한 사전 준비는 불충분하였다. 그로 말미암아 시장개방 이후 급속히 성장률이 저하되는 등 경기가 침체되기 시작했고, 경상수지 적자가 급속히 늘어났다. OECD에 가입한 1996년의 경상수지 적자폭은 그 전년에 비해 3배나 증가하였다. 외채 또한 크게 증가하였다.

이러한 상황에서 한보철강이 과도한 부채부담을 견디지 못하고 도산하여 '한보사태'가 발생하였다. 한보철강의 부도는 22개 계열사와 850여개 협력업체의 연쇄부도사태를 불러왔고, 이로 말미암아 국제금융시장에서 자본을 조달할 수 없게 되면서 환율과 금리가 폭등하였다. '한보사태'는 12개 대기업 그룹의 연쇄도산을 불러왔다. 대기업의 연쇄도산으로 금융기관이 부실해지는 가운데 홍콩에서 시작된 동남아시아 지역의 외환위기가 태국과 말레이시아를 거쳐 한국으로 전파되어 왔다.

이로 말미암아 국가부도사태에 직면하게 된 김영삼 정권은 이를 해결하기 위해 IMF에 구제 금융을 요청하였다. IMF는 한국정부와 협상을 거쳐 자체 자금과 세계은행 · 아시아개발은행 및 미국 · 일본 등 13개국에서 모두 580억 달러의 긴급자금을 지원하고, 한국의 경제정책 전반에 대해 통제하고 관리하기로 하였다.

'IMF관리체제'하의 한국경제 'IMF관리체제'는 한국경제의 개방정책을 더욱 확대시켰다. 외국인 주식투자의 한도가 철폐되었고, 한국전력, 포항제철 등의 기간산업에도 30퍼센트까지 외국인 투자를 허용하였다. 또한 'IMF관리체제'는 기업과 금융산업에 대해 대대적인 구조조정을 실시하였다. 기업의 구조조정은 경영의 투명성과 책임성을 높이고, 상호지급보증을 없애고, 재무구조를 개선하여 채무비율을 낮추고, 주력 핵심사업을 설정하는 것이었다. 이러한 구조조정을 통해 30대 재벌 가운데 11개가 해체되었고, 재벌들의 문어발식 경영도 청산되었다.

금융산업에 대한 구조조정은 국제결제은행(BIS)의 자기자본 비율(8%)을 적용하여 그 기준에 미달하는 금융기관을 퇴출시키고 그 자산을 다른 금융기관이 인수, 합병하는 방식으로 진행되었다. 이를 통해 5개의 은행과 4개 보험사, 16개 종합금융사 등 총 60개의 금융기관이 정리되었다.

'IMF관리체제' 아래에서 진행된 구조조정으로 대량의 실업자가 발생하였다. 구조조정으로 1997년과 1998년 사이에 도산한 기업수는 대기업 17개, 중소기업 3만개에 이르렀다. 실업자가 1백만 명을 넘었고, 실업률은 1998년 12월에 8퍼센트, 그 이듬해에는 10퍼센트까지 증가하였다. 기업 부도와 대량 실업으로 중산층이 격감하였고, 부의 양극화 현상이 심화되면서 가난 때문에 자살, 범죄, 가정파탄이 급증하는 등 사회불안이 가중되었다. 구조조정을 둘러싸고 노동쟁의도 격렬하게 전개되었다.

또한 구조조정 과정에서 도산한 기업이나 금융기관이 헐값으로 외국자본에 팔리는 등 국부의 유출도 매우 컸다. 구조조정에서 살아남은 기업들은 우량기업으로 재기할 수 있는 기회를 얻었지만, 자본시장 개방이 더욱 확대되어 그 성과를 외국의 투자자들이 회수해 가는 변화가 일어났다. 심지어 일부 기업에서는 외국 자본이 주식투자로 경영권을 장악하기도 하였다.

'IMF관리체제'를 거치면서 한국경제는 더욱 시장에서의 경쟁력을 중시하는 신자유주의적 성격을 띠게 되었다. 기업의 경영도 투자자의 이윤을 우선시하는 주주자본주의의 성향을 띠게 되었다. 정부의 경제 정책 또한 규제를 완화하여 투자자에게 유리한 조건을 제공하는 방향으로 전개되었다. 그러나 이로 말미암아 노동자의 권익은 경시되었고, 노동자의 절반이 비정규직으로 전락하였다. 빈부격차도 더욱 확대되었고, 이에 따라 사회적 분열과 갈등이 심화되었다.

신자유주의와 빈부격차의 확대는 민주주의의 발전과 통일 문제에도 부정적인 영향을 미쳤다. 고용의 불안정성과 생활고의 증대는 사회주의체제의 붕괴와 맞물려 시민들의 사회의식을 보수화시키고 개인주의로 기울게 만드는 원인으로 작용하였다. 그 결과 공동체적인 윤리의식과 연대, 삶의 질을 중시하는 가치관이 약화되고 대신 이기적인 경쟁과 성장제일주의가 만연하게 되었다. 그리하여 한국사회는 초국적 자본이 주도하는 세계화가 안겨 준 이 문제들을 슬기롭게 해결해야 하는 중대한 과제를 안게 되었다.

역대왕조 왕계표 (歷代王朝 王系表)

고조선(古朝鮮)

단군왕검(檀君王儉) ········ 부왕(否王) ——— 준왕(準王)

위씨조선(衛氏朝鮮)

위만왕(衛滿王) ········ ? ········ 우거왕(右渠王) ——— 장(長)

부여(夫餘)

········ 시왕(始王) ········ 위구태(尉仇台)　부태왕(夫台王) — 위구태왕(尉仇台王) —┐

├—— 간위거왕(簡位居王) — 마여왕(麻余王) — 의려왕(依慮王) ····· 의라왕(依羅王) ····· 현왕(玄王)

├—— △ ——— 위거(位居)

└—— △ ——— △

고구려(高句麗, 28代 705年 ; B.C. 37~A.D. 668)

1. 동명성왕(東明聖王, B.C. 37~B.C. 19) — 2. 유리명왕(瑠璃明王, B.C. 19~A.D. 18) ┬ 도절(都切)
   - 해명(解明)
   - 3. 대무신왕(大武神王, 18~44) — 5. 모본왕(慕本王, 48~53) — 익(翊)
   - 여진(如津)
   - 4. 민중왕(閔中王, 44~48)
   - 재사(再思) ——┬ 6. 태조왕(太祖王, 53~146) ┬ 막근(莫勤)
     - └ 막덕(莫德)

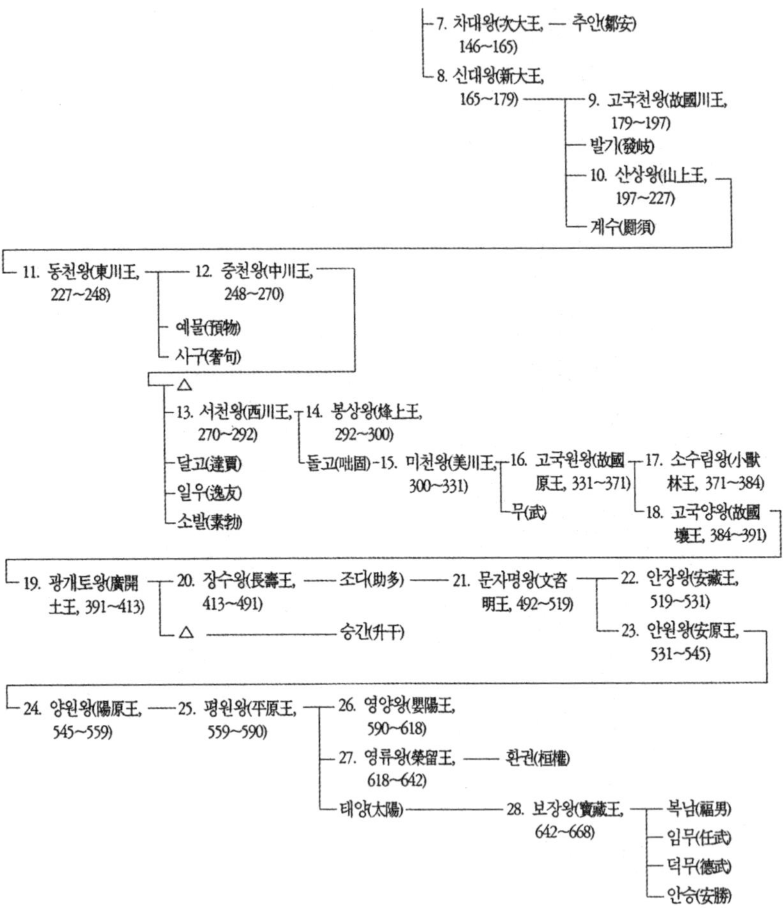
7. 차대왕(次大王, 146~165)
추안(鄒安)
8. 신대왕(新大王, 165~179)
9. 고국천왕(故國川王, 179~197)
발기(發岐)
10. 산상왕(山上王, 197~227)
계수(罽須)
11. 동천왕(東川王, 227~248)
12. 중천왕(中川王, 248~270)
예물(預物)
사구(奢句)
△
13. 서천왕(西川王, 270~292)
14. 봉상왕(烽上王, 292~300)
달고(達賈)
일우(逸友)
소발(素勃)
돌고(咄固)
15. 미천왕(美川王, 300~331)
16. 고국원왕(故國原王, 331~371)
무(武)
17. 소수림왕(小獸林王, 371~384)
18. 고국양왕(故國壤王, 384~391)
19. 광개토왕(廣開土王, 391~413)
20. 장수왕(長壽王, 413~491)
조다(助多)
21. 문자명왕(文咨明王, 492~519)
22. 안장왕(安藏王, 519~531)
23. 안원왕(安原王, 531~545)
△
승간(升干)
24. 양원왕(陽原王, 545~559)
25. 평원왕(平原王, 559~590)
26. 영양왕(嬰陽王, 590~618)
27. 영류왕(榮留王, 618~642)
환권(桓權)
태양(太陽)
28. 보장왕(寶藏王, 642~668)
복남(福男)
임무(任武)
덕무(德武)
안승(安勝)

백제(百濟, 31代 678年 ; B.C. 18~A.D. 660)

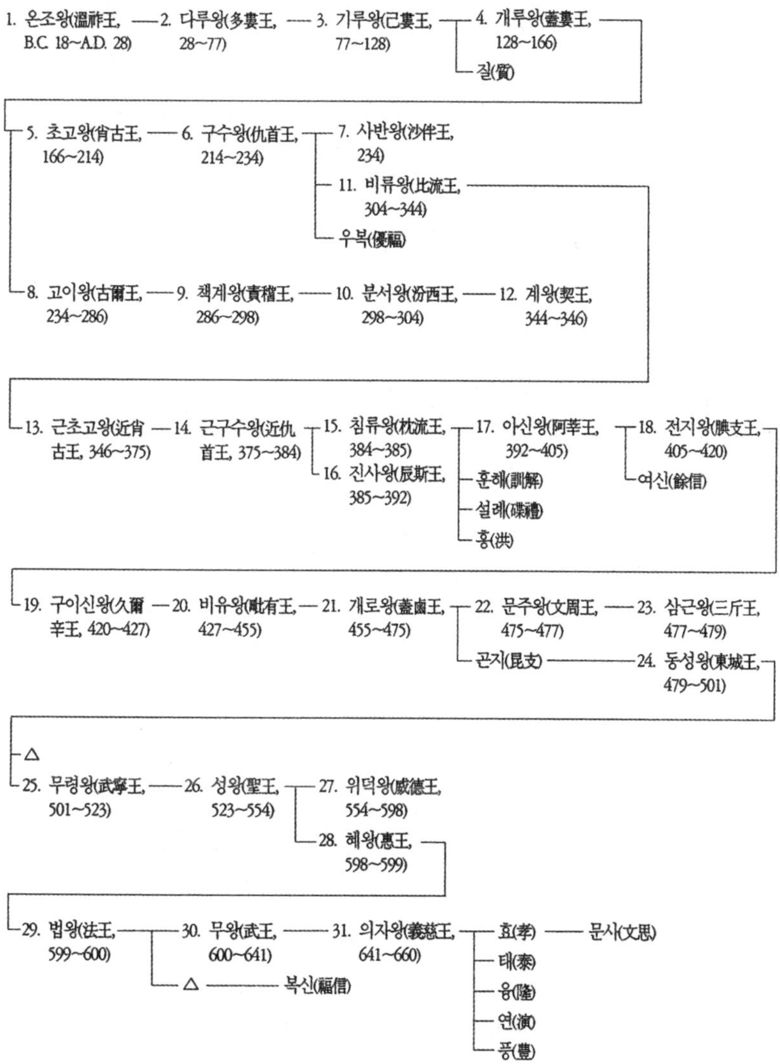

본가야(本加耶, 10代 491年 ; 42~532)

1. 수로왕(首露王, 42~199) — 2. 거등왕(居登王, 199~259) — 3. 마품왕(麻品王, 259~291) — 4. 거질미왕(居叱彌王, 291~346) — 5. 이시품왕(伊尸品王, 346~407)

— 6. 좌지왕(坐知王, 407~421) — 7. 취희왕(吹希王, 421~451) — 8. 질지왕(銍知王, 451~492) — 9. 겸지왕(鉗知王, 492~521) — 10. 구형왕(仇衡王, 521~532)

- 세종(世宗) — 졸지(卒支)
- 무력(武力) — 서현(舒玄) — 유신(庾信, 595~673)
- 무득(武得)

대가야(大加耶, 16代 520年 ; 42~562)

1. 이진아시왕(伊珍阿豉王) ······ 9. 이뇌왕(異腦王) — 월광태자(月光太子) ······ 16. 도설지왕(道設智王)

신라(新羅, 56代 992年 ; B.C. 57~A.D. 935)

박씨(朴氏)

1. 혁거세거서간(赫居世居西干, B.C. 57~A.D. 4) — 2. 남해차차웅(南解次次雄, 4~24)

- 3. 유리이사금(儒理尼師今, 24~57)
  - 7. 일성이사금(逸聖尼師今, 134~154) — 8. 아달라이사금(阿達羅尼師今, 154~184)
  - 5. 파사이사금(婆娑尼師今, 80~112) — 6. 지마이사금(祇摩尼師今, 112~134)
- 아로부인(阿老夫人)

석씨(昔氏)

4. 탈해이사금(脫解尼師今, 57~80) ······ 구추(仇鄒) ······ 9. 벌휴이사금(伐休尼師今, 184~196)

- 골정(骨正)
  - 11. 조분이사금(助賁尼師今, 230~247)
    - 14. 유례이사금(儒禮尼師今, 284~298)
    - 걸숙(乞淑) — 15. 기림이사금(基臨尼斯今, 298~310)
    - * 광명부인(光明夫人)

- 12. 첨해이사금(沾解尼師今, 247~261)
- 이매(伊買) — 10. 내해이사금(奈解尼師今, 196~230)
  - 우로(于老) — 16. 흘해이사금(訖解尼師今, 310~356)
  - 이음(利音)

김씨(金氏)

- 알지(閼智) … 구도(仇道)
  - 13. 미추이사금(味鄒尼師今, 262~284) = * 광명부인(光明夫人)
  - 말구(末仇) — 17. 내물마립간(奈勿麻立干, 356~402)
    - 19. 눌지마립간(訥祗麻立干, 417~458) — 20. 자비마립간(慈悲麻立干, 458~479) — 21. 소지마립간(炤知麻立干, 479~500)
    - 미사흔(未斯欣)
    - 복호(卜好)
    - △ — 습보(習寶) — 22. 지증왕(智證王, 500~514)
- 알지(閼智) … 대서지(大西知) — 18. 실성마립간(實聖麻立干, 402~417)

- 22. 지증왕
  - 23. 법흥왕(法興王, 514~540)
  - 입종(立宗)
    - 24. 진흥왕(眞興王, 540~576)
      - 동륜(銅輪)
        - 26. 진평왕(眞平王, 579~632) — 27. 선덕여왕(善德女王, 632~647)
        - 백반(伯飯)
        - 국반(國飯) — 28. 진덕여왕(眞德女王, 647~654)
      - 25. 진지왕(眞智王, 576~579) — 용춘(龍春)
    - 숙흘종(肅訖宗)

- 용춘 — 29. 태종무열왕(太宗武烈王, 654~661)
  - 30. 문무왕(文武王, 661~681) — 31. 신문왕(神文王, 681~692)
    - 32. 효소왕(孝昭王, 692~702)
    - 33. 성덕왕(聖德王, 702~737)
      - 중경(重慶)
      - 34. 효성왕(孝成王, 737~742)
      - 35. 경덕왕(景德王, 742~765) — 36. 혜공왕(惠恭王, 765~780)
  - 인문(仁問)
  - 문왕(文王)
  - 노차(老且)
  - 지경(智鏡)
  - 개원(愷元)
  - 인태(仁泰)

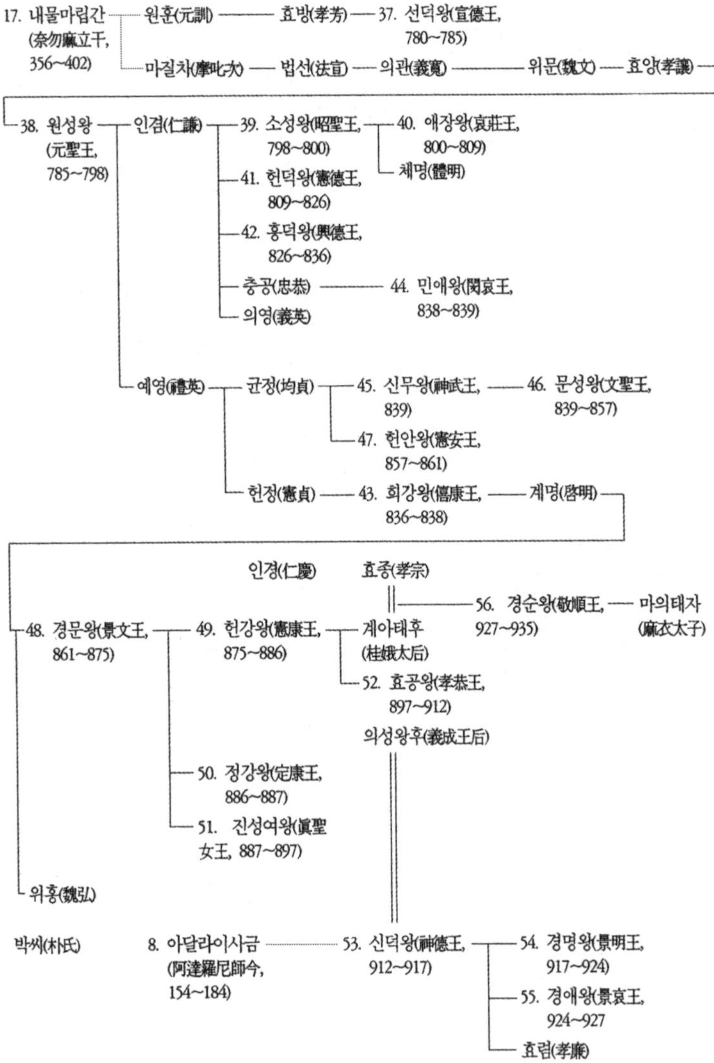
17. 내물마립간 (奈勿麻立干, 356~402)
원훈(元訓)
효방(孝芳)
37. 선덕왕(宣德王, 780~785)
마질차(摩叱次)
법선(法宣)
의관(義寬)
위문(魏文)
효양(孝讓)
38. 원성왕 (元聖王, 785~798)
인겸(仁謙)
39. 소성왕(昭聖王, 798~800)
40. 애장왕(哀莊王, 800~809)
체명(體明)
41. 헌덕왕(憲德王, 809~826)
42. 흥덕왕(興德王, 826~836)
충공(忠恭)
44. 민애왕(閔哀王, 838~839)
의영(義英)
예영(禮英)
균정(均貞)
45. 신무왕(神武王, 839)
46. 문성왕(文聖王, 839~857)
47. 헌안왕(憲安王, 857~861)
헌정(憲貞)
43. 희강왕(僖康王, 836~838)
계명(啓明)
인경(仁慶)
효종(孝宗)
56. 경순왕(敬順王, 927~935)
마의태자 (麻衣太子)
48. 경문왕(景文王, 861~875)
49. 헌강왕(憲康王, 875~886)
계아태후 (桂娥太后)
52. 효공왕(孝恭王, 897~912)
의성왕후(義成王后)
50. 정강왕(定康王, 886~887)
51. 진성여왕(眞聖女王, 887~897)
위홍(魏弘)
박씨(朴氏)
8. 아달라이사금 (阿達羅尼師今, 154~184)
53. 신덕왕(神德王, 912~917)
54. 경명왕(景明王, 917~924)
55. 경애왕(景哀王, 924~927
효렴(孝廉)

발해(渤海, 15代 229年 ; 698~926)

- 1. 고왕 대조영(高王 大祚榮, 699~719)
  - 2. 무왕 대무예(武王 大武藝, 719~737)
    - 3. 문왕 대흠무(文王 大欽茂, 737~793)
      - 대광림(大壙臨)
        - 5. 성왕 대화여(成王 大華璵, 793~794)
      - 4. ○왕 대원의(○王 大元義, 793)
      - 6. 강왕 대숭인(康王 大嵩璘, 794~809)
        - 7. 정왕 대원유(定王 大元瑜, 809~812)
        - 8. 희왕 대신의(僖王 大信義, 812~818)
        - 9. 간왕 대명충(簡王 大明忠, 818)
  - 대명예(大明藝)
- 대야발(大野勃) — △ — △ — △ — 10. 선왕 대인수(宣王 大仁秀, 818~830)　　대신덕(大新德)
  - 11. ○왕 대이진(○王 大彝震, 830~857)
  - 12. ○왕 대건황(○王 大虔晃, 857~871) — 13. ○왕 대현석(○王 大玄錫, 871~893) — 14. ○왕 대위계(○王 大瑋瑎, 893~906) — 15. ○왕 대인선(○王 大諲譔, 906~926)

고려(高麗, 34代 475年 ; 918~1392)

- 1. 태조(太祖, 918~943)
  - 2. 혜종(惠宗, 943~945)
    - 흥화궁군(興化宮君)
    - 태자제(太子濟)
  - 태자태(太子泰)
  - 3. 정종(定宗, 945~949)
    - 경춘원군(慶春院君)
  - 4. 광종(光宗, 949~975)
    - 5. 경종(景宗, 975~981)
      - 7. 목종(穆宗, 997~1009)
    - 효화태자(孝和太子)
  - 문원대왕(文元大王)
  - 증통국사(證通國師)

- 대종(戴宗)
  - 효덕태자(孝德太子)
  - 6. 성종(成宗, 981~997)
  - 경장태자(敬章太子)
- 안종(安宗)
  - 8. 현종(顯宗, 1009~1031)
    - 9. 덕종(德宗, 1031~1034)
    - 10. 정종(靖宗, 1034~1046)
      - 애상군(哀殤君)
      - 낙랑후(樂浪侯)
      - 개성후(開城侯)
    - 11. 문종(文宗, 1046~1083)
      - 12. 순종(順宗, 1083)
      - 13. 선종(宣宗, 1083~1094)
        - 14. 헌종(獻宗, 1094~1095)
        - 한산후(漢山侯)
      - 15. 숙종(肅宗, 1095~1105)
      - 대각국사 의천(大覺國師 義天)
      - 상안공(常安公)
      - 도생승통(道生僧統)
      - 금관후(金官侯)
      - 변한후(卞韓侯)
      - 낙랑후(樂浪侯)
      - 총혜수좌(聰惠首座)
      - 조선공(朝鮮公)
      - 부여공(扶餘公)
      - 진한공(辰韓公)
    - 평양군(平壤君)
    - 검교태사(檢校太師)
- 왕위군(王位君)
- 인애군(仁愛君)
- 원장태자(元莊太子)
- 조이군(助伊君)
- 수명태자(壽命太子)
- 효목태자(孝穆太子)
- 효은태자(孝隱太子)
- 원녕태자(元寧太子)
- 효성태자(孝成太子)
- 효지태자(孝祗太子)
- 태자직(太子稷)
- 광주원군(廣州院君)
- 효제태자(孝悌太子)
- 효명태자(孝明太子)
- 법등군(法登君)
- 자리군(資利君)
- 의성부원대군(義城府院大君)

- 16. 예종(睿宗, 1105~1122)
  - 17. 인종(仁宗, 1122~1146)
    - 18. 의종(毅宗, 1146~1170)
      - 효령태자(孝靈太子)
    - 대령후(大寧侯)
    - 19. 명종(明宗, 1170~1197)
      - 22. 강종(康宗, 1211~1213)
        - 23. 고종(高宗, 1213~1259)
          - 24. 원종(元宗, 1259~1274)
            - 25. 충렬왕(忠烈王, 1274~1308)
              - 26. 충선왕(忠宣王, (1298) (1308~1313)
                - 세자감(世子鑑)
                - 27. 충숙왕(忠肅王, (1313~1330) (1332~1339)
                  - 용산원자(龍山元子)
                  - 28. 충혜왕(忠惠王, (1330~1332) (1339~1344)
                    - 29. 충목왕(忠穆王, 1344~1348)
                    - 30. 충정왕(忠定王, 1348~1351)
                    - 석기(釋器)
                  - 31. 공민왕(恭愍王, 1351~1374)
                    - 32. 우왕(禑王, 1374~1368)
                      - 33. 창왕(昌王, 1388~1389)
                        - 공양왕(恭讓王, 1389~1392 神宗 7世孫)
                - 덕흥군(德興君)
              - 강양공(江陽公)
                - 고(暠)
              - 소군서(小君湑)
            - 시양후(始陽侯)
            - 순안공(順安公)
          - 안경공(安慶公)
      - 선사(善思)
      - 홍기(洪機)
      - 홍추(洪樞)
      - 홍규(洪規)
      - 홍균(洪鈞)
      - 홍각(洪覺)
      - 홍이(洪貽)
    - 원경국사(元敬國師)
    - 20. 신종(神宗, 1197~1204)
      - 21. 희종(熙宗, 1204~1211)
      - 양양공(襄陽公)
- 상당후(上黨侯)
- 원명국사(圓明國師)
- 대방공(帶方公)
- 대원공(大原公)
- 제안공(齊安公)
- 통의후(通義侯)

조선(朝鮮, 27代 519年 ; 1392~1910)

- 1. 태조(太祖, 1392~1398)
  - 진안대군 방우 (鎭安大君 芳雨)
  - 2. 정종 방과 (定宗 芳果), 1398~1400)
  - 익안대군 방의 (益安大君 芳毅)
  - 회안대군 방간 (懷安大君 芳幹)
  - 3. 태종 방원 (太宗 芳遠), (1400~1418)
    - 양녕대군 (讓寧大君)
    - 효령대군 (孝寧大君)
    - 4. 세종(世宗, 1418~1450)
      - 5. 문종(文宗, 1450~1452)
        - 6. 단종(端宗, 1452~1455)
      - 7. 세조(世祖, 1455~1468)
        - 덕종(德宗)
          - 월산대군 (月山大君)
          - 9. 성종(成宗, 1469~1494)
            - 10. 연산군(燕山君, 1494~1506)
            - 11. 중종(中宗, 1506~1544)
              - 12. 인종(仁宗, 1544~1545)
              - 13. 명종(明宗, 1545~1567)
                - 순회세자(順懷世子)
              - 복성군(福成君)
              - 해안군(海安君)
            - 계성군(桂成君)
        - 8. 예종(睿宗, 1468~1469)
      - 안평대군 (安平大君)
      - 임영대군 (臨瀛大君)
      - 광평대군 (廣平大君)
      - 금성대군 (錦城大君)
      - 평원대군 (平原大君)
      - 영응대군 (永膺大君)
    - 성령대군 (誠寧大君)
  - 덕안대군 방연 (德安大君 芳衍)
  - 무안대군 방번 (撫安大君 芳蕃)
  - 의안대군 방석 (宜安大君 芳碩)

- 금원군(錦原君)
- 영양군(永陽君)
- 덕양군(德陽君)
- 봉성군(鳳城君)
- 덕흥대원군(德興大院君)
  - 14. 선조(宣祖, 1567~1608)
    - 임해군(臨海君)
    - 15. 광해군(光海君, 1608~1623)
    - 원종(元宗)
      - 16. 인조(仁祖, 1623~1649)
        - 소현세자(昭顯世子)
        - 17. 효종(孝宗, 1649~1659)
          - 18. 현종(顯宗, 1659~1674)
            - 19. 숙종(肅宗, 1674~1720)
              - 20. 경종(景宗, 1720~1724)
              - 21. 영조(英祖, 1724~1776)
                - 진종(眞宗)
                - 장조(莊祖)
                  - 22. 정조(正祖, 1776~1800)
                    - 문효세자(文孝世子)
                    - 23. 순조(純祖, 1800~1834)
                      - 익종(翼宗)
                        - 24. 헌종(憲宗, 1834~1849)
                    - 전계대원군(全溪大院君)
                      - 25. 철종(哲宗, (1849~1863)
                    - 남연군(南延君)
                      - 흥선대원군(興宣大院君)
                        - 재면(載冕)
                        - 26. 고종(高宗, (1863~1907)
                          - 27. 순종(純宗, (1907~1910)
                          - 강(堈)
                          - 은(垠)
                        - 재선(載先)
                  - 은언군(恩彦君)
                  - 은신군(恩信君)
        - 인평대군(麟坪大君)
        - 용성대군(龍城大君)
      - 능원대군(綾原大君)
      - 능창대군(綾昌大君)
    - 순화군(順和君)
    - 의창군(義昌君)
    - 영창대군(永昌大君)

▪ 집필자 ▪

노중국 (계명대학교 인문국제학대학 사학과 명예교수)
김무진 (계명대학교 인문국제학대학 사학과 전, 교수)
이윤갑 (계명대학교 인문국제학대학 사학과 명예교수)
한충희 (계명대학교 인문국제학대학 사학과 명예교수)

한국 역사의 이해

2008년 3월 3일 초판 1쇄 발행
2025년 8월 29일 초판10쇄 발행

지은이 | 노중국, 김무진, 이윤갑, 한충희
발행인 | 신일희
발행처 | 계명대학교출판부
주 소 | 대구광역시 달서구 달구벌대로 1095
전 화 | 053-580-6233
팩 스 | 053-580-6235
등 록 | 제347-1998-1호(1970. 9. 1.)

ISBN 978-89-7585-420-0 03910

값 · 13,000원